Sicher im **Abi**



Oberstufen-Wissen

# Geschichte

## Das Dritte Reich

Walter Göbel

Klett Lerntraining

Dr. Walter Göbel ist Gymnasiallehrer für die Fächer Geschichte und Englisch in Bayern und war langjähriger Referent an der Akademie für Lehrerfortbildung in Dillingen a. d. Donau und bei der Konrad-Adenauer-Stiftung. An der Universität Würzburg hat er einen Lehrauftrag für das Fach „Didaktik der Geschichte".

Bibliografische Information der Deutschen Nationalbibliothek
Die Deutsche Nationalbibliothek verzeichnet diese Publikation in der Deutschen Nationalbibliografie; detaillierte bibliografische Daten sind im Internet über http://dnb.dnb.de abrufbar.

Dieses Werk folgt der neuesten Rechtschreibung und Zeichensetzung. Ausnahmen bilden Texte, bei denen künstlerische, philologische, lizenzrechtliche oder andere Gründe einer Änderung entgegenstehen.



1. Auflage 2017

www.klett-lerntraining.de
Teamleitung Lernhilfen Sekundarstufe II: Christine Sämann
Projektsteuerung: Dr. Andreas Cyffka
Innenlayout: Annette Siegel, Stuttgart
Umschlaggestaltung: Sabine Kaufmann, Stuttgart
Umschlagfoto: National Archives Gift Collection, Fotograf: Charles Russell
Satz: Klaus Bauer, Bondorf; Digraf.pl - dtp services
Druck und Bindung: Gebr. Geiselberger GmbH, Altötting
Printed in Germany

ISBN 978-3-12-949473-8

## Europa in der Zwischenkriegszeit



## Der Aufstieg der NSDAP



## Der Ausbau der Herrschaft zum totalitären Staat



## Die nationalsozialistische Ideologie

## Die politische Organisation des Dritten Reiches



## Die nationalsozialistische Wirtschaftspolitik



## Die nationalsozialistische Außenpolitik



## Der Zweite Weltkrieg

## Der Unrechtscharakter des Dritten Reiches



## Der Widerstand im Dritten Reich



## Die historische Dimension des Nationalsozialismus

Liebe Abiturientin, lieber Abiturient,

dieses Buch erklärt Ihnen **ausführlich** den **kompletten** Abiturstoff. Es ist der **ideale Begleiter** für die gesamte Oberstufenzeit und bestens geeignet für eine gründliche Wiederholung des Prüfungswissens. Schaffen Sie mit diesem Buch die Basis für eine **gute Note** und gehen Sie **sicher** durch jede Klausur und die Abiturprüfung!

Hilfreiche **Elemente** strukturieren den Lernstoff. Sie machen das Lernen mit diesem Buch komfortabel und sorgen für einen **optimalen**, **nachhaltigen Lernerfolg**.

| | |
|---|---|
| **AUF EINEN BLICK** | Diese Doppelseiten dienen dem raschen Einstieg, indem sie die wesentlichen Lerninhalte des Kapitels optisch übersichtlich und in gegliederter Form präsentieren. |
| **KURZINFO** | Jedes Kapitel beginnt mit einer kurzen Zusammenfassung. Sie führt ins Thema ein und nennt das Wichtigste. |
| **KAPITEL-TEXTE** | Sie enthalten das umfassende und detaillierte Prüfungswissen. Dieses ist so aufbereitet und gegliedert, dass es auch in prüfungstechnischer Form (z. B. Ursachen, Verlauf, Ergebnisse, Bewertung) bei Klausuren und im Abitur angewandt bzw. wiedergegeben werden kann. |
| **ZUSAMMENFASSUNGEN** | bringen am Kapitel-Ende das Grundwissen auf den Punkt und schaffen die Voraussetzung für das Verständnis der folgenden Kapitel. |
| **RANDSPALTENTEXTE** | Sie enthalten die wichtigsten Lerninhalte in komprimierter Form und können als „Schnelllernstraßen" zur raschen Wiederholung genutzt werden. |
| **PORTRÄTS** | Wichtige Personen der Geschichte werden in separaten Porträts vorgestellt. |
| **BEGRIFFSVERZEICHNIS** | Zentrale Begriffe sind blau hervorgehoben und werden im Begriffsverzeichnis ab S. 175 erläutert. |

Zusätzlich können Sie sich kostenlos passende Lernvideos ansehen. Sie stützen den nachhaltigen Lernerfolg durch die visuelle Aufbereitung. Zum Ansehen der Videos scannen Sie einfach mit einer QR-Code-App den Code. Sie gelangen dann zur Video-Übersicht. Alternativ können Sie auch die Seite www.abitur.klett-lerntraining.de aufrufen und in der Reihe „Oberstufen-Wissen" Ihr Buch anklicken. Sie sehen die Video-Übersicht und können dann per Klick ein Video starten.

Viel Erfolg im Abitur wünscht Ihnen
Ihr Team von Klett Lerntraining!

### Die Entstehung autoritärer und totalitärer Herrschaftsformen

In der Zwischenkriegszeit bestimmten drei politisch-ideologisch **antagonistische Herrschaftssysteme** Europa: Demokratie, rechtsgerichtete Diktaturen (Faschismus, Nationalsozialismus) und Bolschewismus (Herrschaftssystem der UdSSR). Die **Ursachen** für das Aufkommen **autoritärer und totalitärer Herrschaftsformen** waren: Der Erste Weltkrieg verstärkte nationalistische chauvinistische Gefühle; das parlamentarische Regierungssystem erwies sich als instabil und wurde von vielen als ineffektiv angesehen; die sozialen und politischen Auswirkungen des Krieges bewirkten eine Radikalisierung des politischen Lebens; das mittelständische Bürgertum und die Bauern waren mehrheitlich antidemokratisch; die Vergiftung der innenpolitischen Atmosphäre löste den Ruf nach dem „starken Mann" aus.

### Die Etablierung des italienischen Faschismus

**1919:** Benito Mussolini gründet den ersten „fascio di combattimento" (= Kampfbund). **1921:** Gründung der „Partito Nazionale Fascista (PNF). **1922:** Mit dem angedrohten „Marsch auf Rom" erzwingt er die Macht und führt als Ministerpräsident ein Kabinett aus Faschisten und gesinnungsverwandten Politikern. **1925:** Errichtung der faschistischen Diktatur durch einen Staatsstreich. Maßnahmen: Völlige Entmachtung des Parlaments, Außerkraftsetzung von Grundrechten, Verbot aller anderen Parteien und der Gewerkschaften, Gleichschaltung von Justiz und Polizei, Schaffung von Sondergerichten.

## Entstehung und Etablierung des Faschismus in Italien

### Mussolinis Ziele

**Innenpolitisch:** Keine traditionelle Herrschaft, sondern ein „sistema totalitario"; Wiederherstellung von Zucht und Ordnung, Bekämpfung von Liberalismus, Pluralismus, Sozialismus und Kapitalismus. **Außenpolitisch:** Durchsetzung der „nationalen Lebensinteressen" Italiens durch Imperialismus, Vormachtstellung im Mittelmeerraum, Großmachtstreben.

### Definition und Charakteristika des Faschismus

**Definition:** Faschismus ist a) die Herrschaftszeit des unumstrittenen Führers („Duce") Mussolini von 1922 bis 1943 und b) der Oberbegriff für alle autoritären, extrem nationalistischen, antiliberalen, antidemokratischen und antimarxistischen Bewegungen, die nach dem Führerprinzip organisiert sind. Grundlegende **Charakteristika** sind: Undemokratische Willens- und Entscheidungsprozesse; extrem nationalistisches, chauvinistisches Denken; völkische Gesellschaftsideologie (= Betonung der Einheit von Rasse/Volk und Staat); Autoritätsideologie als Grundlage des Führerstaates; Einparteienstaat mit totaler Erfassung, Ausrichtung und Kontrolle der Gesellschaft; Schaffung des „neuen Menschen"; skrupellose Anwendung von Gewalt und Terror; Wirtschaftssystem mit staatskapitalistischen Zügen; Militarismus (Krieg als „legales" Mittel der Außenpolitik; Prinzip von Befehl und Gehorsam); Verbreitung der Ideologie mit modernen Massenmedien; Erzeugung eines Gemeinschaftsgefühls, einer Identifizierung mit dem Staat durch emotionalisierende Auftritte und Veranstaltungen.
Seit 1922 hatte der italienische Faschismus eine Vorbildfunktion für ähnliche Bewegungen.

# 1 Europa in der Zwischenkriegszeit

**Die Veränderung der europäischen Politik durch die UdSSR**

Ihre Entstehung (30.12.1922) brachte eine weitere ideologische Frontstellung aufgrund ihrer Ziele: Kommunistische Weltrevolution, Sturz der internationalen „Bourgeoisie" (= Groß-/Besitzbürgertum), „Diktatur des Proletariats", internationale Sowjetrepublik. Deshalb entstand ein feindseliges Verhältnis zwischen ihr und den kapitalistischen Staaten. Nach einer Phase der Vertragspolitik bestimmte die UdSSR in der zweiten Hälfte der 30er-Jahre unter Diktator Stalin als europäischer Machtfaktor die außenpolitischen Verhältnisse maßgeblich mit.

Josef Stalin

## Die UdSSR als neuer Machtfaktor

## Die Weltwirtschaftkrise

**Die Weltwirtschaftskrise und ihre Auswirkungen**

Sie war Ergebnis von industrieller Überproduktion und hemmungsloser Spekulationen in den USA. Am 24.10.1929 brach die New Yorker Börse zusammen. Dies hatte in den USA und in Europa weitreichende wirtschaftliche und politische Auswirkungen. In Deutschland zeigte sich rasch, dass die wirtschaftliche Stabilität trügerisch war, da sie auf Pump beruhte (Kredite des Dawes-Plans). Die Weltwirtschaftskrise zerstörte erste Ansätze wirtschaftlicher und politischer Normalisierung in Europa, schuf ein Klima der Abschottung und Aggressivität und stärkte politisch extreme Parteien und Gruppierungen. Auswirkungen waren: Zusammenbruch von Banken, Produktionsrückgang, hohe Arbeitslosigkeit, geringere Steuereinnahmen bei gleichzeitig ansteigenden Soziallasten, große Teile der Bevölkerung gerieten in Not und Existenzangst, Radikalisierung der innenpolitischen Verhältnisse mit massiver Ablehnung der Demokratie und Ruf nach dem „starken Mann".

KURZINFO

# 1 Europa in der Zwischenkriegszeit

- Europa war in der Zwischenkriegszeit geprägt von dem erbitterten Kampf antagonistischer politischer Systeme (Demokratie, Faschismus, Nationalsozialismus, Bolschewismus).
- Der Erste Weltkrieg bewirkte die Entstehung autoritärer und totalitärer Herrschaftsformen.
- Faschistische Bewegungen, Parteien und Herrschaftssysteme beeinflussten bzw. prägten in fast allen europäischen Staaten das politische Leben.
- Die UdSSR bestimmte seit Mitte der 30er-Jahre als neuer Machtfaktor die politischen Verhältnisse in Europa maßgeblich mit.
- Die Weltwirtschaftskrise zerstörte erste Ansätze wirtschaftlicher und politischer Normalisierung und stärkte rechtsextreme Gruppierungen und Parteien.

## Die Zwischenkriegszeit

Nach dem Ersten Weltkrieg sah es so aus, als könne die „demokratische Weltrevolution", das Ziel des amerikanischen Präsidenten Woodrow Wilson, verwirklicht werden. In vielen europäischen Staaten entstanden unter dem Druck der demokratischen Siegermächte USA, Großbritannien und Frankreich Demokratien. Euphorisch verkündete Wilson, Europa sei „safe for democracy". Als in Italien 1922 der erste faschistische Staat entstand, erwies sich der Sieg der Demokratie als Scheinsieg.

Antagonistisch: Von unversöhnlichem Gegensatz bestimmt

Der Überlebenskampf **antagonistischer politischer Systeme** (Demokratie, Faschismus, Nationalsozialismus, Bolschewismus) prägte die Zwischenkriegszeit.

In der Zeit zwischen den beiden Weltkriegen bestimmten **drei antagonistische** politische und ideologische **Herrschaftssysteme** Europa. Auf der einen Seite stand die **Demokratie**, die in einigen Ländern bereits seit langem existierte (Großbritannien, Frankreich), in anderen (z. B. Deutschland, Österreich, Ungarn, Tschechoslowakei, Rumänien, Griechenland) als Ergebnis des Ersten Weltkriegs neu und oft zwangsweise installiert worden war. Auf der anderen Seite standen rechtsgerichtete **Diktaturen** (autoritäre bzw. totalitäre Regime: Faschismus, Nationalsozialismus) und der **Bolschewismus**. Sie bekämpften die Demokratie erbittert, standen sich jedoch gleichzeitig aufgrund ihrer konträren Ideologien und politischen Ziele feindselig gegenüber. Die Zwischenkriegszeit wurde also von dem **Überlebenskampf** zwischen **Demokratie und** autoritären (Diktaturen) sowie **totalitären Herrschaftsformen** (Faschismus, Nationalsozialismus, Bolschewismus) geprägt.

# Die Entstehung autoritärer und totalitärer Herrschaftsformen

In der **Zwischenkriegszeit** bewirkten folgende Faktoren die **grundlegende Veränderung der politischen Landschaft** in Europa:

Ursachen der grundlegenden politischen Veränderungen in Europa:

- Die **größte Bedeutung** hatte der **Erste Weltkrieg**, dessen Verlauf und dessen Ergebnisse einen völligen Bruch mit den Kontinuitätslinien des 19. Jahrhunderts bedeuteten. Sein Kreuzzugcharakter, die Verteufelung des Gegners und die beispiellose Brutalität des Krieges hatten nationalistische und chauvinistische Gefühle extrem verstärkt und Emotionen freigesetzt, die es allen beteiligten Völkern und ihren Staatsmännern schwer machten, die Ergebnisse des Krieges zu akzeptieren und einen Frieden mit Augenmaß zu erreichen. Auf allen Seiten entstand das Gefühl, betrogen worden zu sein. Die Verlierer, allen voran Deutschland, sahen den Frieden als zutiefst ungerechten und deshalb völlig inakzeptablen „Schmach-“ oder „Karthagofrieden“ an. Bei den Siegern, vor allem bei Frankreich, Belgien und Italien, setzte sich die Ansicht durch, man habe, gemessen an der Zeitdauer und der Intensität des Krieges, zu wenig gewonnen.

Der **Erste Weltkrieg** verschärfte sehr stark nationalistische und chauvinistische Gefühle.

- Der Krieg bewirkte grundlegende politische Veränderungen in einer Vielzahl von Ländern. Die **Monarchie** wurde **meist zu schnell** und nahezu übergangslos **von der Demokratie abgelöst**, die, abgesehen von Großbritannien und Frankreich, noch keine sichere Grundlage hatte. Die daraus resultierende **Instabilität des parlamentarischen Regierungssystems** begünstigte das **Erstarken autoritärer und totalitärer Herrschaftsformen**, so z. B. in der Sowjetunion, in Italien, Deutschland, Spanien, Portugal, Ungarn, Rumänien, Bulgarien, Griechenland, Polen, Litauen, Lettland, Estland. In allen Ländern, auch in den etablierten Demokratien, hatte man sich während des Krieges an eine starke außer- oder überparlamentarische Exekutive (Monarchen, Oberste Heeresleitung, Kriegsminister) gewöhnt.

Das **parlamentarische Regierungssystem** erwies sich als **instabil**, autoritäre und totalitäre Herrschaftsformen entstanden.

- Eine derartige Politik erwartete man nun auch von der Demokratie bei der möglichst raschen Lösung der wirtschaftlichen, sozialen und politischen Nachkriegsprobleme. Dies gelang aufgrund der Nachkriegsverhältnisse nicht im erwarteten Maße und die neue Herrschaftsform wurde in ungerechter Weise mit der negativen Nachkriegsentwicklung identifiziert. Dies führte zur **Abwertung der Demokratie als ineffektives, ungeeignetes System**.

Die **Demokratie** wurde als **ineffektiv** und ungeeignet zur Lösung der Nachkriegsprobleme abqualifiziert.

- **Geistig-politische Kontinuitäten aus dem 19. Jahrhundert**, die der Erste Weltkrieg extrem verstärkt hatte (Nationalismus, Chauvinismus, vaterländische Verbände, Militarismus, Gewaltbereitschaft, Schaffung von Reichsfeinden und Sündenböcken) **erhielten neuen Aufschwung**. Sie beeinflussten die innere Entwicklung der meisten europäischen Länder nachhaltig und das außenpolitische Klima sehr negativ. Diese tief greifenden Nachwirkungen des Ersten Weltkrieges führten in nahezu allen europäischen Ländern

Die **Nachwirkungen des Ersten Weltkrieges** bewirkten eine Radikalisierung des politischen Lebens und die Entstehung von extremen linken und rechten Ideologien.

zu einer **Radikalisierung** von Rechts- und Linksgruppierungen und -parteien und begünstigten den politischen Extremismus. Direkte Folgen waren **extreme linke und rechte Ideologien und extreme politische Positionen**.

Die „alten" staatstragenden Schichten verloren ihre traditionellen Bindungen.

- Der **Verlust traditioneller Bindungen an die Monarchie** betraf vor allem die „alten" staatstragenden Schichten (Adel, Militär, Justiz, Beamtentum, Verwaltung, Besitzbürgertum), die damit auch ihre gesellschaftspolitische Bedeutung gefährdet sahen bzw. tatsächlich einbüßten.

Mittelständisches Bürgertum und Bauern waren mehrheitlich **antidemokratisch**.

- **Soziale und wirtschaftliche Folgen der Industriellen Revolution** gefährdeten und verunsicherten das **mittelständische Bürgertum und die Bauern**, die zudem am stärksten unter den Kriegsfolgen zu leiden hatten. Sie lehnten deshalb die neuen Verhältnisse ab, verklärten die „gute alte Zeit" und waren **anfällig für reaktionäres, rechtsgerichtetes Gedankengut**.

In den 20er- und 30er-Jahren geriet die **Demokratie** in eine **tiefe Krise**.

- Diese Faktoren belasteten die innenpolitische Entwicklung und bewirkten zusammen mit wirtschaftlichen Problemen (Kriegsfolgen, Weltwirtschaftskrise) in den Zwanziger- und Dreißigerjahren eine tiefe **Krise der Demokratie.** Sie erfasste nicht nur die jungen, 1918/19 geschaffenen Demokratien, sondern auch die gewachsenen und dokumentierte sich für ihre Kritiker in der (angeblichen) Unfähigkeit, befriedigende Lösungen für die politischen, sozialen und wirtschaftlichen Nachkriegsprobleme zu finden. Gleichzeitig **ermöglichte** sie **den radikalen** Bewegungen eine zwar vordergründige und oft schlichte **emotionale** Propaganda **und** Agitation, die jedoch bei der breiten Masse des Volkes ihre Wirkung nicht verfehlte.

Die Radikalisierung und Vergiftung der innenpolitischen Atmosphäre löste den Ruf nach dem „starken Mann" aus.

- Die daraus resultierende **Radikalisierung der Politik** und die **Vergiftung der innenpolitischen Atmosphäre** führten in zahlreichen europäischen Ländern zu bürgerkriegsähnlichen Zuständen, schwächten die staatstragenden demokratischen Parteien und brachten radikale rechts- oder linksextreme Gruppierungen und Parteien hervor. Diese bekämpften den „Parteienstaat" und das „System Demokratie" mit allen Mitteln, verstärkten den **Ruf nach dem „starken Mann"** und erlangten durch die **Etablierung autoritärer** oder gar **totalitärer Regime** in einer Reihe von Ländern die politische Macht.

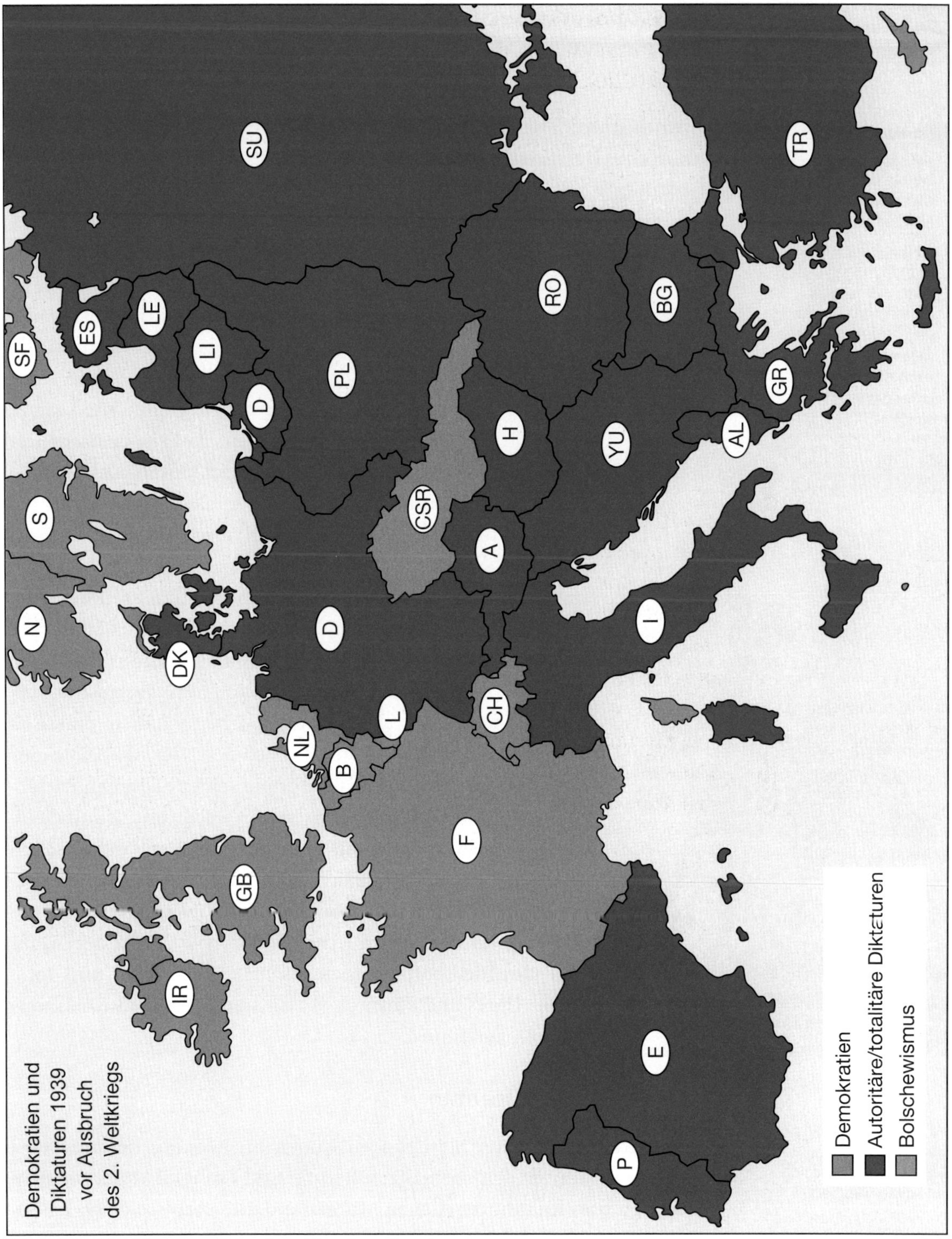
Demokratien und Diktaturen 1939 vor Ausbruch des 2. Weltkriegs
Demokratien
Autoritäre/totalitäre Diktaturen
Bolschewismus
SU
TR
SF
ES
LE
LI
PL
RO
BG
D
H
YU
GR
AL
CSR
A
S
N
DK
I
NL
B
L
CH
F
GB
IR
E
P

# Der Faschismus

## Definition

**Definition:**
1. Diktatorisches Herrschaftssystem Mussolinis (1922–1943)
2. Gattungsbegriff für extrem nationalistische, antiliberale, antidemokratische und antimarxistische Bewegungen, die nach dem Führerprinzip organisiert sind

**Faschismus** im engeren Sinne bezeichnet, zeitlich und national begrenzt, das **diktatorische Herrschaftssystem Mussolinis** (1922–1943) (➔ S. 19). Dessen Grundlagen waren der vom „Duce“ (Führer) straff geführte Einparteienstaat, autoritäres Staatsdenken, Führerkult (➔ S. 76), Militarismus, direkte, oft gewaltsame Aktionen sowie eine ausgeprägte antiparlamentarische, antidemokratische und antimarxistische Einstellung. Faschismus im weiteren Sinne ist der Sammel- oder **Gattungsbegriff für alle extrem nationalistischen und nach dem Führerprinzip organisierten Bewegungen mit autoritärem Aufbau, antiliberaler, antidemokratischer und antimarxistischer Ideologie** bis 1945 (danach: „Neofaschismus“). Dieser Gattungsbegriff ist aufgrund seiner geringen Trennschärfe in der Fachliteratur umstritten, da er spezifische, oft völlig unterschiedliche Ausgangspositionen, Bedingungsfaktoren, ideologische Schwerpunkte und Ausprägungen nicht genügend berücksichtigt, Diktaturen pauschalisiert und die extreme Gewalt-, Terror- und Vernichtungsbereitschaft totalitärer Systeme (z.B. des Nationalsozialismus und des Bolschewismus) nicht gebührend berücksichtigt. In Rumänien z.B. hatte der Faschismus im Gegensatz zu Deutschland stark christliche Elemente und auch der Antisemitismus (➔ S. 61) ist kein allgemeines Charakteristikum des Faschismus. In Deutschland war er extrem ausgeprägt, in Italien praktisch nicht vorhanden. Vor allem lässt sich der Nationalsozialismus (als Spielart des Faschismus) aufgrund seiner extremen Rassen- und Vernichtungspolitik (➔ S. 140 ff.) weder mit dem italienischen Faschismus noch mit anderen gemäßigt faschistischen Bewegungen (z.B. in Spanien und Portugal) vergleichen. Die **Fachliteratur unterscheidet** aus diesem Grunde **zwischen autoritären faschistischen Herrschaftsformen** (Diktaturen mit unterschiedlich starken faschistischen Elementen) **und totalitären Herrschaftsformen** (Faschismus, Nationalsozialismus und Bolschewismus).

## Träger und Sympathisanten

**Träger des Faschismus** waren ehemalige Berufs- und Frontsoldaten sowie Mitglieder des Kleinbürgertums, ferner Teile des Besitzbürgertums, des Militärs und der Kirche.

Die Anhänger faschistischer Bewegungen kamen im Wesentlichen aus **zwei Bevölkerungsgruppen**: den ehemaligen **Berufs- und Frontsoldaten** und dem **bürgerlichen und kleinbürgerlichen Mittelstand**. Die Berufssoldaten hatten der verlorene Krieg und der als ungerecht empfundene Friede in eine elementare Existenz- und Sinnkrise geworfen. Den bürgerlichen Mittelstand hatte der

Krieg besonders hart getroffen und deshalb empfänglich gemacht für die antikapitalistische und antisozialistische Einstellung faschistischer Parteien. Neben diesen beiden Gruppen wandten sich auch **Teile des konservativen und liberalen Besitzbürgertums**, des **Militärs** und der **Kirche** (z.B. in Spanien, Portugal, Rumänien und Österreich) sowie **Industrielle und Großagrarier** dem Faschismus zu. Sie alle sahen die „rote, bolschewistische Gefahr" als Bedrohung ihrer materiellen und geistigen Lebensgrundlagen und der „nationalen Interessen" ihrer Völker an. Den Faschismus hielten sie angesichts der politischen Rahmenbedingungen für die einzig wirkliche Alternative und erhofften sich von ihm die Rettung vor dem nationalen Untergang.

Sie sahen den Bolschewismus als Bedrohung ihrer geistigen, materiellen und nationalen Interessen.

## Die Entstehung und Etablierung des Faschismus

Im März 1919 gründete Benito **Mussolini** den ersten „fascio di combattimento" (= Kampfbund), dem weitere folgten. Damit wurde er zum **Begründer des Faschismus**. Die „fasci" betrachteten sich nach dem Selbstverständnis ihres Führers zunächst als „linker Flügel der nationalen Demokratie" und als „Ordnungsfaktor" Italiens, als Wiederhersteller der Staatsautorität. Ihre politischen Gegner bekämpften die Faschisten mit terroristischen Mitteln. Mit seiner im November **1921** gegründeten **„Partito Nazionale Fascista"** (PNF) strebte Mussolini nicht eine traditionelle Herrschaft an, sondern ein völlig neues **„sisteme totalitario"**.

**1919**: Benito Mussolini gründete den ersten „fascio di combattimento".

**1921**: Gründung der „Partito Nazionale Fascista" (PNF)

Mit dem angedrohten **„Marsch auf Rom"** (28.10.**1922**) erzwang er die Macht. Die faschistische Propaganda behauptete zwar, der „Marsch auf Rom" habe die Macht gebracht; in Wirklichkeit drohte Mussolini mit einem Marsch auf Rom und zog erst am Tag nach der Machtüberlassung mit seinen Kampfverbänden in Rom ein. Zunächst wurde er von König Viktor Emanuel III. zum **Ministerpräsidenten** eines Kabinetts ernannt, das aus Faschisten und gesinnungsverwandten Politikern anderer Parteien bestand. In den folgenden Jahren baute er seine Machtstellung durch Ämterhäufung, massive Propaganda, rücksichtslosen Machtgebrauch und Terror seiner faschistischen „Schwarzhemden" (Mitglieder der „fasci di combattimento") systematisch aus. Der **Staatsstreich** vom Januar **1925** machte ihn zum **unangefochtenen Inhaber der Macht**: Im Januar 1925 wurden die Mandate der Opposition für ungültig erklärt, die Parteien und Gewerkschaften aufgelöst und damit ein **Einparteienstaat** errichtet. Die bewaffnete Parteimiliz, die „Schwarzhemden", erhielten Polizeistatus, die Justiz wurde gleichgeschaltet, die Pressefreiheit aufgehoben. Mussolini nannte sich nun „Capo del Governo" (Haupt der Regierung). Mit seiner unangefochtenen Machtfülle verkörperte er den **„stato totalitario"**. Diesen Staatsstreich, der ihm diktatorische Vollmacht gab, legalisierte im Nachhinein das nun ausschließlich faschistische Parlament.

**1922**: Mussolini drohte mit dem **„Marsch auf Rom"** und erhielt die Regierungsmacht vom italienischen König Victor Emanuel III.

**1925**: Per Staatsstreich schaltete Mussolini die parlamentarische Opposition aus, verbot Parteien und Gewerkschaften, schaltete die Justiz und Polizei gleich, hob die Pressefreiheit auf und errichtete die faschistische Diktatur.

Die **faschistische Diktatur** errichtete Mussolini mit folgenden **Maßnahmen**:

- **völlige Entmachtung des Parlaments**: Der „Duce" konnte nun anstelle von Gesetzen Dekrete (Anordnungen, Verfügungen) erlassen und besaß damit neben der Exekutive auch die Legislative.
- **Außerkraftsetzung von Grundrechten** (angeborene, „unveräußerliche" Rechte des Einzelnen, die die staatliche Gewalt jederzeit binden; dazu gehören z. B. das Recht auf Leben, Freiheit, Unverletzlichkeit und Sicherheit der Person, freie Religionsausübung und Schutz des Eigentums).
- zwangsweise Organisation der Arbeiterschaft in einer **faschistischen Einheitsgewerkschaft**
- Erfassung und **Indoktrination der Jugend** durch Organisationen der PNF
- **Verbot aller anderen Parteien**: Wahlen waren seit 1928 nur noch über eine faschistische Einheitsliste möglich.
- **Schaffung von Sondergerichten** zur rigorosen Verfolgung der politischen Gegner; Im Unterschied zur bolschewistischen UdSSR schaltete Mussolini zwar die bisherigen Machtinhaber (Monarchie, Großindustrielle, Großgrundbesitzer, Kirche) aus und zerschlug ihre Interessenvertretungen, vernichtete sie jedoch nicht, sondern arbeitete mit ihnen im Rahmen seines neuen Staates zusammen.

**Ziele Mussolinis**:
- Zucht und Ordnung
- Bekämpfung von Liberalismus, Pluralismus, Sozialismus, Kapitalismus
- Hegemonie im Mittelmeerraum und Großmachtstellung

Mussolini verfolgte klare **Ziele**. Innenpolitisch strebte er die **„Wiederherstellung von Zucht und Ordnung"** an und bekämpfte die „Krebsgeschwüre" Liberalismus, Pluralismus, Sozialismus und Kapitalismus rigoros. Vorrangiges außenpolitisches Ziel war die **Durchsetzung der „nationalen Lebensinteressen" Italiens**, weshalb er Außenpolitik mit Expansion gleichsetzte. Imperialismus als entscheidendes Mittel zur Erreichung einer Großmachtstellung war für ihn der „natürliche Ausdruck der Vitalität" einer starken Nation. Italien müsse im Gebiet des Mittelmeeres, das er als „Mare Nostro" bezeichnete, die ihm gebührende Vormachtstellung erringen und Großmacht werden.

Der Faschismus war eine **gesamteuropäische Erscheinung** der Zwischenkriegszeit.

Seit 1922 wirkte der **italienische Faschismus als Vorbild** für ähnliche Bewegungen und beeinflusste damit die **europäische Ausweitung des Faschismus** maßgeblich. Zahlreiche Gruppierungen, Bewegungen und Parteien in nahezu allen europäischen Ländern orientierten sich in der Zwischenkriegszeit am italienischen Faschismus. Die faschistischen Bewegungen und Parteien erreichten unterschiedliche Bedeutung. In Italien und Deutschland übernahmen extreme, in Ungarn, Jugoslawien, Rumänien, Portugal und Spanien vergleichsweise gemäßigte faschistische Bewegungen bzw. Führer die Macht. In den anderen Ländern beeinflusste der Faschismus die innenpolitischen Verhältnisse unterschiedlich stark, bildete eine permanente Gefahrenquelle, erreichte jedoch keinen entscheidenden Einfluss.

## Grundlegende Charakteristika des Faschismus

Die Verschiedenheit der faschistischen Bewegungen, die Besonderheiten der jeweiligen nationalen Ausprägung und das Fehlen einer geschlossenen Ideologie erschweren die einheitliche Definition. Trotz der aus der nationalen Geschichte resultierenden spezifischen Unterschiede und Besonderheiten gibt es dennoch eine Reihe von **Charakteristika**, die für alle faschistischen Bewegungen gelten:

- **Undemokratische Willens- und Entscheidungsprozesse** bei gleichzeitiger, gelenkter Beteiligung der Massen an der Politik.
- Ein **extremes nationalistisches und rassistisches Denken**. Es geht mit Chauvinismus und ausgeprägtem Elitedenken einher, überbewertet das eigene Volk, die eigene Rasse und leitet aus der angeblichen kulturellen und rassischen Minderwertigkeit anderer Völker das Recht ab, diese zu unterdrücken oder gar zu vernichten. Unterschiedlich stark, aber fast immer vorhanden ist der Antisemitismus, der das nationale Judentum als Teil einer jüdischen Weltverschwörung sieht.
- Eine **Gesellschaftsideologie**, die das völkische Denken, vor allem das homogene, harmonische und straff organisierte Volk, in den Mittelpunkt stellt, um Klassengegensätze zu verschleiern, und die den Wert des Individuums gering schätzt.
- Die **Autoritätsideologie** ist die Grundlage des Führerstaates und des damit verbundenen Führerkultes. Sie beinhaltet das Prinzip des charismatischen Führers und schaltet Andersdenkende und jegliche Art von Opposition aus.
- Ein **Einparteienstaat** mit dem Ziel der totalen Erfassung, Ausrichtung und Kontrolle der Gesellschaft und der Schaffung eines „neuen Menschen".
- Die **skrupellose Anwendung von Gewalt und Terror**, vor allem durch parteigebundene polizeiliche und juristische Institutionen (z. B. geheime Staatspolizei, Volks- bzw. Sondergerichte).
- Der Faschismus ist eine **Antibewegung** gegen Demokratie, Parlamentarismus, Liberalismus, Kommunismus und gegen den Kapitalismus, da dieser Klassenunterschiede und damit die Inhomogenität (Ungleichheit) des Volkes erzeugt. Der Antikapitalismus wird jedoch immer der Symbiose mit der militärisch-technisch notwendigen Großindustrie geopfert.
- Die **Sündenbockideologie** lenkt von Spannungen und Problemen ab, ermöglicht durch ein ausgeprägtes Feindbild (z. B. Demokratie, Weltjudentum, Bolschewismus bzw. Kommunismus) die Beeinflussung der Massen und erleichtert so deren Integration in die völkische Gemeinschaft.

**Charakteristika des Faschismus:**
- undemokratische Willens- und Entscheidungsprozesse
- extremes nationalistisches und chauvinistisches Denken
- völkische Gesellschaftsideologie
- Autoritätsideologie
- Einparteienstaat
- skrupellose Anwendung von Gewalt und Terror
- Antibewegung
- Sündenbockideologie

**Charakteristika des Faschismus**:

- Wirtschaftssystem mit staatskapitalistischen Zügen
- **Militarismus**: Der Krieg ist ein „normales" und „legales" politisches Mittel und Voraussetzung für eine expansive Außenpolitik.
- **Antimoderner Modernismus**: Verbreitung chauvinistischer Gesellschaftswerte (z. B. rassische Überlegenheit) mit Hilfe modernster Techniken und Massenmedien (z. B. „Volksempfänger")
- Die Betonung „typischer" völkischer Werte und die emotionalisierende Inszenierung öffentlicher Veranstaltungen sollen die **Identifizierung mit dem Staat** erzeugen und dessen nationale Größe verdeutlichen.

- Das **Wirtschaftssystem mit staatskapitalistischen Zügen** orientiert sich in erster Linie an den übergeordneten politischen Zielen (z. B. Lebensraum, Aufrüstung, Krieg) und stellt allgemein gültige volkswirtschaftliche Grundlagen hintan.
- Der **Militarismus**, das Prinzip von Befehl und Gehorsam, ist das grundlegende gesellschaftliche und politische Organisationsprinzip. Er wird als absolut notwendiges und unverzichtbares Mittel angesehen, das eine expansive, imperialistische Außenpolitik ermöglicht, für die der Krieg ein „normales", „legales" politisches Mittel ist.
- Der **antimoderne Modernismus** soll archaisch-barbarische Gesellschaftswerte (Freund-Feind-Denken, Überlegenheit des eigenen Volkes, der eigenen Rasse, Abwertung anderer Völker und Rassen) mit Hilfe modernster Techniken und Massenmedien („Volksempfänger", Schallplatte, Film, Flugzeug) durchsetzen und auf diese Weise zur Schaffung einer „verschworenen Schicksalsgemeinschaft" beitragen.
- Die **Herstellung des „Zaubers der Normalität"** zielt auf die Schaffung eines gut funktionierenden Staates ab, mit dem sich die Masse des Volkes bereitwillig identifiziert. Dazu benutzt der faschistische Staat die permanente Propagierung „typischer" ethisch-völkischer Werte (z. B. Treue, Opferbereitschaft, Unterordnung etc.) und die ritualisierte Inszenierung öffentlicher Veranstaltungen (Parteitage, Aufmärsche, Reden, nationale Feiertage), die die Umsetzung dieser Werte und die nationale Größe und Stärke nach innen und außen verdeutlichen sollen.

**BENITO MUSSOLINI (29.7.1883 – 28.4.1945)**

- geb. am 29.7.1883
- Beruf: Lehrer
- politischer Aufstieg innerhalb der Sozialistischen Partei
- März 1919 Gründung der faschistischen „Fasci di combattimento"
- November 1921 Gründung der „Partito Nazionale Fascista" (PNF)
- Oktober 1922 Mussolini erzwingt durch den „Marsch auf Rom" seine Ernennung zum Ministerpräsidenten
- 1924 beansprucht als „Duce del Fascismo" und „Capo del Governo" diktatorische Machtbefugnisse
- 1925 Errichtung einer totalitären Einparteiendiktatur
- betreibt seit Beginn der 30er-Jahre imperialistische Außenpolitik
- 1936 Annäherung an das nationalsozialistische Deutschland
- 25.7.1943 Sturz Mussolinis durch den Großen Faschistischen Rat
- führt nach Befreiung aus der Haft die von Deutschland abhängige „Repubblica Sociale Italiana" bis zu seiner Ermordung durch italienische Partisanen (28.4.1945)

PORTRÄT

## Veränderung der europäischen Politik durch die UdSSR

Die UdSSR strebte eine **kommunistische Weltrevolution** und eine internationale Sowjetrepublik an. Deshalb entstand ein feindseliges Verhältnis zwischen ihr und den kapitalistischen Staaten.

Mit der **Entstehung der kommunistischen UdSSR 1922** kam es im ideologischen und politischen Bereich zu einer **weiteren Frontstellung**. Die Entstehung kommunistischer Parteien in Europa, ihr Bemühen, die bestehenden Herrschafts- und Gesellschaftssysteme zu untergraben und zu beseitigen, gefährdete und destabilisierte in zahlreichen Ländern die innenpolitischen Verhältnisse. Besonders die 3. **Kommunistische Internationale** **bewirkte** eine **ideologische und politische Verhärtung der Fronten**. Ihr **Hauptziel** war es, „mit allen Mitteln, auch mit den Waffen in der Hand für den Sturz der internationalen Bourgeoisie und für die Schaffung einer Internationalen Sowjetrepublik", also für die **kommunistische Weltrevolution** und die Diktatur des Proletariats zu kämpfen. Nach einer Phase der Vertragspolitik bestimmte die UdSSR in der 2. Hälfte der Dreißigerjahre als unübersehbarer **europäischer Machtfaktor** die außenpolitischen Verhältnisse maßgeblich mit (vgl. Hitler-Stalin-Pakt, S. 116–118). Diese Position lieferte der UdSSR die Voraussetzungen für ihre ebenso skrupellose wie brutale imperialistische Politik in Ost- und Mitteleuropa.

Die kommunistische UdSSR wurde in der zweiten Hälfte der Dreißigerjahre zu einem **europäischen Machtfaktor**.

## Die politischen Auswirkungen der Weltwirtschaftskrise

Die **Weltwirtschaftskrise** verschlechterte die internationale politische Atmosphäre zusätzlich und verschärfte innenpolitische Gegensätze.

Die Weltwirtschaftskrise (Beginn: 24.10.1929) zerstörte erste wirtschaftliche und politische Ansätze der Normalisierung in Europa und schuf ein **Klima der Abschottung und Aggressivität**. Wirtschaftliche Restriktionen lösten in allen Staaten den wirtschaftlichen Isolationismus aus und steigerten die nationalen Emotionen. Vor allem in Deutschland wurden die wirtschaftlichen Probleme immer in Verbindung mit dem Versailler Vertrag und der Außenpolitik gesehen. Damit gewannen **Revisionismus** und faschistischer **Neo-Imperialismus** eine magnetische Anziehungskraft für weite Teile der Bevölkerung. Hinzu kam, dass manche Staaten die wirtschaftliche Krise auch politisch nutzten und dadurch die **Verschärfung** bereits bestehender **außenpolitischer Spannungen** bewirkten: Deutschland forderte die Liquidierung von Reparationen und territoriale Revisionen, Italien begründete auch mit wirtschaftlichen Erwägungen die Hegemonie im Mittelmeerraum und „notwendige" Gebietsgewinne in Nordafrika.

# Europa in der Zwischenkriegszeit

Der **1. Weltkrieg** veränderte Europa grundlegend. Extreme rechte und linke Ideologien, radikale Rechts- und Linksgruppierungen sowie autoritäre und totalitäre Herrschaftsformen entstanden und bewirkten eine **politische Radikalisierung**.

Da der oft unvorbereitet installierten **Demokratie** die rasche Lösung der zahlreichen Nachkriegsprobleme nicht gelang, wurde sie zu Unrecht **als ineffektives, ungeeignetes politisches System abqualifiziert**.

**Antidemokratisch** waren vor allem die „alten" staatstragenden Schichten (Adel, Justiz, Militär), das mittelständische Bürgertum und das Kleinbürgertum.

Die Radikalisierung der politischen Verhältnisse vergiftete die innenpolitische Atmosphäre und löste in den meisten Staaten bürgerkriegsähnliche Zustände aus. Die antidemokratische Einstellung und der Ruf nach dem „starken Mann" bewirkten die **Errichtung autoritärer und totalitärer Regime** in einer Reihe von Ländern.

**Zwischen 1919 und 1925** schuf Benito **Mussolini** in Italien den straff geführten **totalitären Führerstaat** mit klaren Zielen. Diese waren Zucht und Ordnung, strikte Bekämpfung von Liberalismus, Demokratie, Sozialismus und Kapitalismus, Durchsetzung der „nationalen Lebensinteressen" Italiens (= Hegemonie im Mittelmeerraum, Großmachtstatus) durch eine expansive imperialistische Außenpolitik.

**Träger und Sympathisanten des Faschismus** waren vor allem ehemalige Berufs- und Frontsoldaten sowie Angehörige des bürgerlichen und kleinbürgerlichen Mittelstands. Zulauf erhielt der Faschismus auch aus dem liberal-nationalen Besitzbürgertum, dem Militär und der Kirche.

Grundlegende **Charakteristika des Faschismus** sind: Undemokratische Entscheidungsprozesse, extremes nationalistisches und rassistisches Denken, eine ausgeprägte Gesellschaftsideologie mit „typischen" völkischen Werten, Führerstaat und Führerkult, Einparteienstaat mit totaler Erfassung, Ausrichtung und Kontrolle der Gesellschaft, Antibewegung (antiliberal, -demokratisch, -marxistisch, -kapitalistisch), Wirtschaftssystem mit staatskapitalistischen Zügen, Militarismus als gesellschaftspolitisches Organisationsprinzip, expansive Außenpolitik, antimoderner Modernismus und Propagierung „typischer" völkischer Werte, rigorose Ausschaltung der politischen Opposition, skrupellose Anwendung von Gewalt und Terror.

Der italienische Faschismus initiierte und beeinflusste die **Ausweitung des Faschismus in Europa** maßgeblich.

Die **Entstehung der UdSSR** und ihre weltrevolutionäre Ideologie verhärteten die politischen und ideologischen Fronten. **Seit Mitte der Dreißigerjahre** war sie ein **europäischer Machtfaktor**.

Die **Weltwirtschaftskrise** zerstörte erste Ansätze wirtschaftlicher und politischer Normalisierung in Europa, schuf ein Klima der Abschottung und Aggressivität und stärkte **rechtsextreme Gruppierungen und Parteien**.

# AUF EINEN BLICK

## Von der DAP zur NSDAP

### Die Gründung der Deutschen Arbeiterpartei (DAP)

Am 5.1.1919 gründeten Anton Drexler und Karl Harrer im politisch rechtslastigen München die DAP. Sie sollte eine sozialistische Organisation sein, die „nur von deutschen Führern geleitet sein darf." Ihr verschwommenes Parteiprogramm nannte als wesentliche **Ziele**: „Adelung des deutschen Arbeiters", „Hebung des Handwerks", Schutz des „Großkapitals" als Brot- und Arbeitgeber, „judenreine Partei".

### Eintritt Hitlers in die DAP

Hitler trat am 12.9.1919 in die DAP ein, weil er hoffte, in einer kleinen Partei Karriere machen zu können. Tatsächlich stieg er aufgrund seines Redetalents rasch auf. Bereits im Oktober 1919 wurde er Vorstandsmitglied.

### Die Umbenennung der DAP in NSDAP

Am 24.2.1920 benannte sich die DAP in „Nationalsozialistische Deutsche Arbeiterpartei" (NSDAP) um und Hitler verkündete das im Wesentlichen von ihm verfasste Parteiprogramm mit folgenden **Zielen**: Zusammenschluss aller Deutschen in einem großdeutschen Reich; Aufhebung des Friedensvertrags von Versailles und Gleichberechtigung mit anderen Nationen; Kolonien; allgemeine Wehrpflicht; Schaffung einer starken Zentralgewalt; kein Staatsbürgerrecht für Juden; Bekämpfung des jüdisch-materialistischen Geistes; Verbot „zersetzender" Kunst und Kultur; Schutz der Volksgesundheit.

### Hitler wird Vorsitzender der NSDAP

Hitler wurde am 29.7.1921 zum Führer der NSDAP mit großen Machtbefugnissen gewählt. Er richtete die Partei in der Folgezeit systematisch auf sich aus durch Besetzung von Ämtern mit treuen Gefolgsleuten, Schaffung der SA (Sturmabteilung), Verbindung zu einflussreichen Kreisen bzw. Persönlichkeiten in Politik, Gesellschaft und Reichswehr.

Adolf Hitler

# 2 Der Aufstieg der NSDAP

### Der Hitler-Putsch

In der innenpolitisch turbulenten Situation des „Krisenjahres" 1923 sah Hitler die günstige Gelegenheit, in dem rechtslastigen Bayern die Macht im Reich an sich zu reißen. Er erklärte am 9. 11. 1923 im Münchner Bürgerbräukeller die Reichsregierung für abgesetzt und verkündete die neue „provisorische deutsche Nationalregierung" mit sich an der Spitze. Sein Marsch zur Feldherrnhalle, mit dem er die Münchner Bevölkerung hinter sich bringen wollte, scheiterte.
Hitler erhielt wegen Hochverrats die Mindeststrafe von 5 Jahren, von denen er 9 Monate absaß, die NSDAP wurde verboten.

### Die Neugründung der NSDAP

Anfang Februar 1925 erreichte Hitler die Aufhebung des Parteiverbots durch sein Versprechen, sich in Zukunft gesetzestreu zu verhalten. Am 27. 2. 1925 erfolgte die Neugründung der NSDAP. Hitler wollte in Zukunft die Macht mit „legalen" Mitteln gewinnen (Wahlgewinne, „Aushöhlung der Republik von innen").
In den „ruhigen Jahren" der Weimarer Republik (1924 - 1929) blieb die NSDAP bis zum Ausbruch der Weltwirtschaftskrise eine bedeutungslose Partei.

### Die Reichspräsidentenwahl von 1932

Begünstigt durch die Weltwirtschaftskrise gelang es der NSDAP durch aggressive und populistische Propaganda und Agitation zur größten Partei aufzusteigen. Hitlers Parole hieß nun: „Reichskanzler oder nichts." Bei der Reichspräsidentenwahl 1932 unterlag er erst im zweiten Wahlgang Hindenburg knapp, den auch die SPD unterstützen musste, um das größere Übel Hitler zu vermeiden.

## Vom Hitler-Putsch zur Kanzlerschaft

### Die Ernennung Hitlers zum Reichskanzler

Die Ernennung Hitlers zum Reichskanzler (30. 1. 1933) durch Hindenburg verkaufte die NSDAP-Propaganda als „Machtergreifung". Richtig ist jedoch „Machtüberlassung". Die Ernennung des erklärten Antidemokraten Hitler war nach dem Buchstaben der Verfassung zwar legal, widersprach jedoch völlig dem Geist der demokratischen Verfassung.
Die Reaktionen im In- und Ausland waren je nach politischer Einstellung unterschiedlich.

### Wie konnte es zum Dritten Reich kommen?

Hierfür gibt es folgende wesentliche **Bedingungsfaktoren**:
Die geistig-gesellschaftliche Kontinuität aus dem Kaiserreich; Hitlers Revisionspolitik entsprach der seiner Vorgänger; der Mittelstand, einzelne Großunternehmer sowie Militär, Justiz, Verwaltung unterstützten ihn ebenso wie Hindenburg und von Papen; die staatstragenden Parteien versagten in der Endphase Weimars.

KURZINFO

# 2 Der Aufstieg der NSDAP

- Die NSDAP wurde 1919 im konservativ-nationalen München gegründet, von Hitler übernommen und programmatisch sowie strukturell aufgebaut.
- Am 9. November 1923 scheiterte Hitler in München mit dem Versuch, die „Regierung der Novemberverbrecher" abzusetzen und die Macht durch eine provisorische deutsche Nationalregierung zu übernehmen (Hitler-Putsch).
- Während seiner neunmonatigen Festungshaft schrieb er „Mein Kampf". Nach seiner Entlassung wollte er den Staat „legal" verändern.
- Zwischen 1924 und 1929 war die NSDAP bedeutungslos. Durch die Weltwirtschaftskrise wurde sie Anfang der 30er-Jahre zur stärksten Partei.
- Die Ernennung Hitlers zum Reichskanzler (30.1.1933) wurde im In- und Ausland kontrovers gesehen. Sie war formaljuristisch legal, widersprach jedoch dem Geist der demokratischen Verfassung.
- Der Nationalsozialismus wurde ermöglicht durch historisch-traditionelle, politische und gesellschaftliche Faktoren.

## Von der Gründung bis zur „Machtergreifung"

### Die Parteigründung

**5.1.1919**: Gründung der **„Deutschen Arbeiterpartei"** (DAP) durch Anton Drexler und Karl Harrer in München. Sie setzte sich die Hebung des Handwerks zum Ziel und wollte eine „judenreine" Partei sein.

Sie muss vor dem **bayerischen Hintergrund** gesehen werden. Die revolutionären Veränderungen von 1918/19 und besonders die Gefahr einer Räterepublik schockierten die ohnehin mehrheitlich konservativ-national eingestellte bayerische Bevölkerung. Bayern wurde zu dieser Zeit mehr und mehr zu einem Tummelplatz für alle Gegner der Republik. Ihr Generalnenner lautete: „Das christliche, nationale Bayern gegen das verjudete, marxistische Berlin." Die zahlreichen vaterländischen Gruppen, Verbände und Parteien sahen die Aufgabe Bayerns darin, **„Ordnungszelle des Reichs"** zu sein. In dieser Atmosphäre gründeten der Eisenbahnarbeiter Anton **Drexler** und der Journalist Karl **Harrer** am 5.1.1919 in München die **„Deutsche Arbeiterpartei"** (DAP). Laut Parteiprogramm sollte sie eine sozialistische Organisation sein, die „nur von deutschen Führern geleitet sein darf." Reichlich verschwommen wollte sie die „Adelung des deutschen Arbeiters" und gleichzeitig den Schutz des „Großkapitals als Brot- und Arbeitgeber". Außerdem sollte sie eine „judenreine" Partei sein. Ihre Hauptaufgabe sah sie „in der Hebung des Handwerks". Damit war gleichzeitig ihr Wählerkreis genannt.

## Die Übernahme der Partei durch Hitler

Am 12.9.1919 trat Hitler (→ S. 30) in die DAP ein, die ihm die geeignete agitatorische Plattform bot. Aufgrund seines Redetalents machte er rasch Karriere. Bereits im Oktober 1919 wurde er in den siebenköpfigen „Arbeitsausschuss" (Vorstand) gewählt und erhielt die Aufgabe eines Werbeobmanns. Am **24. 2. 1920** benannte sich die Partei in die „Nationalsozialistische Deutsche Arbeiterpartei" (NSDAP) um. Am selben Tag verkündete Hitler im Hofbräuhaus vor ca. 2000 Anwesenden das hauptsächlich von ihm entworfene **Parteiprogramm**. Es enthielt neben sozialistischen Forderungen bereits alle wesentlichen ideologischen und politischen **Grundpositionen des Nationalsozialismus**:

- Zusammenschluss aller Deutschen aufgrund des Selbstbestimmungsrechts in einem großdeutschen Reich mit einer starken Zentralgewalt
- Gleichberechtigung mit anderen Nationen und Aufhebung der Friedensverträge von Versailles (Friedensvertrag mit Deutschland) und St. Germain (Friedensvertrag mit Österreich)
- Land und Boden (durch Rückgabe der ehemals deutschen Kolonien) zur Ernährung des Volkes und zur Ansiedelung des Bevölkerungsüberschusses.
- allgemeine Wehrpflicht und Schaffung einer starken Zentralgewalt des Reiches
- ein deutsches Staatsbürgerrecht, das Juden ausschloss
- Bekämpfung des jüdisch-materialistischen Geistes
- Verbot aller Bekenntnisse, die gegen das Moralgefühl der arischen Rasse verstoßen
- Maßnahmen zum Schutze der Volksgesundheit
- Bekämpfung und Verbot zersetzender Kunst und Literatur

Die **NSDAP** sah sich nicht als normale Partei, sondern als **„Bewegung"**. Sie hatte demzufolge das Ziel, die gesamte Volksgemeinschaft zu repräsentieren. Am **29. Juli 1921** wurde **Hitler** von einer außerordentlichen Mitgliederversammlung zum **1. Vorsitzenden mit großen Machtbefugnissen** gewählt. Damit hatte die NSDAP als einzige Partei in Deutschland einen Führer mit nahezu unbegrenzten Vollmachten. Der **systematische** personelle und strukturelle **Ausbau der Partei**, den Hitler unmittelbar nach seiner Wahl betrieb, schuf die Grundlagen seiner innerparteilichen Machtbasis. Er erweiterte den Vorstand durch Männer seiner Wahl, schuf sich in der **Sturmabteilung** (SA) eine paramilitärische Organisation, die seinen Ideen und Vorstellungen den nötigen Nachdruck verleihen sollte, und knüpfte zahlreiche Verbindungen zu einflussreichen Kreisen bzw. Persönlichkeiten in Politik, Gesellschaft und Reichswehr im Münchner Raum. In den Folgejahren gründete die NSDAP mehr und mehr Ortsgruppen und erreichte durch ihre Aktivitäten (Reden, Veröffentlichungen, Veranstaltungen, Saal- und Straßenschlachten mit der KPD) einen wachsenden Bekanntheitsgrad in Bayern und darüber hinaus.

**September 1919:**
Eintritt Hitlers in die DAP

**24.2.1920:**
- Umbenennung der DAP in **„Nationalsozialistische Deutsche Arbeiterpartei"** (NSDAP)
- Verkündung des im Wesentlichen von Hitler konzipierten **Parteiprogramms**. Es enthielt bereits alle Forderungen und Ziele, die für die NSDAP charakteristisch waren: Dazu gehören u.a. die Revision des Versailler Vertrags, die Einführung der allgemeinen Wehrpflicht, die Bekämpfung des „jüdisch-materialistischen Geistes", der Zusammenschluss aller Deutschen in einem „großdeutschen Reich", eine starke Zentralgewalt und die Erringung von Kolonien.

Hitler baute die NSDAP, die sich als „Bewegung" sah, personell und strukturell um und schuf mit der **SA (Sturmabteilung)** eine auf ihn ausgerichtete Kampforganisation. Dadurch wurde er zur unumstrittenen Führungsfigur.

## Der Hitler-Putsch und die Neugründung der Partei

Hitlers Versuch, die Reichsregierung abzusetzen und eine „provisorische deutsche Nationalregierung" zu installieren (**Hitler-Putsch**), scheiterte am **9.11.1923** in München am Widerstand von Polizei und Militär.

Er wurde zu fünf Jahren Festungshaft verurteilt, von denen er aber nur neun Monate absitzen musste. In dieser Zeit schrieb er **„Mein Kampf"**. Die NSDAP wurde verboten.

Nach der Entlassung erreichte er die Aufhebung des Parteiverbots. Er baute die Partei neu auf, z. B. durch Schaffung von Ortsgruppen, Kreisen und Gauen und der Schutzstaffel (SS). Den **Sturz der Weimarer Republik** wollte er nun auf **legalem Weg** erreichen („Legalitätstaktik").

Die Krisensituation des Jahres 1923 im Deutschen Reich (Ruhrkampf, Inflation, Separatismus) und in Bayern (Drohung Eberts mit der Reichsexekution) nutzte **Hitler** am **9.11.1923** zu einem **Putsch** gegen die Reichsregierung, der jedoch fehlschlug, da die entscheidenden politischen und militärischen Personen ihn nicht unterstützten. Hitler wurde verhaftet und wegen Hochverrats angeklagt. Der sehr wohlwollende Münchner Volksgerichtshof gab Hitler während des Prozesses die Möglichkeit, massiv Propaganda zu betreiben und verurteilte ihn am 1.4.1924 unter Berücksichtigung seines „rein vaterländischen Geistes" und seines „edelsten selbstlosen Willens" wegen Hochverrats zur Mindeststrafe von fünf Jahren Festungshaft, von denen Hitler unter sehr großzügigen Bedingungen nur neun Monate in Landsberg/Lech absitzen musste. Während dieser Zeit entstand der 1. Band von **„Mein Kampf"** mit dem Untertitel „Eine Abrechnung." Der zweite, „Die nationalsozialistische Bewegung", erschien zwei Jahre später. Die Inhaftierung, das Verbot der Partei und ihrer Zeitung sowie die Beschlagnahmung des Parteivermögens bedeuteten eine harte Belastungsprobe für die NSDAP. Unmittelbar nach seiner Entlassung suchte Hitler am 4.2.1925 den bayerischen Ministerpräsidenten Held auf und versprach, sich in Zukunft gesetzestreu zu verhalten. Damit erreichte er die Aufhebung des NSDAP-Verbots. Am 27. Februar erfolgte die **Neugründung der NSDAP** auf der Basis des Programms von 1920 und Hitler schwor sie auf seine neue **„Legalitätstaktik"** ein: Die Macht sollte in Zukunft nicht mit Waffengewalt, sondern mit „legalen Mitteln", d. h. durch Wählerstimmen erreicht werden. Diese Taktik bestätigte Hitler 1930 als Zeuge in einem Prozess, als er sagte:

> „Die Verfassung schreibt nur den Boden des Kampfes vor, nicht aber das Ziel. Wir treten in die gesetzlichen Körperschaften ein und werden auf diese Weise unsere Partei zum ausschlaggebenden Faktor machen. Wir werden dann allerdings, wenn wir die verfassungsmäßigen Rechte besitzen, den Staat in die Form gießen, die wir als die richtige ansehen." [1]

Dies bedeutete jedoch keine Aufgabe seiner grundlegenden Ziele, sondern lediglich eine Anpassung seiner Mittel und Methoden zur Erreichung dieser Ziele an die veränderten Verhältnisse. In den folgenden Monaten betrieb Hitler den **Neuaufbau der NSDAP**: Er schuf sich eine Gefolgschaft treu ergebener Gauleiter und Gruppenführer, fasste die Parteigenossen in Ortsgruppen, Kreisen und Gauen zusammen, baute die SA erneut auf und verpflichtete sich zahlreiche Unterführer durch persönliche Kontakte. Am Jahrestag seines gescheiterten Putsches entstand **1925** die **Schutzstaffel (SS)**, die im Gegensatz zur SA ihm persönlich unterstellt wurde.

## Die NSDAP auf dem Weg zur Macht

In den „ruhigen Jahren" der Weimarer Republik (1924–1929) war die NSDAP aufgrund des wirtschaftlichen Wachstums, der innenpolitischen Stabilisierung und innerparteilicher Querelen bedeutungslos. In den Jahren **1929 bis 1933** gelang ihr durch eine umfassende Mobilisierung der Wähler der **Aufstieg zur größten Partei**. Diese Entwicklung wurde durch verschiedene innen- und außenpolitische Ereignisse bzw. Maßnahmen sowie durch die **Weltwirtschaftskrise** begünstigt. Bekannte Persönlichkeiten unterstützten die Partei öffentlich, die damit, ebenso wie ihr Führer, salonfähig wurde. Die Reichspräsidentenwahl von 1932, die Hindenburg erst im zweiten Wahlgang gegen Hitler gewann, dokumentierte die Machtverhältnisse in der Endphase der Weimarer Republik. **Hitlers Parole** hieß nun: **„Reichskanzler oder nichts."** Trotz des riesigen Wahlerfolgs vom Juli 1932 sah die Lage der Partei am Ende des Jahres nicht gut aus. Zwar eilte sie auch bei Länderwahlen von Sieg zu Sieg, doch kam sie dadurch ihrem Ziel, „auf legalem Weg zum ausschlaggebenden Faktor" zu werden, nicht näher. „Wir siegen uns noch zu Tode", notierte Joseph Goebbels in sein Tagebuch. Die Kassen der Partei waren leer, der Terror der SA schreckte viele ab, ihre Attraktivität schien angesichts des sich abzeichnenden wirtschaftlichen Aufschwungs, der Lösung der Reparationsfrage im deutschen Sinne und angesichts einer möglichen teilweisen Revision des Versailler Vertrags rapide abzunehmen. Die innerparteiliche Opposition formierte sich um Gregor Strasser und drängte zur Aufgabe des Alles-oder-nichts-Standpunkts. Als Strasser sich mit seiner Politik nicht durchsetzen konnte, zog er sich Ende 1932 aus der Parteiarbeit zurück und überließ Hitler die unangefochtene Führung.

Das Wunder kam in dieser Situation von dem ehemaligen Kanzler von Papen, der glaubte, Hitler für seine Pläne ausnutzen zu können. Er erreichte, dass Hindenburg seine Bedenken gegenüber Hitler überwand und ihn schließlich am 30. 1. 1933 zum Reichskanzler ernannte. In Hitlers **Koalitionsregierung der „nationalen Konzentration"** befanden sich insgesamt nur drei Nationalsozialisten. Das Innenministerium übernahm Wilhelm Frick; Hermann Göring (→ S. 93) wurde zunächst Minister ohne bestimmtes Ressort. Selbst als Goebbels (→ S. 84) im März das neu geschaffene „Ministerium für Volksaufklärung und Propaganda" übernahm, änderte sich an der **„Einrahmung" der Nationalsozialisten** wenig. Nach wie vor stammten die starken Männer des Kabinetts entweder aus von Papens „Kabinett der Barone" oder konnten nicht als Anhänger Hitlers betrachtet werden. Von Papens Zähmungskonzept schien aufgegangen zu sein. Das weit verbreitete Schlagwort vom „Diktator, der es nicht wird", charakterisiert die Fehleinschätzung Hitlers.

In den „ruhigen Jahren Weimars" (1924–1929) war die NSDAP bedeutungslos.

In der Zeit der **Weltwirtschaftskrise** (1929–1933) wurde sie zur **größten Partei**. Hitlers Parole hieß nun: „Reichskanzler oder nichts."

Trotz der Wahlerfolge war die **Lage der Partei Ende 1932 problematisch** (leere Kassen, schwindende Attraktivität, SA-Terror, innerparteiliche Opposition).

Hitler schaltete die innerparteiliche Opposition um Gregor Strasser aus und war nun wieder der unangefochtene Führer der NSDAP.

**30.1.1933**: Hindenburg ernannte **Hitler** zum **Reichskanzler** auf Betreiben von Papens.

Die NSDAP stellte in der „Regierung der nationalen Konzentration" nur den Reichskanzler und zwei Minister (Frick und Göring).

## Die Beurteilung des 30. Januar 1933

Die **Ernennung Hitlers** ist die **tiefste Zäsur** der neueren deutschen Geschichte. Die Tragweite des 30.1.1933 wurde den Zeitgenossen nicht deutlich. Vizekanzler von Papen, Adel, Reichswehr und Militär gingen davon aus, Hitler „einrahmen" und „lenken" zu können.

Die Ernennung des 43-jährigen Hitlers durch den 86-jährigen Hindenburg ist wohl die **tiefste Zäsur in der neueren deutschen Geschichte**. Diesen **„tragischen Händedruck der Geschichte"**, wie die Ernennung Hitlers oft genannt wurde, **erkannten viele Zeitgenossen in seiner Tragweite nicht**. Zwar waren Hitlers Thesen und Forderungen sowie die politischen Methoden der NSDAP weitgehend bekannt, doch glaubten viele, seine Aussagen und Ziele aus „Mein Kampf" nicht auf den Staatsmann Hitler anwenden zu dürfen. Man betrachtete Hitler aufgrund seiner Legalitätstaktik nun anders und nahm zudem an, dass die Würde des Amtes automatisch *die* Mäßigung mit sich bringen werde, die man vom Führer der Opposition nie gefordert hatte. In den adeligen Kreisen, in der Reichswehr und der Wirtschaft war man der festen Überzeugung, die starken Männer seines Kabinetts würden „diesen Hitler" schon in die richtigen Bahnen lenken.

Unmittelbar nach seiner Ernennung kam es zu **unterschiedlichen Reaktionen**: Für Hitler begann nach eigener Aussage an diesem Tage „die größte germanische Rassenrevolution der Weltgeschichte", der „Schlusskampf des weißen Mannes". Goebbels trug in sein Tagebuch ein: „Die deutsche Revolution beginnt." Während auch der Reichspressechef der NSDAP, Otto Dietrich, die Ernennung Hitlers als „Erlösung aus vierzehnjähriger seelischer Bedrückung" bejubelte und fand, Hitlers Glaube habe Berge versetzt, sah man bei der KPD und in weiten Kreisen der SPD in der Kanzlerschaft Hitlers das **„Bündnis zwischen Adel und Pöbel"**. Auch Hugenberg (Vorsitzender der DNVP) dämmerte es am folgenden Tage nach eigener Aussage, dass er sich in ein **„Bündnis mit dem Teufel"** eingelassen hatte. In einer geradezu gespenstisch anmutenden Vision sah Hitlers ehemaliger Verbündeter Ludendorff Unglück und Elend kommen. Er schrieb an Hindenburg:

> „Sie haben durch die Ernennung Hitlers zum Reichskanzler unser heiliges deutsches Vaterland einem der größten Demagogen aller Zeiten ausgeliefert. Ich prophezeie Ihnen feierlich, dass dieser unselige Mann unser Reich in den Abgrund stürzen und unsere Nation in unfassbares Elend bringen wird. Kommende Geschlechter werden Sie wegen dieser Handlung am Grabe verfluchen." [2]

Auf Hitlers Ernennung reagierten In- und Ausland sehr unterschiedlich. Die demokratischen Staaten erhofften das baldige Scheitern des Kabinetts Hitler. Die autoritär geführten Staaten sahen den Sieg des Nationalsozialismus als Bestätigung der eigenen Ideologie.

Die „Machtergreifung" wurde im Ausland ebenso unterschiedlich wie in Deutschland bewertet. In England, Frankreich, Polen und der Tschechoslowakei überwog die Skepsis und man **hoffte auf ein baldiges Scheitern des Kabinetts Hitler**. In Ländern mit einem vergleichbarem Herrschaftssystem wurde der Sieg des Nationalsozialismus mit Freude aufgenommen und als **Bestätigung der eigenen Ideologie** gesehen.

## Kam Hitler „legal" zur Macht?

Betrachtet man die „Machtergreifung" rein **formal-juristisch**, dann kam Hitler am 30. 1. 1933 völlig **legal an die Macht**. Reichspräsident Hindenburg übertrug ihm, wie zuvor Brüning, von Papen und von Schleicher, das Kanzleramt in Übereinstimmung mit Art. 53 der Verfassung. Darauf basierte in der Folgezeit die NS-Propaganda, die immer wieder darauf hinwies, dass Hitler „legal" und aufgrund des „überwältigenden Willens der Mehrheit seines Volkes" zur Regierung gekommen sei. Die tatsächlichen Ereignisse und die Wahlergebnisse von 1932 und 1933 entlarven diese Behauptungen jedoch als grobe **Verfälschung der Wahrheit**. So notierte auch Goebbels unmittelbar vor Hitlers Ernennung am Abend des 28. Januar: „Wir sind alle noch sehr skeptisch und freuen uns nicht zu früh."[3] Geschickt wies die NSDAP immer wieder auf die Tatsache der Ernennung hin und sprach damit die Neigung vieler Deutscher an, alles für rechtmäßig zu halten, was dem Buchstaben des Gesetzes entsprach. In Deutschland war man eben nicht gewohnt, von höchster Stelle angeordnete Maßnahmen kritisch zu hinterfragen und auf ihren Sinngehalt hin zu überprüfen. Ein derartiges Vorgehen war in den Augen der meisten Deutschen ohnehin schon Ausdruck einer die Zucht und Ordnung in Frage stellenden, gefährlichen und deshalb zu bekämpfenden Geisteshaltung.
Der Buchstabe der Verfassung als alleiniger Maßstab kann jedoch nicht genügen. Zwar befanden sich die Steigbügelhalter Hitlers auf verfassungsmäßigem Boden, doch **verstieß die Ernennung Hitlers gegen den Geist der Verfassung**, da mit ihm einem Mann das Amt übergeben wurde, der als oberstes Ziel immer wieder die Ausschaltung der Verfassung und die völlige Umgestaltung des politischen Systems mit allen Mitteln gefordert hatte.

Hitlers Ernennung war nach der Verfassung legal. Es widersprach jedoch dem Geist der demokratischen Verfassung, einen erklärten **Antidemokraten zum Reichskanzler** zu machen.

## „Machtergreifung" oder „Machtüberlassung"?

Die Vorgänge unmittelbar vor und nach dem 30. Januar 1933 wurden von der **NS-Propaganda** mit dem unzutreffenden Begriff **„Machtergreifung"** beschrieben, der auch heute noch oft unkommentiert und deshalb falsch verwendet wird. Weder kam der NSDAP bei der Ernennung Hitlers eine bestimmende oder initiative Rolle zu, noch erhielt Hitler „die Macht". Sie wurde erst in den folgenden ca. 18 Monaten Schritt für Schritt erobert.
Der Begriff „Machtergreifung" sollte den Eindruck erwecken, als habe sich eine dynamische, energisch zupackende junge Partei um ihren Führer geschart, um eine ihr längst zustehende Position aus eigener Kraft einzunehmen. Damit sollte Hitler gleichsam als unabwendbare, nicht zu verhindernde historische Gesetzmäßigkeit dargestellt werden. Die Zerstrittenheit der NSDAP-feindlichen Parteien KPD und SPD, die Bereitschaft weiter Kreise, es nach den Herren Brü-

**„Machtergreifung"** ist ein **Begriff der NS-Propaganda**, der den Eindruck erwecken sollte, eine dynamische Partei habe sich die ihr zustehende Position aus eigener Kraft genommen.

Da Hitler die Exekutive vom Reichspräsidenten erhielt, ist dieser Begriff unzutreffend. Treffend ist stattdessen **„Machtüberlassung"**.

ning, von Papen und Schleicher nun eben einmal mit Hitler zu versuchen, sowie die freiwillige Selbstausschaltung des Parlaments seit 1930 rücken die „Machtergreifung" ins rechte Licht. Sie legen den zwingenden Schluss nahe, dass der Ausdruck **„Machtüberlassung"** die tatsächlichen Ereignisse und Machtverhältnisse des 30. Januar treffender charakterisiert.

PORTRÄT

**ADOLF HITLER**
**(20.4.1889 – 30.4.1945)**

- geb. in Braunau am Inn als Sohn eines österreichischen Zollbeamten
- muss die Realschule ohne Abschluss verlassen wegen „mäßiger Begabung und keineswegs übertriebenem Fleiß"
- 1908 – 1913 Hitler lebt in Wien von Gelegenheitsarbeiten; die Aufnahme an der dortigen Kunstakademie wird ihm wegen ungenügender Begabung verweigert; er entwickelt sein rassistisch-nationalistisches Weltbild
- 1914 – 1918 Soldat im ersten Weltkrieg; Auszeichnung mit EK I (Eisernes Kreuz 1. Klasse)
- 1919 Mitglied der „Deutschen Arbeiterpartei" (DAP)
- 1921 Vorsitzender der NSDAP
- 9.11.1923 Hitler-Putsch in München; Verurteilung wegen Hochverrats zur Mindeststrafe von 5 Jahren, von denen er nur 9 Monate in Landsberg/Lech verbüßen muss
- 1925 Neugründung der NSDAP
- 1929 – 1933 Hitler profitiert in der Endphase Weimars von der Weltwirtschaftskrise und den Auflösungserscheinungen des Parlamentarismus
- 30.1.1933 Ernennung zum Reichskanzler; Hitler führt das Deutsche Reich als Diktator und als „Führer und Reichskanzler" seit dem 2.8.1934
- 1945 in der Nacht vom 28. zum 29. April heiratet er im Führerbunker in Berlin seine Lebensgefährtin Eva Braun
- am 30. April 1945 überträgt er die Staatsführung an Admiral Dönitz und begeht am selben Tag in Berlin Selbstmord

# Wie konnte es zum Nationalsozialismus kommen?

## Die Erklärungsproblematik

Immer wieder wird in der in- und ausländischen Literatur und Publizistik die Frage gestellt, wie es kommen konnte, dass

> „ein großes Kulturvolk mit hoch entwickelter Zivilisation scheinbar aus eigenem Willen sich der zerstörerischen Gewaltherrschaft einer Gruppe machthungriger Fanatiker ausgeliefert hat, deren ‚Führer' Jahre zuvor schon seine radikalen und nihilistischen Ziele mit aller Offenheit dargelegt und über den totalitären Charakter seiner künftigen Herrschaft wenig Zweifel gelassen hat". [4]

Anders gefragt: Wie konnte es in einem parlamentarischen Rechts- und Verfassungsstaat zu einer totalitären Diktatur kommen? Hierfür gibt es **keine monokausale Erklärung. Zahlreiche Faktoren wirkten zusammen** und schufen eine Gesamtsituation, in der die „Machtüberlassung" möglich wurde. Es genügt deshalb nicht, einzelne Faktoren herauszuheben. Als zwangsläufiges, aber falsches, weil zu sehr vereinfachendes Ergebnis einer derartigen Betrachtungsweise würde unweigerlich die Erkenntnis stehen, dass der Aufstieg der NSDAP und damit das Dritte Reich insgesamt unaufhaltsam und unwiderstehlich gewesen seien. Dies würde das Phänomen Hitler gleichsam als Naturkatastrophe einstufen und die Deutschen gleichzeitig von jeglicher Schuld am Zustandekommen des Dritten Reiches freisprechen.

Für den Aufstieg der NSDAP bzw. Hitlers gibt es **keine monokausale Erklärung**. Zahlreiche Faktoren schufen eine Gesamtsituation, in der die Machtüberlassung möglich wurde.

**1. Reich**: Heiliges Römisches Reich Deutscher Nation: 962–1806

**2. Reich**: „Kaiserreich": 1871–1918

**3. Reich**: „Tausendjähriges Reich": 1933–1945

## Bedingungsfaktoren des Dritten Reiches

### Historische Voraussetzungen

Da die aus dem Kaiserreich herrührende geistige und gesellschaftliche Kontinuität offensichtlich eine wesentliche Rolle spielte, können nicht nur die Ereignisse der Weimarer Republik als Voraussetzung für das Aufkommen des Nationalsozialismus genannt werden; es müssen vielmehr auch Aspekte in die Betrachtung einbezogen werden, die aus der **Zeit vor Weimar** stammen:

- Die **Ideen der Staats- und Naturrechtsphilosophen** bzw. **der Französischen Revolution** setzten sich in Deutschland, anders als in England und Frankreich, nicht umfassend und tiefgreifend durch. Den Monarchen gelang es hier, die liberalen Strömungen zu unterdrücken, zu absorbieren oder sogar in ihren Dienst zu stellen. Damit blieb der **Obrigkeitsstaat** die Grundlage des politischen und gesellschaftlichen Lebens, der dem Einzelnen freie Entfaltung nur innerhalb des vom Staat vorgegebenen Rahmens erlaubte.
- In der **Außenpolitik** regelte dieser Staat seine Beziehungen durch eine auf Prestige bedachte „machtvolle" Politik oder, einer Feststellung Bismarcks zufolge, durch **„Blut und Eisen"**. Drohung und Anwendung von Gewalt gal-

Bedingungsfaktoren des Dritten Reiches aus der **Zeit vor Weimar**:

- die geistig-gesellschaftliche Kontinuität aus dem Kaiserreich **(Obrigkeitsstaat)**

- Hitlers **außenpolitische Vorstellungen** deckten sich weitgehend mit denen des Kaiserreichs und waren deshalb nicht neu.

ten als das selbstverständliche Recht des Stärkeren oder als geeignetes Mittel, die Überlegenheit des eigenen Volkes zu demonstrieren. Die **imperialistische Weltmachtpolitik Hitlers**, seine Großraumpolitik, welche die Eroberung Russlands als eine wesentliche Voraussetzung für die Größe Deutschlands einkalkulierte, war nichts anderes als die **Wilhelminische Außenpolitik** unter veränderten Voraussetzungen. Auch die **revisionistische Außenpolitik aller Weimarer Regierungen** sah als Endziel die **Wiederherstellung der früheren Größe Deutschlands** vor. Deshalb besteht auch in diesem Punkt eine Identität zwischen der Außenpolitik Stresemanns und der Hitlers. Der allerdings entscheidende Unterschied liegt in den politischen Mitteln und Methoden, mit denen beide dasselbe Ziel anstrebten. Insgesamt jedoch hatte es Hitler leicht, an die „großräumige Ostplanung" seiner Vorgänger im Amt anzuknüpfen, wobei als spezifisch nationalsozialistisches Element die Überlagerung der geopolitischen Komponente durch rassenideologische Zielvorstellungen (→ S. 146) hinzukam.

- Seine **Revisionspolitik** war identisch mit der seiner Amtsvorgänger. Allerdings ist die Verknüpfung der Geopolitik mit rassenideologischen Zielen spezifisch nationalsozialistisch.

- Die **„alten Mächte"**, die die tragenden Säulen des Kaiserreiches gewesen waren (Verwaltung, Justiz, Militär), sahen in Hitler die mögliche **Fortsetzung der Verhältnisse vor dem Jahre 1918** und unterstützten ihn. Diese Einschätzung des Nationalsozialismus lag nahe, da fast alle außenpolitischen Ziele Hitlers mit denen Wilhelms II. übereinstimmten.

- Die **„alten Mächte" des Kaiserreichs** (Militär, Justiz, Verwaltung) unterstützten Hitler.

### Politische und gesellschaftliche Faktoren

- **Hindenburg und von Papen**: Ohne Zweifel trifft beide ein **Großteil der Verantwortung**. Von Papen, weil er durch sein ehrgeiziges und kurzsichtiges Intrigenspiel Hitler die Kanzlerschaft ermöglichte, und Hindenburg, weil er ohne wirklich zwingenden Grund die politische Führung einem Mann übertrug, der sein vorrangiges Ziel, die Zerstörung des Staates, nie verhehlt hatte.

- **Hindenburg** und von **Papen** unterschätzten Hitler.

- **Politiker und Parteien**: Mit Recht muss von einem **Versagen** der Politiker und der Parteien gesprochen werden. Die bisher staatstragenden Parteien waren seit 1930 nicht mehr bereit, ihre Rolle im demokratisch verfassten Staat wahrzunehmen und bereiteten damit die **Ausschaltung des Parlaments** und auf Dauer die **Herrschaft der Präsidialkabinette** vor. Innerhalb der Präsidialkabinette steigerte sich der **Rechtstrend** weg von der Demokratie und **hin zum autoritären Staat** von Kanzler zu Kanzler, sodass Hitler gleichsam von den Zeitgenossen als Fortsetzung der bisherigen Entwicklung, aber keinesfalls als Zäsur oder besonders neuartig angesehen wurde.

- Die staatstragenden **Parteien und Politiker versagten**, da sie seit 1930 nicht mehr bereit waren, ihre Rolle im demokratisch verfassten Staat wahrzunehmen.

- **Industrielle**: Einzelne Unternehmer, vor allem aus der Rüstungs- und Schwerindustrie, unterstützten Hitler finanziell und politisch. Sie erhofften sich von ihm eine **Belebung der Wirtschaft** und ein entschiedenes **Durchgreifen gegenüber den Arbeitnehmerparteien und den Gewerkschaften**. Der oft erhobene Vorwurf, „die Industrie" insgesamt habe Hitler zum Kanz-

- Einzelne **Unternehmer und Großindustrielle** unterstützten Hitler, da sie sich eine Belebung der Wirtschaft versprachen.

ler gemacht, kann nach dem heutigen Stand der Forschung jedoch nicht aufrechterhalten werden.

- **Die Wähler**: Der einfachste und bequemste Erklärungsansatz nennt die Millionen Wähler, die die NSDAP in der Endphase der Weimarer Republik zur stärksten Partei machten und Hitler überhaupt erst ins Gespräch für ein Regierungsamt brachten. Dabei spielt die **Weltwirtschaftskrise** und die **Sparpolitik Brünings** eine entscheidende Rolle. Neuere Untersuchungen belegen, dass die NSDAP aufgrund der katastrophalen wirtschaftlichen Situation zwischen 1929 und 1933 stärker als andere Parteien von der **Mobilisierung früherer Nicht-, Wechsel- und Protestwähler** in Nord-, Mittel- und Ostdeutschland profitierte.
  Der in diesem Zusammenhang erhobene Vorwurf, sie hätten als demokratische Wähler versagt, muss ganz sicherlich abgeschwächt werden, denn nur Demokraten können als demokratische Wähler versagen. Da aufgrund der Situation nach 1918 die überwiegende Mehrheit des Volkes alles andere als demokratisch war und die Verhältnisse von 1929–1933 nicht dazu angetan waren, aus Skeptikern überzeugte Demokraten zu machen, kann dieser Vorwurf so umfassend nicht gemacht werden. Zudem erreichte die **NSDAP** trotz massiver Propaganda und erheblichen Terrors bei den **letzten freien Wahlen am 5.3.1933** nicht einmal **44 %** der Wählerstimmen (→ S. 41).

• Die **Wähler** trifft aufgrund der bestehenden Verhältnisse (Weltwirtschaftskrise, Arbeitslosigkeit) **keine „Schuld"**. Trotz massiver Propaganda und erheblichen SA-Terrors erhielt die NSDAP am 5.3.1933 „nur" 43,9 %.

- **Die Anhängerschaft**: Die größte Unterstützung fand die NSDAP in den **mittelständischen Bevölkerungskreisen** bei Angestellten, Beamten, Bauern und Selbstständigen (Handwerker, Gewerbetreibende und Kaufleute), die wesentlich stärker als es ihrem Bevölkerungsanteil entsprach in der NSDAP vertreten waren. Dagegen lag der Prozentsatz der Arbeiter, die Parteimitglieder waren, weit unter dem Arbeiteranteil in der Gesamtbevölkerung. Auch regional gab es große Unterschiede: In den NSDAP-Gauen Sachsen, Groß-Berlin, Kurmark und Schleswig-Holstein hatte die NSDAP die meisten Mitglieder, in Hamburg, Koblenz, Trier, Danzig, Schwaben und Mainfranken die wenigsten.

Die **größte Unterstützung** bekam die NSDAP aus dem **Mittelstand**.

| Berufsgruppe | NSDAP | Gesellschaft |
|---|---|---|
| Arbeiter | 28,1 % | 45,9 % |
| Angestellte | 25,6 % | 12,0 % |
| Selbstständige | 20,7 % | 9,0 % |
| Beamte | 8,3 % | 5,1 % |
| Bauern | 14,0 % | 10,6 % |
| Sonstige | 3,3 % | 17,4 % |

- Einzelne in- und ausländische Sympathisanten bzw. **Geldgeber** erhofften sich Vorteile von der Förderung Hitlers.

- **Einzelne Sympathisanten und Geldgeber**: Diese Gruppe ist heterogen. In ihr finden sich ausländische Geldgeber, z. B. der schwedische Bankier Ivar Kreuger, die englischen Rüstungsfabrikanten Vickers und Zaharoff, die niederländische Royal Dutch Shell, erstaunlicherweise jedoch auch deutsche jüdische Unternehmen, so z. B. die Warenhäuser Tietz und Shapiro. Offensichtlich wollten diese sich durch „freiwillige Schutzzahlungen" vor Übergriffen der SA schützen.

- Die **breit gestreute Propaganda** ermöglichte es allen Bevölkerungsteilen, sich mit Hitlers Politik und seinen Zielen zu identifizieren.

- Die breit gestreute **Propaganda und Ideologie der NSDAP** ermöglichte in unterschiedlichem Ausmaß **allen Teilen der Bevölkerung**, besonders den durch Krieg, Niederlage, Versailler Vertrag, Inflation und Weltwirtschaftskrise Enttäuschten und Entwurzelten, **sich mit Hitlers Zielen und seiner Politik wenigstens teilweise zu identifizieren**. Hitler bot der Jugend neue Ideale, den Arbeitslosen geregelten Verdienst, den Nationalen ein starkes Deutschland, den Bauern höhere Preise, den Antisemiten und Antikommunisten die Vernichtung des Gegners, den Antidemokraten einen funktionierenden „Ordnungsstaat", dem Mittelstand Schutz vor dem Absinken ins Proletariat.

## Der Aufstieg der NSDAP

Die **Deutsche Arbeiterpartei (DAP)** wurde im Januar **1919** im politisch turbulenten, rechtslastigen **München** gegründet. Mit dem Eintritt von Adolf Hitler entwickelte sich die Partei rasch. Am 24. Februar 1920 benannte sich die DAP in **Nationalsozialistische Deutsche Arbeiterpartei (NSDAP)** um und Hitler verkündete am selben Tag das hauptsächlich von ihm konzipierte **Parteiprogramm**. In ihm waren bereits alle wesentlichen ideologischen und politischen Grundpositionen des Nationalsozialismus enthalten.

In den folgenden Monaten baute Hitler seine Position systematisch aus und wurde zum unangefochtenen Führer der NSDAP.

Im November **1923** sah er vor dem Hintergrund der innenpolitischen Krisensituation die Chance, durch einen **Putsch** die Macht im Deutschen Reich zu übernehmen.

Das Scheitern des Putsches, die neunmonatige Inhaftierung Hitlers, das Verbot der NSDAP und die Stabilisierung der Weimarer Republik machten die NSDAP in den **„ruhigen Jahren" (1924–1929)** zu einer **bedeutungslosen Partei.**

Erst im Verlauf der **Weltwirtschaftskrise** gelang es der Partei durch maßlose Propaganda und Agitation zur **größten Partei** aufzusteigen. Ihren Höhepunkt erreichte die NSDAP 1932, als sie riesige Wahlgewinne erzielte und Hitler bei der Wahl des Reichspräsidenten erst im zweiten Wahlgang Hindenburg unterlag. Trotz dieser Erfolge entwickelte sich eine **innerparteiliche Opposition** um Gregor **Strasser**, die Hitler jedoch ausschalten konnte.

Die Ernennung des erklärten Antidemokraten **Hitler zum Reichskanzler (30.1.1933)**, die eine **Machtüberlassung** war, verkaufte die NS-Propaganda als „Machtergreifung". Sie war nach dem Buchstaben der Verfassung legal, widersprach jedoch völlig dem Geist der demokratischen Verfassung. Der 30. Januar 1933 wurde im In- und Ausland je nach politischem Standort unterschiedlich aufgenommen.

Für den Aufstieg der NSDAP bzw. Hitlers gibt es **zahlreiche historische, gesellschaftliche und politische Bedingungsfaktoren**. Dazu gehören: die obrigkeitsstaatliche Entwicklung in Deutschland, eine machtorientierte, auf Expansion bzw. seit 1920 auf Revision ausgerichtete Außenpolitik, eine antidemokratische Einstellung der „alten" Mächte Verwaltung, Justiz und Militär, die verhängnisvolle Fehleinschätzung Hitlers durch von Papen und Hindenburg, das Versagen der staatstragenden Parteien und der Arbeiterparteien sowie die breit gestreute NS-Propaganda und NS-Ideologie, die alle Schichten des Volkes ansprachen.

### Die Ausgangsposition

Um ihr übergeordnetes Ziel, eine von der Masse des Volkes getragene „nationale Erhebung" zu erreichen, musste die NS-Führung vier vorrangige Aufgaben bewältigen: Ausschaltung der politischen Gegner; Besetzung politischer und gesellschaftlicher Schlüsselpositionen mit hitlertreuen Anhängern. Schaffung gleicher Interessenslagen für die NSDAP, die Reichswehr und die Schwerindustrie; Herbeiführung eines politisch-psychologischen Klimawandels.

### Der „Tag von Potsdam"

Unmittelbar nach seiner Ernennung ließ Hitler den Reichstag auflösen und Neuwahlen festsetzen. **Die Reichstagswahl vom 5.3.1933** brachte mit 43,9% für die NSDAP ein enttäuschendes Ergebnis. Das gemeinsame Auftreten von Hindenburg und Hitler bei der Neueröffnung des Parlaments schlachtete die NSDAP werbewirksam als „Tag von Potsdam" (21.3.1933) aus. In seiner dort verkündeten Regierungserklärung gab Hitler sich ein staatsmännisches, friedliebendes Image. Er erklärte u.a., seine Regierung werde den Versailler Vertrag erfüllen, für die Einhaltung und Festigung des Friedens eintreten; ihr aufrichtigster Wunsch sei das Wohl Europas und sie hoffe, dass eine Rüstungsbeschränkung in der Welt erreicht werden könne.

Adolf Hitler begrüßt von Hindenburg

## Reichstagsbrandverordnung und Ermächtigungsgesetz

### Die Reichstagsbrandverordnung

Hitler nutzte den Brand des Reichstags propagandistisch und erreichte von Hindenburg die „Verordnung des Reichspräsidenten zum Schutz von Volk und Staat" (Reichstagsbrandverordnung, 28.2.1933). **Bedeutung:** Sie war ein entscheidender Schlag gegen die Verfassung, da sie die „Grundrechte bis auf Weiteres, de facto bis Kriegsende, außer Kraft" setzte und zur Verfolgung und Ausschaltung politischer Gegner genutzt wurde.

### Das Ermächtigungsgesetz

Hitlers Ziel war die Ausschaltung des Parlaments durch das Ermächtigungsgesetz, das unter dem Druck der NSDAP alle Parteien mit Ausnahme der SPD annahmen. Das „Gesetz zur Behebung der Not von Volk und Reich" (Ermächtigungsgesetz, 24.3.1933) gab auch der Exekutive legislative Macht. Ihre Gesetze durften sogar von der Verfassung abweichen, sofern sie sich nicht gegen Reichstag, Reichsrat und Reichspräsident richteten.
**Bedeutung:** Ermächtigungsgesetz und Reichstagsbrandverordnung waren die Grundlage der NS-Diktatur. Sie ermöglichten den permanenten Ausnahmezustand und den pseudo-legalen NS-Terror. Rechtsstaatlichkeit war nun nicht mehr gewährleistet.

# 3 Der Ausbau der Herrschaft zum totalitären Staat

### Ausschaltung und Gleichschaltung

Die **Ausschaltung** betraf Parteien und Gewerkschaften. Zunächst wurden die Reichstagsmandate der KPD annulliert und am 26.5.1933 ihr Parteivermögen eingezogen. Dies bedeutete das Ende der **KPD**.
Im Mai 1933 trat an die Stelle der aufgelösten Gewerkschaften die von der NSDAP gelenkte **Deutsche Arbeitsfront** (DAF), die Arbeitgeber und Arbeitnehmer zwangsweise vereinte. Mit rigorosen Maßnahmen (Entzug der Mandate, „Schutzhaft", Einziehung des Parteivermögens etc.) schaltete die NSDAP am 22.6.1933 auch die **SPD** aus. Die „freiwillige" Auflösung der anderen Parteien vollzog sich unter dem Druck der NSDAP bis zum 5.7.1933. Gründe hierfür waren ihre offensichtliche Ohnmacht, die daraus entstandene Resignation und die „Erkenntnis", dass die Parteien abgewirtschaftet hätten und überflüssig seien. Die **Gleichschaltung** betraf die Länder, Verwaltung, Justiz, Reichswehr, Polizei, Rundfunk, Presse und Kultur. Die **Gleichschaltung** der Länder wurde im Jahre 1922 durch die Übertragung der Reichstagswahlergebnisse vom 3.5.1933 (NSDAP + DNVP = 52 %) erreicht. Das Berufsbeamtengesetz vom 7. April entfernte nichtarische Beamte und machte die Einstellung zur Partei zum entscheidenden Kriterium. Die Justiz wurde „gesäubert" und durch Sondererlasse und Sondergerichte zum Werkzeug des Führers. Die Reichswehrführung wurde mit Gefolgsleuten Hitlers besetzt, die Polizei durch Parteiorganisationen, z.B. Geheime Staatspolizei (Gestapo) und Sicherheitsdienst der SS (SD) mit unbegrenzten Kompetenzen gleichgeschaltet und Rundfunk, Presse und Kultur durch die von Goebbels geleitete Reichskulturkammer.

## Machterwerb und Machterhalt durch Aus- und Gleichschaltung

### Die NSDAP wird Staatspartei

„Das Gesetz gegen die Neu-bildung von Parteien" vom 14. Juli 1933 machte die NSDAP zur einzigen erlaubten Partei (= Staatspartei) und verbot die Neubildung von Parteien. Damit war Deutschland (wie Italien und die UdSSR) ein Einparteienstaat geworden. Per Gesetz wurde im Dezember 1933 die Einheit von Volk und Partei bestimmt und die NSDAP damit offiziell zum alleinigen „Willensträger der Nation" gemacht.

### Der „Röhm-Putsch" (30.6.1934)

Hitler sah den SA-Chef Röhm als Konkurrenten. Deshalb ließ er die Führungsungsspitze der SA wegen eines angeblichen Putsches zwischen dem 30.6. und 2.7.1934 im ganzen Reich verhaften. Röhm und andere missliebige Politiker wurden ermordet. Sein Vorgehen rechtfertigte Hitler in einem Gesetz (3.7.) als „Staatsnotwehr" und bezeichnete sich als des deutschen Volkes „oberster Gerichtsherr". Damit hatte Hitler nach Exekutive und Legislative nun auch die Judikative. Die Demokratie war endgültig zur Diktatur geworden.

### Das „Ende der nationalen Revolution"

Nach Hindenburgs Tod vereinigte Hitler am 2.8.1934 per Gesetz die Ämter des Reichspräsidenten und Reichskanzlers und führte fortan den Titel „Führer und Reichskanzler". Damit war für ihn die „nationale Revolution" abgeschlossen.

# 3 Der Ausbau der Herrschaft zum totalitären Staat

KURZINFO

- Unmittelbar nach der Machtüberlassung beginnt Hitler mit dem systematischen Ausbau der Macht.
- Dabei sind zwei Gesetze von entscheidender Bedeutung: Die Reichstagsbrandverordnung und das Ermächtigungsgesetz. Sie ermöglichen es Hitler, die verfassungsmäßige Ordnung zu umgehen und sind die Grundlage der NS-Diktatur.
- Die umfassende, unangefochtene Macht erreicht Hitler durch Ausschaltung von Parteien, Gewerkschaften und politischen Gegnern, durch Gleichschaltung staatlicher Institutionen mit Organisationen der NSDAP und durch die Überwachung und Kontrolle der Bevölkerung.
- Nach dem „Röhm-Putsch“ eignet sich Hitler widerrechtlich auch die Judikative an und hat damit alle drei Gewalten in seiner Hand (= Diktatur).
- Nach dem Tod Hindenburgs (2.8.1934) vereinigt Hitler die Ämter des Reichspräsidenten und Reichskanzlers und nennt sich „Führer und Reichskanzler“. Damit ist aus dem Verfassungsstaat ein totalitärer Führerstaat geworden.

## Erste Maßnahmen und Ereignisse

### Die Ausgangsposition

Die **NS-Führung** hatte **vier vorrangige Aufgaben** als Voraussetzung für ihre langfristigen Ziele:

1. Ausschaltung der politischen Gegner
2. Besetzung von wichtigen Positionen mit Anhängern Hitlers
3. wirtschafts- und reichswehrfreundliche Politik, um diese Bereiche für sich zu gewinnen
4. Herbeiführung eines politisch-psychologischen Klimawechsels

Aus der Sicht der NS-Führung stellten sich nach dem 30. Januar im Wesentlichen vier vorrangige Aufgaben, von deren Lösung die Verwirklichung der langfristigen Ziele abhing:

1. **Erringung, Ausbau und Stabilisierung der Macht**. Dies bedeutete die Ausschaltung aller politischen Gegner und die Beseitigung bzw. Entmachtung der Organisationen und Institutionen, die der Ausübung der totalitären Macht im Wege standen.
2. **Erweiterung der Macht** gegenüber den parlamentarischen und außerparlamentarischen Koalitionspartnern, auf die man noch immer angewiesen war, durch die systematische Besetzung politischer und gesellschaftlicher Schlüsselpositionen mit zuverlässigen Anhängern Hitlers.
3. **Schaffung gleicher Interessenslagen** für die „entscheidenden Kräfte des deutschen Volkes“: für die NSDAP einerseits und die Schwerindustrie sowie die Reichswehr andererseits. Da beide Gruppen für die NSDAP zu diesem Zeitpunkt noch zu stark waren und zudem ebenso wie die NSDAP in diesem Zweckbündnis ihre eigenen Ziele verfolgten, gestaltete sich dieses Ziel besonders problematisch. Eine ausgeprägt wirtschafts- und wehrfreundliche Politik musste beide Gruppen „bei der Stange halten“.

4. **Herbeiführung eines politisch-psychologischen Klimawechsels**, als dessen Endziel die von der Masse des Volkes getragene oder wenigstens akzeptierte „nationale Erhebung“ stehen sollte. Unter diesem Deckmantel konnten dann Maßnahmen, die für die oben genannten Ziele unerlässlich waren, quasi als „notwendig“ und „unverzichtbar“ gefordert und begründet werden.

## Die Auflösung des Reichstags

Unmittelbar nach seiner Ernennung ging Hitler die Erreichung der kurzfristigen Ziele mit der ihm eigenen Skrupellosigkeit an. Bereits am **1. Februar ließ er den Reichstag auflösen**. Neuwahlen wurden für den 5. März festgesetzt. In seiner **Antrittsrede** begründete er diese Maßnahme. Er zeichnete die Gefahren des Bolschewismus in grellsten Farben sowie die Not und das Elend, kurz: das „furchtbare Erbe“, das er zu übernehmen habe. Seine höchste Verpflichtung bestehe darin, diese „schwerste Aufgabe, die seit Menschengedenken deutschen Staatsmännern gestellt wurde“, zu lösen. Gleichzeitig beschwor er das deutsche Volk, ihm hierfür **vier Jahre** Zeit zu geben. Er vergaß auch nicht, die Hilfe Gottes für seinen „Kampf“ zu erbitten.
Diese **Rede Hitlers** dokumentiert seine **Fähigkeit, alle in gleicher Weise anzusprechen** und ihnen das Gefühl zu geben, dass nun eine Regierung an der Macht sei, die sich um die Belange des ganzen Volkes kümmere. Gleichzeitig festigte Hitler durch diese Rede sein **staatsmännisches Image**. Außenpolitisch gab er sich maßvoll und friedliebend; er sprach (an das Ausland gerichtet) von einer gewissenhaften Erfüllung der Verpflichtungen und erweckte in geschickter Weise den Eindruck, dass für den Kanzler Hitler nun die demokratischen Spielregeln galten, die der Oppositionspolitiker Hitler in oft krasser Weise verurteilt und höhnisch kommentiert hatte.

**Auflösung des Reichstags: 1.2.1933**

**Hitler** erklärte in seiner **Antrittsrede** u.a.:
- Seine Regierung werde die Verpflichtungen (des Versailler Vertrags) gewissenhaft erfüllen,
- sie werde für die Erhaltung und Festigung des Friedens eintreten,
- ihr aufrichtigster Wunsch sei das Wohl Europas,
- sie hoffe, dass eine Beschränkung der Rüstung in der Welt erreicht werden könne.

**→ Hitler täuschte demokratische Ideale vor.**

## Der Reichstagsbrand und seine Folgen

### Ereignisse

In der Ausschaltung der KPD und nach Möglichkeit auch der SPD sah Hitler die Gewähr, die Reichstagswahlen vom 5. März mit absoluter Mehrheit zu gewinnen. Deshalb veranlasste er bereits am **4. Februar** durch eine Notverordnung (Hindenburgs) die **Einschränkung des Rechts der freien Meinungsäußerung und der Presse- und Versammlungsfreiheit**. Der „entscheidende Schlag gegen den Marxismus“ war bereits durch entsprechende Gesetzesentwürfe vorbereitet, als der **Brand des Reichstags** am Abend des **27. Februar** ihm die Chance bot, sie in die Praxis umzusetzen. In dieser Situation zeigte sich die geschickte Regie der NS-Propaganda. Am frühen Morgen des 1. März verkündeten die Massenmedien dem deutschen Volk, dass ein kommunistischer Aufstand, eingeläutet mit dem Brand des Reichstages, nur durch „eiserne Energie“ und durch den

Per Notverordnung ließ Hitler am **4.2.1933** die **Grundrechte einschränken**.

„Einsatz der gesamten Machtmittel des Staates" im Keime habe erstickt werden können. Die Behauptung, dass die Gefahr noch nicht vorüber sei, bildete in den folgenden Wochen und Monaten die Grundlage für die **Verfolgung der KPD** und anderer politischer Gegner.

Nach dem propagandistisch genutzten **Brand des Reichstags (27.2.1933)** erreichte Hitler die „Verordnung des Reichspräsidenten zum Schutz von Volk und Staat" (**Reichstagsbrandverordnung, 28.2.1933**). Sie setzte die **Grundrechte „bis auf Weiteres" außer Kraft** und diente der rigorosen Verfolgung und Ausschaltung politischer Gegner (KPD, SPD).

Ihr propagandistisches Ziel erreichte die NSDAP voll und ganz: Einmal konnte sie in dem am Tatort verhafteten Marinus van der Lubbe, der früher einmal der holländischen KP angehört hatte, einen geeigneten Täter präsentieren; zum anderen konnte sie sich in den Augen vieler Bürger als „schnell und energisch zupackend" profilieren.

### Die Reichstagsbrandverordnung

Bereits am Morgen des 28. Februar legte Hitler dem Reichspräsidenten einen vorgefertigten Gesetzesentwurf vor, der ein für alle Mal mit dem „marxistischen Spuk" aufräumen sollte. Die Reichstagsbrandverordnung bzw. **„Verordnung des Reichspräsidenten zum Schutz von Volk und Staat"**, wie sie offiziell hieß, beinhaltete „bis auf Weiteres" die **Außerkraftsetzung aller durch die Verfassung garantierten Grundrechte.**

### Die Bedeutung der Reichstagsbrandverordnung

Die Bedeutung der Reichstagsbrandverordnung: Sie war ein **entscheidender Schlag gegen die Verfassung**. Sie bildete zusammen mit dem Ermächtigungsgesetz die wichtigste Grundlage der NS-Herrschaft. Sie schuf den permanenten Ausnahmezustand und war die **Grundlage des pseudolegalen staatlichen Terrors**, der zur Stabilisierung der Macht genutzt wurde.

Formaljuristisch hatten Hindenburg bzw. Hitler den Boden der Verfassung nicht verlassen, denn die Reichstagsbrandverordnung, die Hindenburg zur „Abwehr kommunistischer staatsgefährdender Gewaltakte" erlassen hatte, war ordnungsgemäß und dem Art. 48 entsprechend als Gesetz verkündet worden. Mit Recht wird jedoch in der Fachwissenschaft betont, dass sie als ein **entscheidender Schlag gegen die Verfassung** zu sehen und zu bewerten ist, zumal ihre Begründung keineswegs stichhaltig, sondern ein propagandistisches Lügenmärchen war. Weder hatte die KPD etwas mit dem Brand zu tun, noch hatte sie einen Aufstand vorbereitet. Auch der Schauprozess gegen van der Lubbe konnte trotz aller Bemühungen einen derartigen Beweis nicht erbringen. Bis heute ist nicht einwandfrei geklärt, ob die Nationalsozialisten nicht selbst den Reichstag in Brand steckten, oder ob van der Lubbe ihnen, wenn auch unbeabsichtigt, in idealer Weise in die Hände spielte. Die Tatsache allerdings, dass noch in der Brandnacht über 4000 Kommunisten und Sozialdemokraten (auch in der „Provinz") festgenommen wurden, spricht für die Planung des Reichstagsbrandes durch die NSDAP. Aus diesem Grund neigen die Historiker mehrheitlich zu der Einschätzung, dass der **Brand von NS-Seite geplant und verwirklicht** worden sei.

Entscheidend ist, was die Nationalsozialisten aus dem Reichstagsbrand gemacht haben. Die **Reichstagsbrandverordnung** bildete zusammen mit dem Ermächtigungsgesetz (→ S. 42–44) die **wichtigste Grundlage der NS-Herrschaft**. Sie schuf, da sie nie rückgängig gemacht wurde, den permanenten **Ausnahmezustand** und ermöglichte die Zerschlagung der KPD und die Ausschaltung missliebiger linksorientierter Kritiker. Darüber hinaus war sie die **Grundlage eines pseudo-legalen staatlichen Terrors**, der zur Stabilisierung der Macht genutzt wurde.

## Die Reichstagswahl vom 5. März 1933

In diesem Klima der Rechtsunsicherheit und des offenen Terrors, der sich in erster Linie gegen die KPD richtete, fanden die **letzten freien Wahlen** in Deutschland statt. Trotz seines Amtsbonus und der ihm zur Verfügung stehenden Machtmittel, trotz der Ausschaltung bzw. Unterdrückung der Opposition und der Mobilisierung der Wähler (Wahlbeteiligung: 88,8%) erreichte Hitler sein Ziel der absoluten Mehrheit nicht. Mit **43,9%** der Stimmen für die NSDAP fiel das Ergebnis unter diesen Voraussetzungen eher **enttäuschend** aus. Obwohl die NSDAP zusammen mit der DNVP die absolute Mehrheit erreichte (52%), strebte Hitler sofort die völlige und dauerhafte Ausschaltung des Parlaments an, um seine Ziele und Pläne unbehindert von einer lästigen parlamentarischen Opposition erreichen zu können.

Bei der **Reichstagswahl** (letzte freie Wahl) vom **5.3.1933** erreichte die NSDAP mit 43,9% ein für sie enttäuschendes Ergebnis.

Das Wahlergebnis:

| | |
|---|---|
| NSDAP | 43,9% |
| DNVP | 8,1% |
| DVP | 1,1% |
| BVP | 2,7% |
| Z | 11,2% |
| DDP | 0,9% |
| SPD | 18,3% |
| KPD | 12,3% |
| Sonstige | 1,5% |

## Der Tag von Potsdam

Wenige Wochen danach gelang es Hitler, einen bedeutenden Erfolg zu erringen. Als am **21. März** der **neue Reichstag** in der Potsdamer Garnisonskirche (Friedrichs II.) durch einen Staatsakt feierlich eröffnet wurde, tauschte **Hindenburg mit Hitler einen Händedruck** aus. Die NS-Presse und alle national gesinnten Zeitungen bewerteten diesen Händedruck als die **„symbolische Versöhnung des neuen Deutschlands mit dem alten Preußen"**. Deutschland und das Ausland sahen darin die Wandlung Hitlers vom Trommler zum Staatsmann. Vor allem auf die bürgerlichen Parteien in Deutschland machte diese Szene (s. S. 36) großen Eindruck.

Mit diesem Staatsakt war eine äußerst werbewirksame Verbindung von Friedrich II. über Hindenburg als Repräsentanten des Kaiserreichs zu Hitler hergestellt. Der **Reichskanzler Hitler** erschien nun quasi als **Erbe, Sachverwalter und Garant wieder zu erringender deutscher Größe**.

Die Eröffnung des Reichstags in der Potsdamer Garnisonskirche und das gemeinsame Auftreten Hindenburgs und Hitlers schlachtete die NSDAP als „Tag von Potsdam" propagandistisch aus.
**Hitler wird als Erbe, Sachverwalter und Garant künftiger deutscher Größe präsentiert.**

# Das Ermächtigungsgesetz

## Das Zustandekommen

Unmittelbar nach dem Tag von Potsdam, der Hitler bzw. der „Bewegung“ die angestrebte Seriosität gebracht hatte, legte er dem Reichstag das so genannte **Ermächtigungsgesetz** vor, das die **dauerhafte Ausschaltung des Parlamentes** bedeutete. Für eine derart tief greifende Veränderung der Verfassung war eine Zweidrittelmehrheit erforderlich. Im Reichstag prallten die Meinungen und Argumente von Hitler und Otto Wels (Vorsitzender der SPD) aufeinander. Hitler begründete das Gesetz folgendermaßen:

- Die Regierung müsse zur Durchführung wichtiger Maßnahmen absolute Handlungsfreiheit haben.
- Es würde dem Sinn der nationalen Erhebung widersprechen, müsste die Regierung sich von Fall zu Fall die Genehmigung von Reichstag und Reichsrat erhandeln oder erbitten. Die Autorität der Regierung würde darunter leiden; Zweifel an ihrer Stabilität könnten entstehen.
- Die Fortführung der bereits eingeleiteten ruhigen Entwicklung mache eine souveräne Stellung der Regierung unumgänglich.
- Dieses Gesetz solle nur zur Durchführung lebenswichtiger Maßnahmen angewendet werden.
- Die Existenz von Reichstag und Reichsrat sowie die Rechte des Reichspräsidenten würden durch das Gesetz nicht bedroht, die Rechte der Kirche nicht geschmälert, ihre Stellung zum Staat nicht geändert.
- Hitler bekundete seine Entschlossenheit, das Gesetz unter allen Umständen durchzusetzen und schloss mit der unmissverständlichen Drohung:

  „Mögen Sie, meine Herren, nunmehr selbst die Entscheidung treffen über Frieden oder Krieg.“[5]

Hitler begründete das Ermächtigungsgesetz mit politischer und gesellschaftlicher Notwendigkeit und gab Garantien: Die Existenz von Reichstag, Reichsrat, Reichspräsident und der Kirche würden nicht angetastet.

Als Vertreter der **einzigen ablehnenden Partei** begründete Otto **Wels** die **Haltung der SPD** folgendermaßen: Nach den Verfolgungen der SPD in der letzten Zeit könne niemand erwarten, dass sie zustimme; die Wahlen vom 5. März hätten der Regierungskoalition die Möglichkeit gegeben, streng nach Wortlaut und Sinn der Verfassung zu regieren. Die Kontrollfunktion des Reichstags und damit des Volkes würde in einem bisher nie da gewesenen Ausmaße ausgeschaltet. Eine derartige Allmacht der Regierung würde sich umso schwerer auswirken, als auch die Presse jeder Bewegungsfreiheit entbehre. Die SPD bekannte sich in dieser geschichtlichen Stunde zu den Grundsätzen der Menschlichkeit und Gerechtigkeit, der Freiheit des Sozialismus und sprach Hitler die Berechtigung ab, Ideen, die „ewig und unzerstörbar“ sind, zu vernichten.

**Die SPD war die einzige ablehnende Partei.**
Otto Wels' Begründung:
- Die Regierungskoalition (NSDAP und DNVP) habe 52 %,
- der Reichstag gäbe seine Kontrollfunktion auf,
- die SPD bekenne sich zu den Grundsätzen der Menschlichkeit und Gerechtigkeit,
- Hitler habe nicht das Recht, Ideen, die „ewig und unzerstörbar“ seien, zu vernichten.

Während außerhalb der Kroll-Oper (Berlin), wo der Reichstag provisorisch tagte, die SA und ihr nahe stehende Kampfverbände durch Sprechchöre und rabiates Auftreten eine Atmosphäre des politischen Drucks und der Einschüchterung erzeugten, entschieden sich am **23. März 444 Abgeordnete für die Annahme des Gesetzes**. Mit großem persönlichem Mut stimmten **94 Abgeordnete der SPD** trotz der Einschüchterung durch den SA-Ordnungsdienst **dagegen**. Damit hatte Hitler sein Ziel erreicht.

Am 23.3.1933 nahmen 444 Abgeordnete das Ermächtigungsgesetz an, 94 (SPD-Abgeordnete) stimmten dagegen. Damit hatte sich das **Parlament selbst entmachtet**.

## Die Haltung der Mittelparteien

Entscheidend war, dass es Hitler gelang, das Zentrum, die BVP und die Deutsche Staatspartei (bis Juni 1930 Deutsche Demokratische Partei DDP) von der Lauterkeit seines Vorhabens und der Unabwendbarkeit der Dinge zu überzeugen. Die **Zugeständnisse**, die Hitler den Parteien im politischen und kirchlichen Bereich machte, führten in erster Linie zu einer Unterstützung des Gesetzes. Andere Faktoren kamen hinzu: **Angst vor dem NS-Terror** spielte eine Rolle sowie die Befürchtung, dass Hitler seine Maßnahmen ohnehin durchsetzen würde. Innerhalb der Zentrums-Partei hoffte man, dass Hitler durch gewisse Zugeständnisse von einer völligen Willkürherrschaft abgehalten werden könnte. Dies waren allerdings sehr vage Hoffnungen. Dass gegenüber einem totalitären Regime, einem skrupellosen Politiker wie Hitler keinerlei Mitbestimmung, keinerlei Kontrolle, sondern nur Unterwerfung oder Widerstand möglich war, konnten die Parteien aufgrund ihrer fehlenden Erfahrung nicht wissen. Der Vorwurf, dass die Befürworter dieses Gesetzes sich sehenden Auges selbst entmachteten und Hitler damit alle Macht in die Hände legten, wird durch dieses Argument jedoch nicht entkräftet.

Durch **Einschüchterung und Zugeständnisse** erreichte Hitler die **Zustimmung der Mittelparteien** zum Ermächtigungsgesetz, das von 66 % der Abgeordneten angenommen werden musste. Viele Abgeordnete resignierten und glaubten, Hitlers Vorhaben sei ohnehin nicht zu verhindern.

## Inhalt und Bedeutung

Das **„Gesetz zur Behebung der Not von Volk und Reich"**, wie das Ermächtigungsgesetz, das bereits am 24. März in Kraft trat und **bis Kriegsende** in Kraft blieb, euphorisch hieß, bestand aus fünf Artikeln:

Art. 1: **Reichsgesetze** können neben der in der Verfassung vorgeschriebenen Weise **auch durch die Regierung** beschlossen werden.

Art. 2: Derart beschlossene **Gesetze** können **von der Verfassung abweichen**, soweit sie sich nicht gegen Reichstag, Reichsrat und die Rechte des Reichspräsidenten richten.

Art. 3: Die so beschlossenen Gesetze werden vom Reichskanzler ausgefertigt und im Reichsgesetzblatt verkündet.

Art. 4: Verträge des Reiches mit fremden Staaten bedürfen nicht der Zustimmung der an der Gesetzgebung normalerweise beteiligten Körperschaften.

Art. 5: Die Geltungsdauer dieses Gesetzes beträgt 4 Jahre bzw. wird ungültig, wenn die derzeitige Regierung von einer anderen abgelöst wird.

Das **Ermächtigungsgesetz** trat am **24.3.1933** in Kraft. Es gab auch der Exekutive **legislative Macht**. Deren Gesetze konnten von nun an von der Verfassung abweichen, sofern sie sich nicht gegen Reichstag, Reichsrat und den Reichspräsidenten richteten.

Die Bedeutung: Reichstagsbrandverordnung und Ermächtigungsgesetz ermöglichten die Umgehung und **Aushöhlung der Verfassung** und schufen den **NS-Doppelstaat**: Nebeneinander des „Normenstaates", der sich an Gesetze hält, und des „Maßnahmenstaates", der Verfassung und Gesetze durch Maßnahmen umging. **Rechtsstaatlichkeit** war nun **nicht mehr gewährleistet.**

Die **Reichstagsbrandverordnung und das Ermächtigungsgesetz** verschafften den Nationalsozialisten die „legale" Möglichkeit, überall dort die verfassungsmäßige Ordnung der Weimarer Republik zu umgehen oder auszuhöhlen, wo es ihnen zweckmäßig erschien. Beide Gesetze sind zusammen die **Grundlage und Voraussetzung der NS-Diktatur**. Da die bisherige Verfassung ausdrücklich nie beseitigt wurde, spricht die Fachliteratur von einem **Doppelstaat**. Dieser Begriff beinhaltet das Nebeneinander eines **„Normenstaates"**, der die vorhandenen oder von ihm geschaffenen Gesetze in der Regel respektierte, und eines **„Maßnahmenstaates"**, der diese Gesetze durch gesetzlich nicht begründete Maßnahmen umging und missachtete. Damit war die Rechtsstaatlichkeit nicht mehr gewährleistet und das Dritte Reich erhielt seine spezifische politisch-rechtliche Struktur.

## Erwerb und Sicherung der Macht durch Ausschaltung

Erwerb und Sicherung der Macht durch
1. **Ausschaltung** (Parteien, Gewerkschaften, politische Gegner)
2. **Gleichschaltung** politischer und gesellschaftlicher Institutionen
3. **Überwachung** und Beeinflussung des Volkes

Nach der Annahme des Ermächtigungsgesetzes wurden im Wesentlichen **drei Methoden** angewandt, um die gesamte Macht möglichst schnell zu gewinnen:
1. Die **Ausschaltung** von Parteien, Gewerkschaften und von politischen Gegnern allgemein;
2. die Gleichschaltung politischer und gesellschaftlicher Institutionen;
3. die **Überwachung** und permanente, massive **Beeinflussung** (= Indoktrination) des gesamten Volkes.

### Die Ausschaltung der KPD

Am 8.5.1933 wurden die 81 Reichstagsmandate der KPD annulliert und zahlreiche Mitglieder in „Schutzhaft" genommen. **26.5.1933**: **Ende der KPD** (Einziehung des Parteivermögens)

Das Vorgehen gegen die KPD begann unmittelbar nach dem Reichstagsbrand. Die **81 Reichstagsmandate**, die die KPD bei der Wahl vom 5. März erreicht hatte, wurden drei Tage nach der Wahl **annulliert** und zahlreiche Mitglieder in „Schutzhaft" genommen. Zwar gab es **offiziell kein Parteiverbot**, doch wurden im Frühjahr 1933 die Parteistrukturen der KPD völlig zerschlagen und diejenigen Mitglieder, die sich der Verhaftung nicht entziehen konnten, in Konzentrationslagern inhaftiert. Die Einziehung ihres Vermögens am **26. Mai 1933** dokumentiert rein äußerlich das **Ende der Partei**.

## Das Ende der Gewerkschaften

Vorrangige Ziele der NSDAP waren die Einbindung der Arbeiter in das neue Regime und die **Ausschaltung der Gewerkschaften**, die als „Hort der jüdisch-bolschewistischen Weltverschwörung“ angesehen wurden. 1933 erklärte die NS-Regierung den **1. Mai** als **„Tag der nationalen Arbeit“** zum gesetzlichen Feiertag (bei voller Lohnfortzahlung). Nachdem die Nationalsozialisten den neuen Feiertag unter Einbeziehung der Person Hindenburgs mit großem propagandistischen Aufwand eingeführt hatten, besetzten sie am **2. Mai** die Gewerkschaftshäuser, verhafteten zahlreiche Funktionäre, bedrohten andere und beschlagnahmten schließlich das gesamte Gewerkschaftsvermögen. Dies bedeutete das **Ende der Gewerkschaften**. An ihre Stelle trat, allerdings mit völlig anderer Zielsetzung, die **Deutsche Arbeitsfront** (**DAF**) unter der Leitung von Robert Ley. Sie sollte als Organisation der NSDAP die Interessen der Arbeiter durch „Bildung einer wirklichen Volks- und Leistungsgemeinschaft, die dem Klassenkampf abgeschworen hat“, vertreten. Sie drängte durch intensive Propaganda und Schulung die Vorstellungen vom Klassenkampf zugunsten einer „Volksgemeinschaft“ zurück, in der alle an einem Strick zu ziehen hätten. Auf diese Weise strebte die NS-Führung eine Steigerung der Arbeits- und Produktionsfähigkeit und der Kontrolle der Wirtschaft an. Da die DAF ihre Mitglieder auch betreute und die sozialen Leistungen und Einrichtungen verbesserte, wurde sie von der Mehrheit der Betroffenen nach einer Übergangsphase durchaus positiv bewertet.

Um die Arbeiterschaft in das neue Regime einzubinden, erklärten die Nationalsozialisten 1933 den **1. Mai als „Tag der nationalen Arbeit“** zum gesetzlichen Feiertag. Am folgenden Tag lösten sie die Gewerkschaften auf. An ihre Stelle trat die **Deutsche Arbeitsfront (DAF)**, die als Organisation der NSDAP die Wirtschaft in ihrem Sinne lenken sollte. Ihr Motto war: **„Volksgemeinschaft statt Klassenkampf!“**

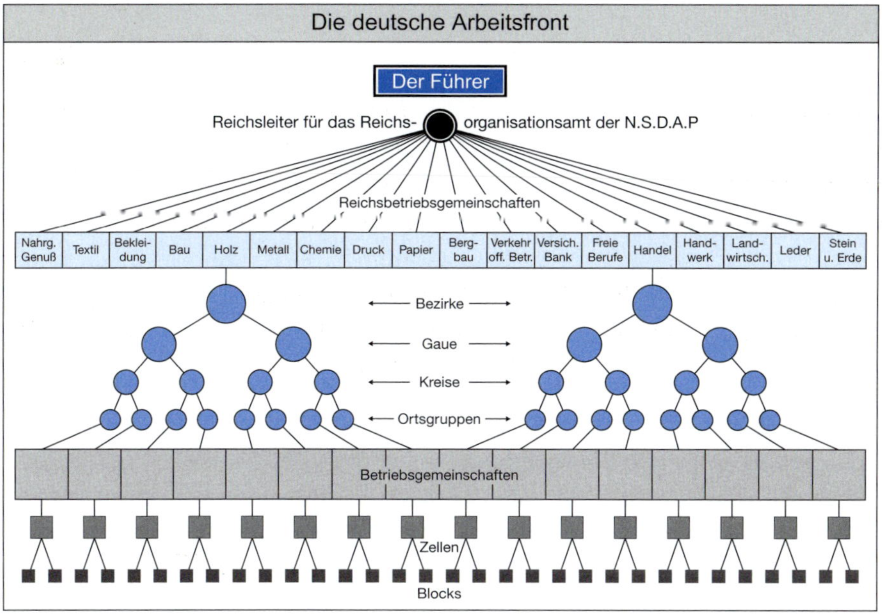


Die deutsche Arbeitsfront nach Claus Selzner, Berlin 1935

Mitglieder:
1934: 14 Mio.
1942: 25 Mio., davon 40 000 hauptamtliche Mitarbeiter

## Das Ende der SPD

Nach der Ausschaltung der KPD begann die NSDAP mit der Zerschlagung der SPD. Parteivermögen, Parteieinrichtungen und Presseorgane wurden Anfang Mai in Preußen beschlagnahmt. Am **22.6.1933** wurden alle SPD-Mandatsträger aus den Volksvertretungen ausgeschlossen, Parteimitglieder verhaftet, SPD-Versammlungen und Veröffentlichungen verboten und der Besitz der Partei im ganzen Reich beschlagnahmt. Diese Maßnahmen bedeuteten das **Ende der SPD**.

Nach der Ausschaltung der KPD und der Gewerkschaften ging die NSDAP daran, „mit der SPD abzurechnen“, um den „Marxismus endgültig mit Stumpf und Stiel auszurotten“. Mit allen Mitteln wurde gegen SPD-Mitglieder rigoros vorgegangen, sodass sich das Ende der Partei zwangsläufig ergab:

- **Anfang Mai** veranlasste Göring (→ S. 93) in Preußen die **Beschlagnahmung des Vermögens** der Partei, ihrer Parteieinrichtungen und Presseorgane.
- Auch die Zustimmung der Mehrheit der SPD-Parlamentarier (nach heftigen internen Kämpfen) zur Außenpolitik Hitlers verschaffte der Partei keinen Aufschub, zumal sie auch aufgrund der Gleichschaltung und Säuberung der Beamtenschaft immer mehr zerfiel. Da namhafte SPD-Politiker bereits ins Exil gegangen waren und sich Teile des Parteivorstandes in das von Frankreich besetzte Saarland zurückgezogen hatten, geriet die Partei unter dem Trommelfeuer der NS-Propaganda immer mehr in den Geruch eines „Staats- und Volksfeindes“.
- Am **22. Juni 1933** erließ Innenminister Frick eine Reihe von Maßnahmen, die praktisch das **Ende der Partei** bedeuteten: Alle SPD-Mandatsträger wurden aus Volksvertretungen ausgeschlossen, verhaftet bzw. wie es offiziell hieß in „Schutzhaft“ genommen. Versammlungen und publizistische Veröffentlichungen wurden verboten, das Vermögen der Partei beschlagnahmt. Damit galt der „Marxismus auf deutschem Boden“ als „ausgerottet“.

## Die „Selbstauflösung“ der anderen Parteien

Die anderen Parteien **lösten sich unter dem Druck der NSDAP bis zum 5.7.1933 „freiwillig“ auf**. Gründe hierfür waren ihre offensichtliche Ohnmacht, die daraus erwachsende Resignation und die „Erkenntnis“, dass die Parteien abgewirtschaftet hätten und überflüssig seien.

Zur Ausschaltung der anderen Parteien war weniger Druck nötig. Nach dem Ermächtigungsgesetz hatten sich ihre Reihen ohnehin gelichtet. Dies war in erster Linie auf die gesamtpolitische Atmosphäre zurückzuführen: Auf die Machtlosigkeit der Parteien, ihre offensichtliche Ohnmacht gegenüber der NSDAP, die resignierte Erkenntnis, dass in der „neuen Zeit“ die „alten, abgewirtschafteten Parteien“ überflüssig seien, und auf die massive Beeinflussung einzelner Politiker durch Drohungen und politischen Druck.

Selbst die **Deutschnationale Volkspartei (DNVP)**, die sich inzwischen in „Deutschnationale Front“ umbenannt hatte, wurde nicht verschont. Daran änderte auch ihre Unterstützung der NSDAP in den vergangenen Monaten nichts. Gleichschaltung und Säuberung hatten zwar die Position der NSDAP maßgeblich verstärkt, der DNVP jedoch keine Gewinne gebracht. Die der DNVP nahe stehende paramilitärische Kampforganisation „Stahlhelm“ unter Reichsarbeitsminister Franz Seldte hatte sich bereits Ende April freiwillig Hitler unterstellt und war der NSDAP beigetreten. Als sich die Unterdrückungsmaßnahmen gegen die DNVP häuften und weder Hugenbergs Beschwerden bei Hindenburg noch seine Hinweise auf die alte „Mitkämpferschaft“ bei Hitler etwas bewirkten, resignierte er und trat am **27. Juni** von allen seinen Ämtern zurück, die sofort mit Nationalsozialisten besetzt wurden. Noch am selben Tag **löste sich die DNVP auf**.

Am **28. Juni** entschloss sich die **Deutsche Staatspartei** zur „freiwilligen" Selbstauflösung, am **4. Juli** die **Deutsche Volkspartei (DVP)** und die **Bayerische Volkspartei (BVP)**. Am meisten Durchhaltewillen zeigte das **Zentrum**, das als „ehrlicher Aufbaupartner" die NSDAP zu unterstützen gedachte. Das Ende der Partei kam auch in diesem Falle mehr von innen als von außen. Der vorletzte Vorsitzende der Partei, Prälat Kaas, betrieb die Annäherung des Vatikans an das Deutsche Reich und erreichte schließlich ein Konkordat (→ S. 105). Darin opferte der Vatikan das Zentrum als politische Kraft durch das Zugeständnis an Hitler, dass sich die katholische Kirche auf die Seelsorge zurückziehen werde. Daraufhin verkündete der letzte Vorsitzende der Partei, Heinrich Brüning, am **5. Juli** enttäuscht die **Selbstauflösung der Partei**.

## Die NSDAP wird Staatspartei

Seit dem 5. Juli 1933 existierte nur noch eine Partei, die NSDAP. Im Reichstag gab es dementsprechend nur eine Fraktion und einige „Hospitanten" des ehemaligen Zentrums und der ehemaligen Deutschnationalen Front. Doch auch dieser Zustand währte nicht lange. Das **„Gesetz gegen die Neubildung von Parteien"** vom **14.7.1933** schloss die Ausschaltung der Parteien ab. Es erklärte die NSDAP zur einzigen legalen Partei und stellte jeden Versuch, den „organisierten Zusammenhalt" anderer Parteien „aufrechtzuerhalten" oder „eine neue politische Partei zu bilden", unter Strafe. Anfang Dezember 1933 wurde per Gesetz die Einheit von Partei und Staat erklärt und die NSDAP damit offiziell zum „einzigen politischen Willensträger" der Nation gemacht. Es war, wie Hitler vor den Reichsstatthaltern erklärte, die Partei jetzt der Staat geworden. Damit war Deutschland, wie das faschistische Italien und die kommunistische Sowjetunion ein **Einparteienstaat**, die NSDAP die **Staatspartei**.

Das **„Gesetz gegen die Neubildung von Parteien"** (14.7.1933) machte die **NSDAP** zur **einzigen legalen Partei** (= Staatspartei) und verbot die Neubildung von Parteien. Damit war Deutschland wie das faschistische Italien und die kommunistische UdSSR ein **Einparteienstaat** geworden.

## Die Ausschaltung der SA durch den „Röhm-Putsch"

### Gründe

Seit der Machtüberlassung hatte sich ein innerparteiliches Problem immer stärker entwickelt und begann die Einheit der „Bewegung" zu bedrohen: Die SA, die in den Zwanziger- und Dreißigerjahren Hitler den Weg geebnet hatte, fühlte sich nicht entsprechend honoriert. Dieses Gefühl wurde durch den überproportional hohen Prozentsatz an Arbeitslosen in der SA noch verstärkt. Ihr Stabschef Ernst **Röhm forderte eine zweite Revolution**. Sie sollte der SA den ihr zustehenden Stellenwert im neuen Staat bringen. Insbesondere ging es Röhm um die **Aufwertung der SA gegenüber der Reichswehr** und um die

Stabschef **Ernst Röhm** forderte einen höheren Stellenwert für die SA und die **Verschmelzung der SA mit der Reichswehr** zu einem Volksheer unter seiner Führung. Damit wurde er für Hitler zu einer Bedrohung.

Verschmelzung beider zu einem Volksheer unter seiner Führung. Hitler erkannte die Chance, beide Gruppen gegeneinander auszuspielen. Er bevorzugte die Reichswehr bei der Schaffung einer militärisch hoch qualifizierten Armee, die zur Grundlage seiner aggressiven, expansionistischen Außenpolitik werden sollte, wertete jedoch gleichzeitig die SA, die im Juni 1934 4,5 Mio. Mitglieder hatte, durch verschiedene Maßnahmen auf, ohne dass sie dadurch zufriedengestellt worden wäre. Der „Unsicherheitsfaktor SA" und das Drängen der innerparteilichen Opposition gegen die SA (Himmler → S. 148, Heydrich →, S. 51, Göring → S. 93) stärkten Hitlers Absicht, die SA als potenziell gefährlichen Machtfaktor auszuschalten.

Nachdem er noch im Januar 1934 Röhm für seine „Verdienste" öffentlich gedankt hatte, ließ Hitler mit Hilfe der SS zwischen dem 30.6. und 2.7.1934 die **gesamte SA-Führung** sowie andere politische Gegner (z.B. Kahr, Schleicher) **verhaften bzw. ermorden**.

Sein brutales und unrechtmäßiges Vorgehen rechtfertigte Hitler nachträglich durch das **„Gesetz über Maßnahmen der Staatsnotwehr"** vom 3.7.1934, in dem er sich als des „deutschen Volkes oberster Gerichtsherr" bezeichnete. Damit hatte **Hitler die Exekutive, die Legislative und die Judikative**. Der Übergang von der Demokratie zur **Diktatur** war damit abgeschlossen. Die Willkür des Diktators war von nun an Gesetz.

### Ausschaltung

Am 21. Januar 1934 hatte Hitler im Völkischen Beobachter, dem Presseorgan der NSDAP , seinem „lieben Ernst Röhm" für die „unvergänglichen Verdienste" gedankt und ihm versichert, dass er dem Schicksal dankbar sei, ihn zum Freund zu haben. Am **30. Juni 1934** wurden die **Spitzenfunktionäre der SA** von Hitlers Leibstandarte, also SS-Leuten, in seiner Gegenwart in Bad Wiessee zum Teil sofort **ermordet**, zum Teil **verhaftet**. Dorthin hatte Hitler Röhm beordert, um angeblich dringliche Probleme zu besprechen. Am folgenden Tag erfasste eine **Säuberungswelle** alle höheren SA-Funktionäre im ganzen Reich. Sie wurden ebenso wie Röhm ohne Gerichtsverfahren verurteilt und am 1. und 2. Juli hingerichtet. Die Ermordung Röhms wurde mit einem **angeblichen Putschversuch** und mit seinen längst bekannten homosexuellen Neigungen begründet. Konkrete Beweise für einen Putschversuch konnten allerdings nicht vorgelegt werden. Gleichzeitig nutzte Hitler die günstige Gelegenheit und rechnete auch mit unliebsamen Gegnern außerhalb der SA ab. Zu den Leidtragenden des „Röhm-Putsches" gehören deshalb von Kahr, der als bayerischer Generalstaatskommissar 1923 an der Niederschlagung des Hitler-Putsches beteiligt gewesen war, und General von Schleicher. Auch der „Papen-Laden" wurde bei dieser Gelegenheit „ausgehoben", dem Vizekanzler nahestehende Politiker und Beamte meist „auf der Flucht erschossen".

### Bedeutung

Hitler belohnte die SS, die ebenso wie die Reichswehr von der Ausschaltung der SA profitierte, damit, dass er ihre Abhängigkeit von der SA aufhob und sie sich direkt unterstellte. Die **SA** blieb von nun an eine **politisch bedeutungslose Massenorganisation**, die sich vor allem der vor- und nachmilitärischen Wehrerziehung widmete. Die Bedeutung des „Röhm-Putsches" besteht neben der Ausschaltung der SA vor allem in der Rechtfertigung des Vorgehens gegen sie: Das am **3. Juli** erlassene **„Gesetz über Maßnahmen der Staatsnotwehr"**, bestehend aus nur einem Artikel, stellte lapidar fest: „Die zur Niederschlagung hoch- und landesverräterischer Angriffe am 30. Juni, 1. und 2. Juli vollzogenen

Maßnahmen sind als Staatsnotwehr rechtens." In seiner Rechtfertigungsrede vor dem Reichstag begründete Hitler die Notwendigkeit seines „blitzschnellen Vorgehens" damit, dass er „in dieser Stunde verantwortlich war für das Schicksal der deutschen Nation". Dadurch sei er des „deutschen Volkes oberster Gerichtsherr" geworden. **Hitler usurpierte** auf diese Weise, von der NS-Propaganda und der Mehrheit der Justiz unterstützt, nun auch **die Rechtsprechung**. Dies bedeutete die Vereinigung der Exekutive (30. 1.), der Legislative (24. 3.) und nun auch der Judikative in einer Hand. Der **Übergang von der Demokratie zur Diktatur war damit abgeschlossen**, die Willkür des Diktators wurde von jetzt an zum Gesetz erhoben.

Hitler erreichte die Exekutive am 30.1.1933, die Legislative am 24.3.1933 und durch die Usurpation der Judikative am 3.7.1934 die Konzentration der drei Gewalten in seiner Hand. Damit war aus der Demokratie eine Diktatur geworden.

## Erwerb und Sicherung der Macht durch Gleichschaltung

### Die Länder

Unter dem Vorwand, das Reich zu vereinheitlichen, erfolgte im März und April 1933 die Gleichschaltung der Länder. Zunächst bestimmte das **„Erste Gesetz zur Gleichschaltung der Länder mit dem Reich"**, dass der Anteil der NSDAP und der DNVP in allen Ländern und Kommunen entsprechend dem Wahlergebnis vom 5. März auf 43,9 % (NSDAP) bzw. 8,1 % (DNVP) erhöht wurde. Dieses Vorgehen, das der NSDAP schlagartig die Macht in allen Volksvertretungen brachte, hatte den **Charakter eines** Staatsstreiches.

Zwei Tage nach dieser Maßnahme übernahmen zunächst Reichskommissare die Führung in den Ländern und wenige Wochen später traten aufgrund eines weiteren Gleichschaltungsgesetzes in den Ländern mit Ausnahme Preußens Reichsstatthalter mit umfassenden Kompetenzen an ihre Stelle. Diese ernannten von jetzt an die **Länderregierungen**, die nur noch **reine Verwaltungsorgane ohne politische Entscheidungsgewalt** waren.

In Preußen übernahm **Göring** am 11. April das **Amt des Ministerpräsidenten**, nachdem von Papen unter dem Druck der Verhältnisse darauf verzichtet hatte. Am **30. Januar 1934** schließlich, genau ein Jahr nach der Machtüberlassung, legte ein einstimmiger Reichstagsbeschluss die **Auflösung der Landtage** fest und die Übertragung ihrer Hoheitsrechte an das Reich. Ebenso wie in den anderen staatlichen Bereichen Polizei, Heer und Justiz wurden auch hier die alten Institutionen nicht völlig offiziell beseitigt. Sie wurden gleich- und damit in ihrer politischen Bedeutung ausgeschaltet, bestanden jedoch formal weiter.

Den Schlusspunkt unter diese Entwicklung setzte am **14. Februar 1934** die **Aufhebung des inzwischen nutzlos gewordenen Reichsrates**. Damit verstieß Hitler, ohne dass sich nennenswerter Protest erhoben hätte, erstmalig in eklatanter Weise gegen das Ermächtigungsgesetz.

Die **Gleichschaltung der Länder** wurde mit folgenden Maßnahmen erreicht:

- Übertragung der Ergebnisse der Reichstagswahl vom 5.3.1933 für NSDAP und DNVP auf die Länder- und Kommunalparlamente (März/April 1933)
- Die Führung der Länder ging an NS-Reichskommissare, wenig später an NS-Reichsstatthalter. Die **Regierungen** waren nur noch **reine Verwaltungsorgane**.
- **Göring** übernahm das Amt des preußischen **Ministerpräsidenten**.
- Am 30.1.1934 wurde die **Auflösung der Landtage** verfügt sowie die Übertragung ihrer Hoheitsrechte an das Reich.
- Den Schlusspunkt bildete die **Aufhebung des Reichsrates** am 14.2.1934.

## Die Verwaltung

Das „Gesetz zur Wiederherstellung des Berufsbeamtentums" **entfernte nichtarische Beamte**. Die Einstellung zur „Bewegung" und das **Parteibuch** wurden nun die entscheidenden Kriterien.

Bei der Beamtenschaft muss in diesem Zusammenhang von einer **„Säuberung"** gesprochen werden. Grundlage hierfür wurde das **„Gesetz zur Wiederherstellung des Berufsbeamtentums"** vom **7.4.1933**. Danach genügte bereits schon fehlendes Engagement für die „Bewegung" als Entlassungsgrund. Nichtarische Beamte wurden pensioniert, solche, „die durch ihre bisherige politische Betätigung nicht die Gewähr dafür bieten, dass sie jederzeit rückhaltlos für den nationalsozialistischen Staat eintreten", wurden ohne Formalitäten entlassen. An die Stelle der als „unzuverlässig" eingestuften und entlassenen Beamten traten bis auf Gemeindeebene hinab Beamte, die sich aus Überzeugung, Opportunismus oder wirtschaftlichen Überlegungen mit der „nationalen Erhebung" identifizierten. Das **Parteibuch** war nun das **entscheidende Kriterium für Berufung und Beförderung**.

## Die Justiz

Die Justiz wurde **„gesäubert"** und umgestaltet. Dies bedeutete die tief greifende Veränderung der Rechtsgrundlagen durch **Sondergerichte (Volksgerichtshof)** und Sondererlasse.

Auch in diesem Bereich wurde eine umfassende „Säuberung" durchgeführt. Entscheidend war hier jedoch die **tief greifende Veränderung der Rechtsgrundlagen**. Das öffentliche Recht sowie die Ahndung politischer Vergehen und Verbrechen wurde durch **Sondererlasse** und **Sondergerichte** dem normalen Rechtsgang fast völlig entzogen. 1934 wurde als Reaktion auf den für die NSDAP unbefriedigenden Reichstagsbrandprozess der **Volksgerichtshof** per Gesetz geschaffen, der schwere politische Straftaten (Hoch-, Landesverrat, Wehrkraftzersetzung, Spionage, Beschädigung von Wehrmachtseigentum etc.) ahndete. Nur 12 seiner insgesamt 30 Richter mussten Berufsrichter sein, die restlichen Mitglieder waren fanatische, absolut skrupellose Nationalsozialisten. Da die Mitglieder dieses Gerichtes ausschließlich von Hitler ernannt wurden, fungierte der Volksgerichtshof vor allem unter seinem Präsidenten Roland Freisler (August 1942 bis Februar 1945) als **NS-Terrorinstrument zur Vernichtung politischer Gegner**.

Die Justiz wurde zum **Werkzeug des Führers** und übte eine politische Funktion in „justizförmiger Prozedur" aus.

Bei der Gleichschaltung der Justiz wurde wieder die gleiche Taktik angewandt: Die bisherigen Institutionen wurden keineswegs beseitigt, vielmehr ihrer wesentlichen Kompetenzen beraubt. Diese gingen an neu gegründete, direkt der Partei unterstehende Einrichtungen. Damit wurde der wichtige Teil der Justiz zum reinen **Werkzeug des Führers** und übte unter dem Deckmantel der **Pseudorechtlichkeit** eine politische Funktion in „justizförmiger Prozedur" aus.

## Die Polizei

Die Gleichschaltung der Polizei verlief nach demselben Muster. Die polizeilichen Institutionen mussten in wichtigen Belangen Kompetenzen an neu gegründete Parteiinstitutionen abgeben. Zu ihnen gehörten als wichtigste die **Geheime Staatspolizei** (Gestapo → S. 75), die die Verfolgung, Untersuchung und Bestrafung politischer „Straftaten" an sich zog und der Sicherheitsdienst **(SD)** der SS, der für die Überwachung und Bespitzelung zuständig war. Beide waren Hitler direkt unterstellt und nicht an die normale Rechtsprechung gebunden. Sie erhielten **nahezu unbegrenzte Kompetenzen durch den Führerauftrag**. Die Gestapo z. B. wandte in einem rechtsfreien Raum **brutale Methoden** an (körperliche Misshandlung, Folter, KZ-Einweisung, verfahrenslose Hinrichtung) und griff bei zu milden Urteilen durch Festnahmen und Einweisungen in ein Konzentrationslager „korrigierend" ein. Deshalb verhängte die Justiz oft schon *die* Strafen, die von der Gestapo erwartet wurden. Mit der Gleichschaltung der Polizei war eine weitere, wesentliche Voraussetzung für den Führerstaat geschaffen.

Die Polizei wurde durch die Schaffung von Parteiorganisationen mit praktisch unbegrenzten Kompetenzen gleichgeschaltet. Derartige Institutionen waren die **Geheime Staatspolizei (Gestapo)** und der **Sicherheitsdienst der SS (SD)**.

**REINHARD HEYDRICH (1904 – 1942)**

- Seeoffizier, wird 1931 unehrenhaft aus der Marine ausgeschlossen und tritt in die NSDAP und SS ein
- baut als Mitglied der NSDAP und der SS im Auftrag Himmlers den Sicherheitsdienst der SS (SD) auf
- ist 1934 verantwortlich für die Ermordung hoher SA-Führer
- 1936 Chef der Sicherheitspolizei (Gestapo und Kripo)
- gehört seit 1939 als Leiter des Reichssicherheitshauptamtes (RSHA) zu den führenden Nationalsozialisten
- ist seit Kriegsbeginn als Leiter der SS-Einsatzgruppen für die Massentötung von Juden in den eroberten sowjetischen Gebieten verantwortlich
- wird 1941 stellvertretender „Reichsprotektor für Böhmen und Mähren"
- leitet im Jan. 1942 die Wannseekonferenz, die die Vernichtung der Juden (Holocaust) organisiert
- stirbt am 6.4.1942 in Prag an den Folgen eines Attentats

PORTRÄT

## Die Reichswehr

Hitler band die Reichswehr an sich, indem er die Führungspositionen mit getreuen oder willfährigen Offizieren besetzte und durch die **Vereidigung der Reichswehr auf seine Person** (und nicht mehr auf die Verfassung).

Als problematisch erwies sich in den Augen Hitlers die politische Einstellung der Reichswehr zum neuen Staat. Sie billigte zwar weitgehend die nationalen Ziele Hitlers und sein energisches Vorgehen, doch war vielen hohen Offizieren der „österreichische Gefreite" reichlich suspekt. Auch die Befürchtung, durch die Verschmelzung mit der als pöbelhaften Schlägertruppe angesehenen SA an Bedeutung zu verlieren, hielt die Reichswehr auf Distanz. An dieser Haltung änderte sich auch durch die **Neubesetzung der führenden Stellen** nach dem 30. Januar 1933 nicht viel. Zwar unterstützten General von Blomberg als Reichswehrminister und Oberst von Reichenau als Chef des Ministeramtes Hitler von Anfang an, doch hatte dies keine Auswirkung auf die Einstellung der Mehrheit der hohen Offiziere. Das Verhältnis der Reichswehr zum Nationalsozialismus und zu Hitler änderte sich erst nach dem „Röhm-Putsch", der Ausschaltung der SA und der **Vereidigung der gesamten Reichswehr auf Hitler (seit 2. 8. 1934)**. Nun waren alle Soldaten durch ihren Eid nicht mehr ans Vaterland oder die Verfassung, sondern auf Gedeih und Verderb an die Person Hitlers gebunden.

## Die Gleichschaltung von Berufsverbänden

Berufsgruppen wurden durch die Schaffung von **NS-Berufsverbänden** „vereinheitlicht" und von der NSDAP kontrolliert.

Auch hier erzielte die NSDAP die gewünschte „Vereinheitlichung" durch die **Schaffung neuer Parteiorganisationen**. So mussten sich die Angehörigen der verschiedenen Berufsgruppen in NS-Bünden organisieren (NS-Ärztebund, NS-Rechtswahrerbund, NS-Lehrerbund etc.), wenn sie nicht erhebliche berufliche Benachteiligungen bis hin zum Arbeitsverbot in Kauf nehmen wollten.

## Die Gleichschaltung von Rundfunk, Presse, Erziehung und Kultur

Die Gleichschaltung von Rundfunk, Presse, Erziehung und Kultur erzielte die von Goebbels geführte **Reichskulturkammer**. Sie bestimmte, was „deutsche" Kultur war, lenkte und kontrollierte alle Bereiche des kulturellen Lebens.

Die Lenkung und Überwachung von Presse und Rundfunk war bereits im Sommer 1933 gesichert und wurde durch weitere Maßnahmen im Bereich der Kultur und Erziehung ergänzt. Damit existierte, wie Goebbels (→ S. 84) es formulierte, ein „Instrumentarium für alle Aufgaben der geistigen Einwirkung auf die Nation sowie der Werbung für Staat, Kultur und Wirtschaft".
Vor allem die Schaffung der **Reichskulturkammer**, die Goebbels unterstand, diente der **Propagierung und Förderung einer deutschen Kultur**, in deren Mittelpunkt das „gesunde Volksempfinden" und die Verfolgung und „Ausmerzung entarteter Kunst" stand. Damit blieb allen regimekritischen Journalisten, Literaten und Künstlern nur die Wahl zwischen Anpassung, Verfolgung oder Exil.
Auch die Erziehung und massive weltanschaulich-politische **Beeinflussung der Jugend** wurde vereinheitlicht. Das Ziel bestand vor allem darin, die Jugendlichen frühzeitig aus der familiären Einflusssphäre herauszulösen, um sie in Partei- bzw. staatlichen Institutionen rechtzeitig im Sinne der „nationalen Erhebung" und des „gesunden Volkstums" zu erziehen.

## Das Ende der „nationalen Revolution"

Trotz des Ermächtigungsgesetzes und der Ausschaltung der Parteien war das Deutsche Reich im Sommer 1933 noch kein „nationalsozialistischer" Staat. Die Umwandlung des Deutschen Reiches in eine totalitäre Diktatur war zu Lebzeiten des vom Volk verehrten Hindenburgs undenkbar. Deshalb baute Hitler seine Macht auf pseudo-legalem Wege aus. Den **Austritt Deutschlands aus dem Völkerbund** (→ S. 106) ließ er am 12.11.1933 nicht nur durch eine Volksabstimmung, sondern auch durch eine **Reichstagswahl** billigen. Für diese gab es nur eine Liste, auf der unter den ersten zehn Kandidaten auch hochrangige Politiker kandidierten, die nicht Mitglied der NSDAP waren (z.B. von Papen und Hugenberg). Die Wahlliste nahmen 92% an, den Austritt aus dem Völkerbund hießen sogar 95,1% gut. Die NSDAP stellte nun in dem neuen Kabinett 9 der 15 Minister. Jetzt sprachen NS-Funktionäre erstmals offen von der „Einheit von Staat und Partei" und von einem **„nationalsozialistischen Staat"**.

Der Ausbau der Macht bzw. die „nationale Revolution" wurde abgeschlossen mit der Vereinigung des Amtes des Reichspräsidenten mit dem des Reichskanzlers nach Hindenburgs Tod am 2.8.1934. Das hierfür erforderliche **„Gesetz über das Staatsoberhaupt des Deutschen Reiches"** (vom **1.8.1934**), das in krassem Gegensatz zum Ermächtigungsgesetz stand, wurde bereits zu Lebzeiten Hindenburgs entworfen und trat unmittelbar nach seinem Tod in Kraft. Es bestimmte die Übertragung der „bisherigen Machtbefugnisse des Reichspräsidenten auf den Führer und Reichskanzler Adolf Hitler". Damit wurde **Hitler**, der von nun an den Titel **„Führer und Reichskanzler"** führte, auch automatisch Oberbefehlshaber. Dass Hitler den Titel „Reichspräsident" durch „Führer" ersetzte, machte deutlich, woher er in erster Linie die Legitimation für sein Handeln ableitete. Er erhob nämlich den Anspruch, nicht nur aufgrund staatlicher Amtsgewalt zu handeln (Reichskanzler), sondern

> „aufgrund jener vor- und außerstaatlichen Legitimation, die der Bezeichnung ‚Der Führer' unterlegt wurde: seine geschichtliche Sendung, die Manifestation des Lebensgesetzes des deutschen Volkes im Führerwillen, das Getragensein von der verschworenen Gemeinschaft der nationalsozialistischen Bewegung." [6]

Auf diese Weise trat die Staatsgewalt gegenüber der Führergewalt in den Hintergrund. Die **Vereinigung beider Ämter bildete den Abschluss der „nationalen Revolution"**.

Jetzt, so erklärte Hitler in einem Aufruf an das Volk, befände sich das gesamte Reich in der Hand der NSDAP.

Da die Errichtung einer totalitären Diktatur zu Lebzeiten Hindenburgs undenkbar war, baute Hitler seine Macht auf pseudo-legalem Wege aus. Den **Austritt aus dem Völkerbund** am 12.11.1933 ließ er durch eine **Volksabstimmung** und durch eine **Reichstagswahl** entscheiden. Die Zustimmung lag über 90%. Nun sprach die NS-Führung erstmals von einem **„nationalsozialistischen Staat"**.

Nach Hindenburgs Tod (2.8.1934) vereinigte Hitler durch das **„Gesetz über das Staatsoberhaupt des Deutschen Reiches"** die Ämter des Reichspräsidenten und des Reichskanzlers. Hitler nannte sich nun **„Führer und Reichskanzler"**. Die Bezeichnung „Führer" unterstrich sein Sendungsbewusstsein. Mit der **Vereinigung der beiden Ämter**, durch die Hitler auch den militärischen Oberbefehl erhielt, war für Hitler die „nationale Revolution" abgeschlossen.

## Vom Verfassungsstaat zum totalitären Staat

| | |
|---|---|
| **Das Volk** | |
| 28.2.1933 | Einschränkung der verfassungsmäßigen Grundrechte durch die Reichstagsbrandverordnung |
| 31.3.1933 – 2.8.1934 | Aufhebung der Wahlen für die Landtage, den Reichstag und das Amt des Reichspräsidenten |
| 14.7.1934 | Ersatz der Wahlen durch gelenkte Volksabstimmungen, die völlig ins Belieben der Reichsregierung gestellt sind |
| **Die Landtage, Länderregierungen und der Reichsrat** | |
| 31.3.1933 | Beseitigung der 18 Landtage durch die Gleichschaltung der Länder mit dem Reich |
| 7.4.1933 | Umwandlung der Länderregierungen von politischen Entscheidungsträgern zu reinen Verwaltungsinstanzen |
| 30.1.1934 | Auflösung der Länder |
| 14.2.1934 | Aufhebung des Reichsrates |
| **Die Parteien, der Reichstag** | |
| seit 28.2.1933 | Massives Vorgehen gegen KPD und SPD |
| 26.5.–5.7.1933 | Ausschaltung bzw. Selbstauflösung der Parteien |
| 14.7.1933 | Etablierung der NSDAP als einzige Partei im Reichstag |
| **Der Reichspräsident** | |
| 1.8.1934 | Beseitigung der Funktion per Gesetz |
| 2.8.1934 | Vereinigung beider Ämter (Reichspräsident und Reichskanzler) mit dem Titel „Führer und Reichskanzler" |
| **Gewaltenkonzentration** | |
| 30.1.1933 | Erlangung der Exekutive |
| 24.3.1933 | Hitler erhält die Legislative durch das Ermächtigungsgesetz |
| 3.7.1934 | Hitler usurpiert die Judikative. Von da an setzt er als „oberster Gerichtsherr" verbindliche Rechtsnormen, verordnet Sonderrechte und schafft Sondergerichte (z.B. den Volksgerichtshof) |
| Fazit | Grundlage der Exekutive, der Legislative und der Judikative ist seitdem allein der Führerwille |

# Der Ausbau der Herrschaft zum totalitären Staat

Unmittelbar nach der Machtüberlassung begann Hitler mit dem systematischen Ausbau der Macht.

Entscheidende Bedeutung hierfür hatten zwei Gesetze:

1. Die **Reichstagsbrandverordnung** vom 28.2.1933
   Die „Verordnung des Reichspräsidenten zum Schutz von Volk und Staat"
   - setzte die **Grundrechte „bis auf Weiteres" außer Kraft** (de facto bis zum Ende des Dritten Reiches),
   - schuf den **permanenten Ausnahmezustand**,
   - ermöglichte den **pseudo-legalen Terror**,
   - ermöglichte die rigorose Verfolgung bzw. **Ausschaltung politischer Gegner**.

2. Das **Ermächtigungsgesetz** vom 24.3.1933
   Die Annahme des „Gesetzes zur Behebung der Not von Volk und Reich" mit der nötigen Zweidrittelmehrheit erreichte Hitler durch Terror gegenüber den resignierenden Parteien. Das Ermächtigungsgesetz gab auch der **Regierung legislative Gewalt**. Von ihr beschlossene Gesetze durften sogar von der Verfassung abweichen. Damit hatte der **Reichstag sich selbst ausgeschaltet** und Hitler die legale Möglichkeit gegeben, die Verfassung zu umgehen bzw. auszuhöhlen.

Die **umfassende, unangefochtene politische Macht** erwarb und sicherte sich Hitler durch drei Methoden:

1. durch die **Ausschaltung** von Parteien, Gewerkschaften, politischen Gegnern,
2. durch die **Gleichschaltung** von Ländern, Verwaltung, Justiz, Polizei, Reichswehr, Berufsverbänden, Rundfunk, Presse, Erziehung und Kultur,
3. durch strikte **Überwachung und Kontrolle** der gesamten Bevölkerung.

Nach der Niederschlagung des „Röhm-Putsches" am **3.7.1934** zog **Hitler** auch die **Judikative** an sich. Nun hatte er die drei Gewalten in seiner Hand vereinigt und die Diktatur vollendet.

Mit dem Tode Hindenburgs **(2.8.1934)** vereinigte Hitler die Ämter des Reichspräsidenten und des Reichskanzlers in seiner Hand und nannte sich **„Führer und Reichskanzler"**. Der **2.8.1934** markiert den Abschluss der „nationalen Revolution" und den **Beginn des totalitären Staates**, in dem allein der Führerwille Gesetz war.

## Die Grundlagen der nationalsozialistischen

**Sozialdarwinismus**

Er geht von der Lehre des englischen Naturforschers Charles Darwin aus, dass die Selektion im Tierreich von einem ständigen Kampf ums Dasein bestimmt sei und dass nur „the fittest" überleben bzw. sich durchsetzen, also diejenigen, die sich neuen Lebensverhältnissen am besten anpassen („survival of the fittest"). Die NS-Ideologie verfälschte Darwins Lehre durch die Übersetzung „Überleben der Stärksten" und übertrug seine Lehre ohne Berücksichtigung menschlicher Eigenschaften auf den menschlichen Bereich.

**Hitlers Rassenlehre**

**Charakteristika:** Einteilung der Menschheit in höhere und niedere („minderwertige") Rassen; an der Spitze stehe die arische bzw. nordische Rasse; die Menschenauslese sei der „aristokratische Grundgedanke der Natur"; die arische Rasse sei kulturbegründend, die jüdische habe nur eine Scheinkultur; permanenter Kampf zwischen den Rassen; äußere Merkmale der arischen Rasse: Schönheit, hoher Wuchs, blaue Augen, blonde Haare, innere Merkmale: Tapferkeit, heldische und opferbereite Gesinnung; höchste Aufgabe des Staates ist die Reinhaltung der Rasse; Unterwerfung und Vernichtung der minderwertigen Rassen seien „folgerichtig" und „natürlich".

**Antisemitismus**

Er war die Zuspitzung der Rassenlehre Hitlers. Er sah das Judentum als „rassisch minderwertig" an und forderte dessen Vernichtung, da das Judentum die Reinheit des deutschen Blutes bedrohe, weshalb seine Vernichtung eine legale und natürliche Maßnahme des „blutlich Wertvollen" sei. Das Judentum erhielt eine Sündenbockfunktion und der Judenhass wurde zu einem Mittel der Solidarisierung.

**Elitedenken**

Es sah das deutsche Volk als Herrenvolk, das an der Spitze der arischen Rasse steht. Es unterteilte in „Mensch" (= Arier) und "Untermensch" (= Nichtarierer). Diese Heraushebung des deutschen Volkes bewirkte ein elitäres Zusammen- und Überlegenheitsgefühl, das besonders die unteren Volksschichten ansprach. Der nordischen Rasse wurden folgende Eigenschaften zugeschrieben: Geistige Schöpferkraft, bisweilen gesteigert bis zum Genie, hohe geistige Beweglichkeit, Staaten bildende Befähigung; der ostische Mensch galt als nicht schöpferisch veranlagt.

# 4 Die nationalsozialistische Ideologie

**NS-Gewaltprinzip**

Es basierte auf dem verfälschten Darwin'schen Selektionsprinzip und besagte: Das „Recht des Stärkeren sei das „natürliche" Mittel der Auslese (Selektion), weshalb ein dauernder Kampf um das tägliche Leben und um die Macht das Leben der Völker bestimme. Deshalb sei der Krieg ein „natürliches" Mittel der Selektion. Die damit verbundene Unterdrückung und Vernichtung sei das „Recht des Stärkeren", des „Wertvolleren".

**Nationalismus**

Er betonte Begriffe wie „Volks-", „Lebens-" oder „Schicksalsgemeinschaft". Das Dritte Reich sollte der deutschen Nation die ihr zukommende Weltmachtstellung verschaffen.

**Der Militarismus**

ergab sich aus Elitedenken, Gewaltprinzip und Imperialismus. Innenpolitisch war er das bestimmende gesellschaftliche Strukturprinzip.

**Imperialismus**

Für Hitler bedeuteten Krieg und Unterwerfung „legale" Mittel der Eroberung von Lebensraum im Osten. Die **Ziele** des NS-Imperialismus waren der Lebensraum im Osten, dessen Beherrschung, Verwaltung und Ausbeutung.

## Ideologie

**Der Sozialismus**

hatte nichts mit dem marxistischen Sozialismus zu tun. Er leitete sich vom lateinischen Wort „socius" (= Bundesgenosse) ab, hatte nationale, „völkische" Ziele und sollte eine homogene Volksgemeinschaft durch integrierende Gemeinsamkeit erzeugen.

antisemitisches Plakat

KURZINFO

# 4 Die nationalsozialistische Ideologie

- Hitlers Ideologie entwickelte sich zwischen 1919 und 1924 und war 1925 („Mein Kampf") voll ausgebildet.
- Danach veränderte er zwar öfter die Mittel und Methoden seiner Politik, jedoch nie die Grundlagen seiner Weltanschauung (z. B. Rassenkampf und Lebensraumpolitik).
- Die NS-Ideologie basierte auf vier ideengeschichtlichen Traditionen: auf Nationalismus, Militarismus, Rassenlehre und der Mentalität des blinden Gehorsams.
- Die NS-Ideologie bestand aus folgenden wesentlichen Elementen: Sozialdarwinismus, Rassenlehre, Antisemitismus, Elitedenken, Gewaltprinzip, Nationalismus, Imperialismus, Militarismus und Sozialismus.
- Daraus ergaben sich die Grundprinzipien, die die Politik Hitlers maßgeblich bestimmten: Der Kampf um Lebensraum, Krieg ist ein Naturzustand, es gibt nur Sieg oder Untergang, der Erfolg rechtfertigt die Mittel.

## Allgemeine Charakterisierung

Da Hitler seine politischen Mittel und Methoden der jeweiligen politischen Lage anpasste, war es nach 1945 zunächst umstritten, ob er eine **fest ausgeprägte Ideologie** hatte oder lediglich **Opportunist** war.

In der historischen Forschung war es lange Zeit umstritten, ob Hitler ein klares, geschlossenes Denkkonzept, also eine **„Ideologie"** hatte. Oft wurde Hitler als **reiner Opportunist** angesehen, als prinzipienloser Nihilist, dem ein langfristiges Programm und eine klare Weltanschauung fehlten, der die Macht nur um ihrer selbst willen habe erreichen und ausüben wollen. Der Eindruck eines fehlenden klaren ideologischen Programms konnte entstehen, da die einzige anerkannte und unumstrittene **Grundlage des Nationalsozialismus**, nämlich Hitlers **„Mein Kampf"**, keine systematische Darstellung des Wesens und der Ziele der NS-Bewegung gibt. Hitlers Buch ist eine Mischung aus Autobiografie, Parteigeschichte, Propaganda, historischen Abhandlungen, Religions- und Rassenlehre sowie Antisemitismus. Aus diesem Gewirr von Gedanken, Ideen und oft kuriosen Belegen und Behauptungen eine einigermaßen genaue, folgerichtig aufgebaute Ideologie abzuleiten, war und ist auch heute noch schwierig.

Heute weiß man, dass sich Hitlers Ideologie **zwischen 1919 und 1924** entwickelte.

In den Sechzigerjahren setzte sich die Erkenntnis durch, dass Hitlers Gedankenwelt „trotz aller Beschränkungen ein Ideengebäude bildet, dessen Folgerichtigkeit und Konsistenz den Atem verschlägt"[7]. Heute steht in der historischen Wissenschaft unbestritten fest, dass Hitler, als er 1933 an die Macht kam, schon lange ein **klar umrissenes Programm innen- und außenpolitischer Vorstellungen und Ziele** und damit eine **Ideologie** besaß. Diese entstand und entwickelte sich **zwischen 1919 und 1924** und war 1925, als Hitler nach seiner Festungshaft die NSDAP neu aufbaute (→ S. 26 f.), voll ausgebildet. Zwar veränderte Hitler in den nächsten Jahren, vor allem nach 1933, seine Mittel und Methoden besonders in der Außenpolitik des Öfteren und passte seine Politik geschickt der jeweiligen politischen Lage an, doch bedeutete dies zu keiner Zeit, dass er die Grundlagen seiner Weltanschauung und seine langfristigen Ziele jemals aufgegeben oder auch nur relativiert hätte. In seinen Gedanken und Handlungen gab es einen **harten Kern**, der opportunistischen Erwägungen niemals zugänglich war. Hierzu gehörten z. B. die **Rassen- und die Lebensraumdoktrin**, die direkt oder indirekt alle Maßnahmen und Ziele bestimmten.

## Voraussetzungen

Entscheidend in diesem Zusammenhang ist, dass Hitlers Ideologie im Grunde nur auf längst bekannten Ansichten basierte, für die es im Wesentlichen **vier ideengeschichtliche Traditionen** gab. Diese waren schon lange vor ihm in den europäischen Ländern, speziell in Deutschland und Österreich, fest verankert:

- der **Nationalismus** in seiner übersteigerten Form (= **Chauvinismus**), der die Bedeutung der eigenen Nation extrem überhöhte und die anderer gleichzeitig abwertete;
- ein ausgeprägter **Militarismus**, der innenpolitisch zu einer Militarisierung der gesamten Gesellschaft und außenpolitisch zu einer aggressiven Politik führte;
- eine **Rassenlehre** mit folgenden Grundlagen:
  1. Die grundsätzliche Ungleichheit der Menschen sei durch „Erbanlagen" bestimmt.
  2. Es gäbe verschiedenwertige Rassen.
  3. Die minderwertige Rasse schlechthin seien die Juden.

  Diese Rassenlehre teilte also die Völker der Erde in „gute" und „schlechte", „wertvolle" und „minderwertige" Rassen ein. Ihr Kernstück war ein ausgeprägter Antisemitismus (→ S. 61, 142).
- Eine **Mentalität des blinden Gehorsams**, die zur Grundlage des Obrigkeitsstaates wurde. In diesem Sinne hatte Wilhelm II. 1891 von Rekruten gefordert, auf seinen Befehl ohne Murren die „eigenen Verwandten, Brüder, ja Eltern niederzuschießen".

Diese europäischen bzw. deutschen Traditionen verschmolz Hitler zu einem Programm, das zur Grundlage der deutschen Politik nach 1933 wurde und an dem weder Kritik noch Zweifel erlaubt waren. Denn diese Ideologie war, wie Hitler in „Mein Kampf" schrieb,

> „unduldsam und kann sich mit der Rolle einer Partei neben anderen nicht begnügen, sondern fordert gebieterisch ihre eigene, ausschließliche und restlose Anerkennung sowie die vollkommene Umstellung des gesamten öffentlichen Lebens nach ihren Anschauungen. Sie kann also das gleichzeitige Weiterbestehen der Vertretung des früheren Zustandes nicht dulden."[8]

An ihren wesentlichen Elementen, **Rassen- und Lebensraumpolitik**, die direkt oder indirekt alle politischen Ziele und Maßnahmen bestimmten, hielt Hitler danach immer fest.

**Hitlers Weltanschauung** gründete sich auf **vier ideengeschichtliche Traditionen**, die bereits lange vor dem Dritten Reich in Europa Bedeutung erlangt hatten.
Diese waren:
- **Nationalismus**,
- **Militarismus**,
- eine **wertende Rassenlehre** und die
- Mentalität des **blinden Gehorsams**.

# Elemente

## Der Sozialdarwinismus

**Hitlers Sozialdarwinismus** entstand durch die **Verfälschung der Erkenntnisse Darwins** (z. B. das Selektionsprinzip = „survival of the fittest"), indem er sie ohne Berücksichtigung menschlicher Fähigkeiten und Verhaltensnormen von der Tier- auf die Menschenwelt übertrug.

Ausgangspunkt ist die Lehre des englischen Naturforschers **Charles Darwin**. Seinen Erkenntnissen zufolge ist das Leben im Tierreich von einem permanenten **Kampf ums Dasein** bestimmt, der zur **Selektion**, zur Auslese und zum **Überleben der stärksten Individuen** („survival of the fittest") führt.

- Diese Erkenntnisse aus der Tierwelt wurden bei Hitler ohne Berücksichtigung typisch menschlicher Eigenschaften und Verhaltensnormen auf den menschlichen Bereich übertragen.
- **Hitler verfälschte die Konsequenzen aus Darwins Beobachtungen** grob und bewusst, weil nach Darwin im menschlichen Bereich nicht dem Stärkeren, sondern dem sittlich höher Stehenden größere Bedeutung zukommt.

## Die Rassenlehre

Eine **wertende Rassenlehre** gab es in Europa schon zur Zeit der **Französischen Revolution**. Sie wurde im 19. Jh. von französischen, englischen und deutschsprachigen Rassentheoretikern verschärft. Zu ihnen gehörten Arthur **de Gobineau**, George Vacher de Lapouge, Houston Stewart Chamberlain, Eugen Dühring, Rudolf Jung, Georg von Schönerer und Adolf Lanz.

### Historische Entwicklung

Begriffe wie „Rasse" oder „Reinheit des Blutes" spielten in Europa schon sehr früh eine Rolle. Bereits der **französische Adel** begründete 1789 seine gehobene Stellung im Staat gegenüber dem Dritten Stand damit, dass er germanischen Ursprungs sei; die Bürger und Bauern dagegen stammten von den Galliern ab. Rasse diente hier zur Verteidigung ständisch-feudaler Privilegien. **Im 19. Jahrhundert wurde die Rassenlehre verschärft**:

- Der Comte Arthur **de Gobineau** entwickelte eine Rassenlehre, die in der Überlegenheit der weißen Rasse gipfelte. Er behauptete, die Geschichte werde allein durch die Gesetze der Rasse und des Blutes bestimmt. Er erstellte einen Katalog der Rassewertigkeit, in dem der Arier und Germane an oberster Stelle, Schwarze, Indianer und Juden an unterster Stelle standen.
- George Vacher de Lapouge, Eugen Dühring, Houston Stewart Chamberlain und andere begründeten die kulturelle Überlegenheit der nordischen Rassen, speziell die der germanischen Rasse damit, dass sie allein Schöpfer von Kultur und Zivilisation seien. Rudolf Jung, Georg von Schönerer und Adolf Lanz, Gründer des „Orden des Neuen Tempels" und Herausgeber der „Bücher der Blonden und Mannesrechtler" beeinflussten als Zeitgenossen Hitler in Wien und München sehr stark. Sie verkündeten bereits einen ausgeprägten **Judenhass**, mobilisierten Emotionen und schufen extreme Polarisierungen. Sie verurteilten die „Rassenmischung" als Todsünde, traten für „Reinzuchtkolonien" ein und für „Abwehrmaßnahmen" gegen „Minderwertige". Als solche forderten sie Kastration, Sterilisation, Sklaverei oder Dezimierung durch unerträgliche Lebensbedingungen.

**Hitlers Rassenlehre**

- Einteilung der Menschen in **höhere und niedere Rassen**
- uneingeschränkter **Vorzug der Interessen der höheren Rassen**
- Bekenntnis zur **Menschenauslese** als dem „aristokratischen Grundgedanken der Natur“
- **permanenter Kampf zwischen den Rassen**
- Die **arische Rasse** sei allein Kultur begründend, das **Judentum** besitze nur eine **Scheinkultur**.
- Äußere Rassenmerkmale der nordischen Rasse, einer Unterrasse der arischen, die sich am reinsten im deutschen Volk bewahrt habe, seien Schönheit, hoher Wuchs, blaue Augen, blonde Haare. Innere Merkmale seien Tapferkeit, heldische und opferbereite Gesinnung.
- Die höchste Aufgabe des Staates sei die **Reinhaltung der Rasse**.
- Unterwerfung und physische **Vernichtung der minderwertigen Rassen** sind „folgerichtig“ und „natürlich“.

**Hitlers Rassenlehre** teilte die Menschheit in **höhere und niedere Rassen** ein. An der Spitze steht die nordische bzw. **arische Rasse**, die sich am reinsten im deutschen Volke erhalten hat. Zwischen den Rassen besteht ein permanenter Kampf. Unterwerfung und **Vernichtung der „minderwertigen“ Rasse** sind „natürlich“. Die wesentliche Aufgabe des Staates ist die **Reinhaltung der Rasse.**

## Der Antisemitismus

- **Verengung und Zuspitzung der Rassenlehre** Hitlers
- Anknüpfen an alte Traditionen des Antijudaismus und des Antisemitismus in Europa. Alle Rassentheoretiker des 19. Jahrhunderts sahen das **„Judentum“** als **„rassisch minderwertig“** an und forderten dessen **Ausmerzung** sowie die Notwendigkeit, die Existenz höherwertiger Rassen zu sichern.
- **Ablehnung der Gleichwertigkeit der Menschen** durch Hitler mit der Begründung, es handle sich hierbei um einen „echt judenhaft frechen, aber ebenso dummen Einwand der modernen Pazifisten“
- Da die höchste Aufgabe des Staates in der **Reinhaltung des Blutes**, der Rasse, gesehen wurde, das Judentum angeblich jedoch diese Reinheit permanent bedrohe, sei die **Vernichtung des Judentums** eine völlig **legale und natürliche Maßnahme** des „blutlich Wertvollen“.

Der **Antisemitismus** ist die Zuspitzung der Rassenlehre. Da das „minderwertige Judentum“ die Reinheit der arischen Rasse bedrohe, sei seine Vernichtung gerechtfertigt und „natürlich“. Das Judentum erhält eine **Sündenbockfunktion**, **Judenhass** wird zum Mittel der Solidarisierung.

Ritualmord-Nummer
Stürmer
Preis 30 Pfennig
Wochenblatt zum Kampfe um die Wahrheit
Herausgeber: Julius Streicher
Nürnberg, im Mai 1934
1934
Jüdischer Mordplan
gegen die nichtjüdische Menschheit aufgedeckt
Das Mördervolk
Judenopfer
Die Juden sind unser Unglück!

Antisemitische Wochenzeitung

Das Judentum wurde zum Synonym für alles Negative.
Die Schaffung des Feindbildes „Jude" war ein Mittel der Solidarisierung.

- „Das **Judentum**" wird zum **Synonym für alles Negative** (z. B. für Demokratie, Amerika, Pazifismus, Prostitution, Bolschewismus, Sozialdemokratie, kritisierende Weltpresse etc.) und zum **Sündenbock** gemacht.
- Diese Schaffung eines Feindbildes sollte alle Deutschen in die **„antisemitische Kampfgemeinschaft"** integrieren. Judenhass wurde zum Mittel der Solidarisierung.

## Das Elitedenken

Das **Elitedenken** sah das deutsche Volk als **Herrenvolk**, das an der Spitze der arischen Rasse stehe. Damit wurde ein **elitäres Zusammengehörigkeitsgefühl** der Deutschen begünstigt.

- Die **deutsche Rasse** steht als „Herrenvolk" an der **Spitze der Arier**. Im Laufe der Zeit tritt in der NS-Propaganda eine Verkürzung dieser Kette ein, sodass schließlich „deutsch" und „arisch" synonyme Begriffe werden.
- Unterteilung in **„Mensch" (Arier)** und **„Untermensch" (Nichtarier)** und Untermauerung dieser Klassifizierung durch verzerrte, einseitig interpretierte und meist fälschlich verwendete philosophische Lehren und Begriffe Friedrich Nietzsches (z. B. „Übermensch", „Herrenmoral", „Wille zur Macht" etc.).
- Diese grobe Klassifizierung der Menschheit begünstigte durch die Heraushebung des deutschen Volkes ein **elitäres Zusammengehörigkeitsgefühl der Deutschen**, das vor allem die unteren Volksschichten ansprach, da es ihnen ein Gefühl der Überlegenheit gegenüber anderen Völkern und Rassen gab.
- Die Trennung in „Mensch" und „Untermensch" und die damit verbundenen wertenden Normen führten zu einer **Negierung der natürlichen, allgemein gültigen Rechte des Einzelnen**.

## Das Gewaltprinzip

Die Grundlage bildete das **Darwin'sche Selektionsprinzip**, das von Hitler fälschlicherweise auf das menschliche Zusammenleben übertragen wurde: Der Stärkere überlebt, der Schwächere sei zum Untergang bestimmt.

- Dieses **„eherne Naturgesetz"** wurde scheinbar verifiziert durch willkürlich ausgewählte bzw. aus dem Zusammenhang gerissene oder bewusst verfälschte historische „Belege" und durch „Erkenntnisse" des Führers.
- Das **„Recht des Stärkeren"** wurde als **natürliches Mittel der Selektion** propagiert. Ein **dauernder Kampf ums Dasein**, ums tägliche Leben und um die Macht bestimme das Leben der Völker.
- Deshalb sei der **Krieg** ein völlig normaler Vorgang im Leben der Völker, sozusagen ein ganz **„natürliches" Mittel der Selektion** auf breiterer Ebene. Die damit untrennbar verbundene Unterdrückung und Vernichtung sei das unbestrittene „Recht des Stärkeren", also des „Wertvolleren".
- Damit führte auch das Gewaltprinzip zur Verdrängung bzw. **Ausschaltung** des auf einer Verfassung basierenden **Rechtsdenkens**.

Das **Gewaltprinzip** basierte auf dem von Hitler verfälschten Darwinschen Selektionsprinzip und besagte: Das „Recht des Stärkeren" sei das „natürliche" Mittel der Auslese (Selektion). Der Krieg sei ein normales Mittel der Selektion auf höherer Ebene.

## Der Nationalismus

Ein ausgeprägter und oft übersteigerter Nationalismus war allen Großmächten des 19. Jahrhunderts gemeinsam.

- Speziell in Deutschland existierte **seit 1871** eine ausgesprochen **nationalistische Denkweise**, in deren Dienst sich auch die Kunst und Literatur stellten (Haus- und Heimatdichtung, nationale Heldendichtung, Wagners germanische Heldenopern).
- **Wilhelminisch-imperialistische Kreise** strebten eine **starke hegemoniale Stellung** auf dem Kontinent und dann ein Übergreifen nach Übersee an.
- Die **Eroberung des Ostens** als Voraussetzung für **Macht und Größe in Deutschland** wurde bereits vor der Weimarer Republik propagiert.
- Der Nationalismus wurde durch zwei Traditionen verstärkt: Durch das **preußische Erbe** und durch den **habsburgischen Vielvölkerstaat**, in dem die Deutschen bzw. die Deutsch Sprechenden ihre dominierende Stellung mit ihrer nationalen Überlegenheit begründen.

Ein **stark ausgeprägter Nationalismus** und entsprechende expansionistische Ziele waren **bereits im Kaiserreich** vorhanden.

**Homogenität schaffende Begriffe** wie „Volks-", „Lebens-„ und „Schicksalsgemeinschaft" wurden besonders betont.

- **„Volksgemeinschaft", „Lebens-" und „Schicksalsgemeinschaft"** sind typische Begriffe der NS-Ideologie. Sie sollten durch ihre integrierende, verbindende Wirkung die einzelnen Mitglieder des Volkes zu einer **„verschworenen Gemeinschaft"** machen.
- Diese Homogenität schaffenden Begriffe wurden von einem schwammigen, nur emotional fassbaren **Geschichtsmythos** überlagert. Er besagte, dass das Dritte Reich der deutschen Nation die historisch bestimmte Vollendung bringen und die ihr zukommende **Weltstellung** verschaffen werde. Mit dem „Germanischen Reich Deutscher Nation" werde Deutschland zu den Ursprüngen „wahren Deutschtums" zurückkehren.

Dieser Nationalismus wurde von einem **emotionalen Geschichtsmythos** überlagert. Er besagte, dass der Nationalsozialismus die deutsche Nation zu ihrer vorherbestimmten Vollendung führen werde.

## Der Imperialismus

Für Hitlers **Imperialismus** waren **Krieg, Eroberung und Unterwerfung „legale" Mittel der Machterhaltung** und des Machtausbaus. Außenpolitik hatte deshalb die Aufgabe, einem Volk den jeweils notwendigen Lebensraum zu sichern. Diesen **Lebensraum** sah Hitler im **Osten Europas**.

Folgende Ansichten und Vorstellungen bestimmten die **aggressive NS-Außenpolitik**, die auf Eroberung fremder Gebiete und deren Ausbeutung sowie auf die Unterdrückung unterworfener Völker ausgerichtet war:

- **Krieg, Eroberung** und **Unterwerfung** galten als **„legale" Mittel** der Machterreichung, des Machterhalts und des Machtausbaus und entsprechen den berechtigten Lebensinteressen einer großen Nation.
- Außenpolitik war deshalb für Hitler die „Kunst, einem Volk den jeweils notwendigen Lebensraum in Größe und Güte zu sichern".
- Führende Nationalsozialisten präzisierten die Ziele des Imperialismus: **Lebensraum im Osten** (→ S. 146 f.) und dessen **Beherrschung, Verwaltung und Ausbeutung**.

## Der Militarismus

Der **Militarismus** richtete sich nicht nur nach außen, sondern war auch das **bestimmende gesellschaftliche Strukturprinzip** (Zucht, Ordnung, Gehorsam, Befehlshierarchie).

- Er ergab sich zwangsläufig aus Elitedenken, Gewaltprinzip und Imperialismus.
- Hitler übernahm die Tradition des Wilhelminischen Kaiserreiches, d. h. die **Unterwerfung von Staat und Gesellschaft unter militärische Erfordernisse**.
- Er richtete sich nicht nur nach außen, sondern war auch im Innern das **bestimmende gesellschaftliche Strukturprinzip**.
- **Blinder soldatischer Gehorsam** wurde zum tragenden Element des Militarismus im Dritten Reich.

## Der Sozialismus

Entscheidend ist eine völlig andere Verwendung dieses Begriffes im Nationalsozialismus, der nichts mit dem Sozialismus marxistischer Prägung zu tun hat. Zugrunde liegt vielmehr das lateinische Wort „socius" = Bundesgenosse.

- Der Sozialismus des Dritten Reiches zielte nicht auf den Klassenkampf und wendete sich nicht an die Klasse der Proletarier, sondern an alle Deutschen. Wesentlich waren deshalb nicht klassenspezifische, sondern **nationale, „völkische“ Ziele**.
- Er wurde propagiert als begrifflich und inhaltlich wenig aussagekräftiger und deshalb **vager „Sozialismus der Tat“**, als dessen Hauptziel die **homogene Volksgemeinschaft** gesehen wurde.
- Vorhandene Gegensätze im Volk sollten durch **integrierende Gemeinsamkeiten** überwunden werden.

Der **NS-Sozialismus** hatte nichts mit dem marxistischen Sozialismus (Klassenkampf, Diktatur des Proletariats) zu tun, sondern sollte eine **homogene Volksgemeinschaft** mit integrierenden Gemeinsamkeiten erzeugen (vgl. lat. socius = Bundesgenosse).

## Grundprinzipien

Fasst man die wesentlichen Elemente der Ideologie Hitlers zusammen, so kristallisieren sich folgende Grundprinzipien heraus, die die NS-Politik bestimmten:

- Der **Lebenskampf**, das Ringen um das tägliche Brot, als ein **ewiger Kampf**.
- Der Lebensraum der Völker sei bemessen, ihr Lebenswille dagegen unermesslich. Deshalb herrsche ein **ewiger Kampf um den Lebensraum**.
- Der **Krieg** sei aufgrund dieses permanenten Kampfes ein **Naturzustand** und die Politik organisiere den unerbittlichen Kampf ums Dasein.
- Das alles beherrschende, grundlegende **Naturgesetz** sei: **Sieg oder Untergang**.
- Daraus ergeben sich als oberste Ziele eines Staates: Schaffung von günstigen Voraussetzungen für den Lebenskampf und dessen erfolgreiche Durchführung. Damit verschmelzen Innen-, Außen- und Wirtschaftspolitik und ordnen sich der **Gewinnung von Macht und Lebensraum** unter.
- Der Erfolg allein rechtfertige in diesem Lebenskampf die Mittel.
- **Richtig und gut sei, was dem großen Ziel nützt**. Deshalb könne und müsse der führende Staatsmann mitunter opportunistisch sein. Nationalsozialistische Moral bedeutet allein die Bindung an die Prinzipien und Ziele dieser Weltanschauung.
- Der **Staat** selbst habe keinen Eigenwert, da er **nur Mittel zur Erreichung der übergeordneten Ziele** sei.

Die NS-Ideologie hatte folgende **Grundprinzipien**, die die NS-Politik bestimmten:
- Der Lebenskampf ist ein ewiger Kampf.
- Das Naturgesetz lautet: Sieg oder Untergang.
- Oberstes Ziel eines Staates ist die Gewinnung von Macht und Lebensraum.
- Der Erfolg rechtfertigt die Mittel.
- Richtig und gut ist, was nützt.
- Der Staat ist nur Mittel zur Erreichung der übergeordneten Ziele.

# Die nationalsozialistische Ideologie

**Hitlers Weltanschauung entwickelte sich 1919 bis 1924** und **war 1925** („Mein Kampf") voll **ausgeprägt**. An ihren Grundprinzipien (Rassen- und Lebensraumdoktrin) hielt er immer fest, auch wenn er seine politischen Mittel und Methoden öfters den jeweiligen Verhältnissen anpasste. Seine Ideologie bestimmte die gesamte Innen- und Außenpolitik des Dritten Reiches.

Die NS-Ideologie basierte auf vier historischen bzw. **ideengeschichtlichen Voraussetzungen aus dem 18. und 19. Jahrhundert**. Diese waren der **Nationalismus**, ein ausgeprägter **Militarismus**, die **Rassenlehre** und die **Mentalität des blinden Gehorsams**.

Die NS-Ideologie bestand aus folgenden **wesentlichen Elementen**: Sozialdarwinismus (= Geschichtsdarwinismus), Rassenlehre, Antisemitismus, Elitedenken, Gewaltprinzip, Nationalismus, Imperialismus, Militarismus und Sozialismus.

Durch den **Sozialdarwinismus** (= Geschichtsdarwinismus) übertrug Hitler die Lehre Darwins, dass sich in der Tierwelt nur der Stärkste durchsetzt, auf den Menschen. Seine **Rassenlehre** teilte die Menschen in höhere und niedere Rassen ein, zwischen denen ein permanenter Kampf bestehe. Sein **Antisemitismus** ging von dem „minderwertigen Judentum" aus, das die arische Rasse bedrohe und dessen Vernichtung gerechtfertigt und „natürlich" sei. Hitlers **Elitedenken** ging davon aus, dass das deutsche Volk als Spitze der arischen Rasse ein Herrenvolk sei. Ausgehend von der verfälschten Darwinschen Lehre wurde das Recht des Stärkeren als „natürliches" Mittel der Selektion gesehen (= **Gewaltprinzip**). Die extreme Überbewertung der eigenen Nation **(Nationalismus)** stellte Begriffe wie „Lebens-" und „Schicksalsgemeinschaft" in den Mittelpunkt. Erhaltung und Ausbau der Macht sowie Eroberung des notwendigen Lebensraums durch Unterwerfung anderer **(Imperialismus)** waren für Hitler „legal". Sein **Militarismus** richtete sich nicht nur nach außen, sondern war auch das gesellschaftlich bestimmende Strukturprinzip. **Sozialismus** hatte nichts mit dem marxistischen Sozialismus (Klassenkampf, Diktatur des Proletariats) zu tun, sondern hatte eine einheitliche, homogene Volksgemeinschaft zum Ziel.

Die NS-Ideologie hatte folgende **Grundprinzipien**:

Der „Lebenskampf um das tägliche Brot" sei ein ewiger Kampf; da der Lebensraum der Völker bemessen sei, herrsche ein ewiger Kampf um Lebensraum.

Der Krieg sei deshalb ein Naturzustand, für den es nur ein Naturgesetz gibt: Sieg oder Untergang.

Daraus ergebe sich als oberstes Ziel des Staates die erfolgreiche Durchführung des Lebenskampfes.

Der Erfolg allein rechtfertige die Mittel; richtig und gut sei, was dem großen Ziel nütze.

Der Staat selbst habe keinen Eigenwert, er sei lediglich Mittel zur Erreichung der grundlegenden Ziele.

# Die NS-Ideologie

## Voraussetzungen und Elemente

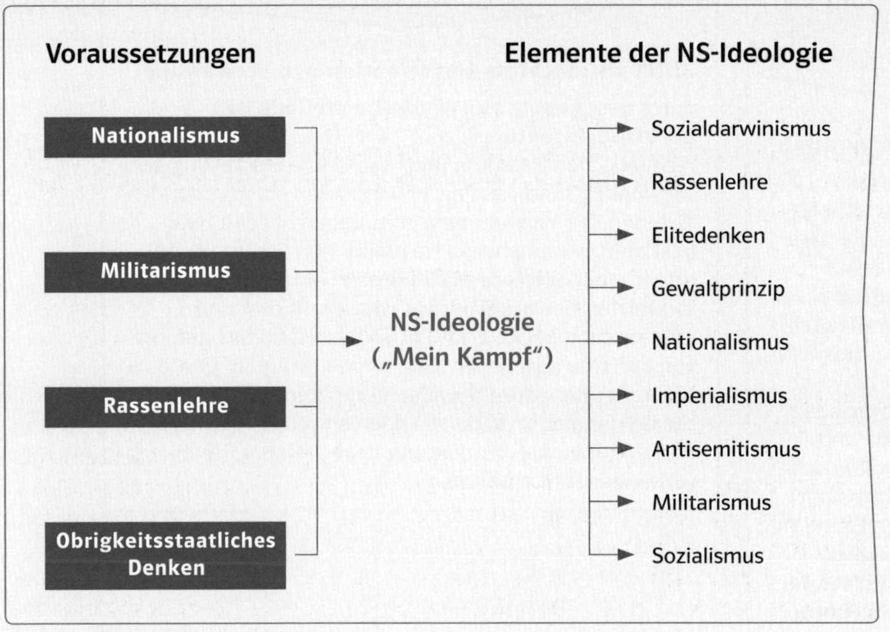


## Grundprinzipien

- ewiger Kampf um Lebensraum
- Krieg als ein Naturzustand
- Oberstes Ziel des Staates:
  Schaffung günstiger Voraussetzungen für den Lebenskampf und dessen Durchführung
- NS-Moral: Der Zweck heilige die Mittel; alleinige Bindung an die Prinzipien der NS-Ideologie bzw. den Führer.
- Der Staat sei nur Mittel zum Zweck.

### Monokratie oder Polykratie?

Das Dritte Reich hatte kein monolithisches (= geschlossen-einheitliches) System totalitärer Herrschaft, obwohl dies aufgrund der personifizierten Einheit von Staat und Partei durch den „Führer" so wirkte. Vielmehr gab es eine von Hitler bewusst geschaffene Kompetenzvielfalt konkurrierender Staats- und Parteiämter. Das monokratische Charakteristikum (Führerstaat) und die polykratischen Elemente (Kompetenzvielfalt) verdeutlichten **Hitlers allumfassende Schlüsselfunktion als Führer und Integrationsfigur**.

### Hitler entmachtete Beamtentum und Verwaltung

durch das „**Gesetz zur Wiederherstellung des Berufsbeamtentums**" vom 7.4.1933. Es entfernte alle nicht-arischen Beamten und machte die Einstellung zur „Bewegung" und das Parteibuch zu den entscheidenden Kriterien. Die Verwaltungsinstitutionen blieben zwar bestehen, waren aber keine politischen Entscheidungsträger mehr. **Weitere Maßnahmen** waren: Schaffung zahlreicher neuer politischer, wirtschaftlicher und militärischer Reichs- bzw. Parteiorganisationen, geführt von ihm treu ergebenen „Sonderbeauftragten" und/oder „Führern" mit weitreichenden Kompetenzen; Kompetenzakkumulation in den Händen einzelner mächtiger Parteifunktionäre; Einrichtung neuer, mit der Partei eng verbundener Institutionen.

## Das Dritte Reich: Monokratie oder Polykratie?

### Sonderbeauftragte

Die wichtigsten waren: Der „Generalinspekteur für das deutsche Straßenwesen" (Autobahnnetz und Bauwirtschaft); der „Reichskommissar für den Arbeitsdienst" ( Organisation des dem Wehrdienst vorgelagerten sechsmonatigen Reichsarbeitsdienstes für jeden männlichen Deutschen); der „Jugendführer des Deutschen Reiches" ( Ausrichtung der Jugend auf Disziplin, Gefolgschaft und Kampf); der „Reichsführer SS und Chef der Deutschen Polizei" (Überwachung der Bevölkerung und der Partei sowie rigorose Ausschaltung von politischen Gegnern); Hermann Göring: Preußischer Innenminister und Ministerpräsident, Reichsluftfahrtminister, Beauftragter des Vierjahresplans etc.; der „Reichsleiter der NSDAP" Martin Bormann (Parteikanzlei).

Propagandaplakat für die deutschen Amts- und Schulräume (seit 1938/39)

# 5 Die politische Organisation des Dritten Reiches

### Der Führerstaat

Das Dritte Reich war ein Führerstaat mit dem Führerprinzip als Grundlage, also der unumstrittenen Stellung Hitlers als Politiker und Ideologe.
**Charakteristika** des Führerstaates: Allein des Führers Wille gilt; auf ihn sind alle staatlichen und parteilichen Organisationen ausgerichtet; er unterliegt keinerlei Bindung und oder Kontrolle durch den Staat, der vielmehr sein Werkzeug ist; Befehlsgewalt von oben nach unten; Gehorsam von unten nach oben; er ist vom Schicksal auserkoren und unfehlbar.
**Aufbau:** Der Führerstaat ruhte auf vier Säulen: Verwaltung, Polizei, Justiz, Partei. **Die entscheidenden Institutionen:** Die Geheime Staatspolizei (Gestapo), die als Werkzeug des Führers jegliche Art von Opposition ausschaltete und dabei nicht an Gesetze gebunden war; Justiz: Ausschließlich an den Führerwillen gebunden, Funktion: Verfolgung und Ausschaltung Andersdenkender; Partei: Erfassung und Führung des gesamten Volkes; politische Erziehung und ideologische Homogenisierung des Volkes; Reservoir für die Besetzung wichtiger Positionen.

### Führerkult

Er ist ein charakteristisches Element eines Führerstaates mit folgenden Charakteristika: Mystische, übermenschliche Fähigkeiten; vom Schicksal vorherbestimmt; Unfehlbarkeit; Kritik an ihm ist eine Art von Gotteslästerung; Opposition ist volksschädigendes Verhalten; Führertum wird zum Religionsersatz.

## Der NS-Führerstaat

### Erfassung der gesamten Bevölkerung

Sie geschah durch ein horizontales und vertikales System der permanenten Überwachung und Kontrolle.
**Horizontale Erfassung:** Jungvolk/Jungmädel, Hitlerjugend (HJ)/Bund Deutscher Mädel (BDM), Reichsarbeitsdienst, Wehrdienst, Berufsdachorganisationen der NSDAP.
Vertikale Erfassung: Parteiorganisation der NSDAP (vom Blockwart bis zum Führer).

### Beeinflussung und Indoktrination

Sie waren die Grundlagen des NS-Erziehungsstaates, weshalb er jeden Einzelnen erfasste, überwachte und indoktrinierte (massiv beeinflusste). Ziel war die Ausschaltung der Individualität als Voraussetzung für die Schaffung des neuen (deutschen) Menschen, der sich völlig in die NS-Gemeinschaft integrieren sollte.

KURZINFO

# 5 Die politische Organisation des Dritten Reiches

- Das Dritte Reich war keine Monokratie (= Herrschaft eines Einzelnen), sondern eine von Hitler durch Kompetenzvielfalt bewusst geschaffene Polykratie (hier: Herrschaft vieler unterhalb der Führerebene).
- Diese politische Organisation verdeutlichte des Führers Allmacht und stabilisierte seine unangefochtene Stellung als Alleinherrscher.
- Das Dritte Reich war ein Führerstaat: Alle Macht ging ausschließlich vom Führer aus, sein Handeln unterlag keinerlei Kontrolle oder Kritik.
- Der Führerstaat ruhte im Wesentlichen auf vier Säulen:
  1. Regierungsapparat und Verwaltung, 2. Polizei, 3. Justiz und 4. NSDAP.
- Ein wesentlicher Bestandteil des Führerstaats war der Führerkult, der zum Religionsersatz wurde.
- Der NS-Staat erfasste, überwachte und indoktrinierte jeden Einzelnen durch ein lückenloses Netz vertikaler und horizontaler Parteiorganisationen, d. h. alters- und berufsbezogener Massenorganisationen.
- Das Ziel der massiven Beeinflussung und Indoktrination sollte der „neue Mensch" mit ausgeprägtem völkischem und rassischem Bewusstsein sein.

Das Dritte Reich hatte kein monolithisches Herrschaftssystem, wie es z. B. die UdSSR hatte. Hitler schuf vielmehr eine **Kompetenzvielfalt unterhalb der Führerebene**. Diese geplante Polykratie, die sich in der Existenz und der Kompetenzvielfalt konkurrierender Staats- und Parteiämter zeigte, machte ihn zur **unumstrittenen Führungs- und Integrationsfigur** und verdeutlichte seine überragende Stellung.

## Monokratie oder Polykratie?

Im Rückblick erweckt das Dritte Reich zunächst den Eindruck eines rational und perfekt durchorganisierten, geschlossen-einheitlichen Systems totalitärer Herrschaft. Eine genauere Betrachtung der Machtverteilung und Machtausübung auf allen Ebenen unterhalb des Führers macht jedoch deutlich, dass es sich bezüglich seiner politischen Organisation keineswegs um ein totalitäres System im strengen Sinne des Wortes handelte. Zwar erweckt die in Hitler personifizierte Einheit von Staat und Partei durchaus diesen Anschein, doch waren beide Bereiche viel weniger miteinander verzahnt als dies bis 1990/91 in den Ostblockstaaten der Fall war, wo es zwischen beiden Bereichen und innerhalb der Partei weder Kompetenzüberschneidungen noch Konkurrenz gab. Da im Dritten Reich die Existenz und die Kompetenzvielfalt **miteinander konkurrierender Staats- und Parteiämter** unübersehbar ist, spricht die heutige Forschung von einer das

> „Gefüge des Dritten Reiches kennzeichnenden Ambivalenz [hier: Gegeneinander] von monokratischen und polykratischen Elementen, die ihre Orientierung stets und ausschließlich in der Persönlichkeit und Politik Hitlers fanden".[9]

Dieses Gegen- und Nebeneinander von Ämtern, Institutionen, Persönlichkeiten und Machtfunktionen wurde von Hitler bewusst geschaffen, da sich nach seiner

Meinung die uneingeschränkte, alleinige Macht eines Diktators sich in erster Linie aus derartigen konkurrierenden Machtgruppen ergab. Diese **bewusste Schwächung der Funktionsfähigkeit des Staates** ermöglichte es ihm, seine persönliche Allmacht und Unersetzlichkeit und seine **überragende Stellung als Führer und Integrationsfigur** immer wieder deutlich zu machen.

## Beamtentum und Verwaltung

Das Problem der ersten Jahre nach der Machtüberlassung bestand für Hitler darin, einen Kompromiss zu finden zwischen der Besetzung wichtiger politischer Stellen mit treuen Parteigenossen und der Erhöhung der Effizienz dieser Verwaltungsstellen im nationalsozialistischen Sinne. Dass der Sog der „Bewegung" im Bereich des höheren Beamtentums schwächer war als allgemein angenommen, machen zahlreiche Klagen führender NS-Politiker deutlich. Aus diesem Grunde veranlasste Hitler die **Entmachtung der Verwaltung** (→ S. 50) **durch die Schaffung paralleler Parteiinstitutionen**. Konkret bedeutete dies:

**Hitler entmachtete die Verwaltung** durch Sonderbeauftragte und „Führer" besonderer Reichsorganisationen, durch Kompetenzakkumulation in den Händen treuer Parteifunktionäre und durch die Schaffung neuer politischer oder wirtschaftlicher Institutionen.

- Den Reichsministerien wurden **Sonderbeauftragte** Hitlers und **„Führer" besonderer Reichsorganisationen** vorgeschaltet, die völlig unabhängig von den staatlichen Ämtern ihre politischen Sonderaufgaben in engem Kontakt mit Hitler erledigten.
- **Kompetenzakkumulation** in den Händen einzelner mächtiger Parteifunktionäre.
- **Schaffung neuer**, mit der Partei oder der Wirtschaft eng verbundener **Institutionen**.

Entscheidend in diesem Zusammenhang war, dass die **Regierungsressorts** und die ihnen nachgeordneten Verwaltungsinstanzen formell nicht angetastet wurden. In der Praxis waren sie jedoch, wie die Länderregierungen, nicht mehr politische Entscheidungsträger, sondern **reine Verwaltungsorgane**.

Regierungsinstanzen blieben zwar bestehen, waren aber **keine politischen Entscheidungsträger mehr**, sondern nur noch Verwaltungsorgane.

Das Neben- und Gegeneinander konkurrierender staatlicher und parteilicher Organisationen lässt sich an zwei Beispielen besonders anschaulich dokumentieren.

Auf dem Sektor „Erziehungs- und Kulturpolitik" konkurrierten miteinander: das von Goebbels (→ S. 84) geführte „Ministerium für Propaganda und Volksaufklärung", das Erziehungsministerium unter Bernhard Rust, Alfred Rosenberg als „Beauftragter des Führers für die Überwachung der geistigen und weltanschaulichen Schulung und Erziehung der NSDAP" und Robert Ley mit seinem „Schulungsamt des Reichsorganisationsleiters der NSDAP".

**Kompetenzvielfalt** im Bereich der Außenpolitik ergab sich z. B. aus der **Konkurrenz** folgender Institutionen: Außenministerium, „Außenpolitisches Amt", „Volksbund für das Deutschtum im Ausland", SD-Nachrichtendienst und „Volksdeutsche Mittelstelle".

Außenpolitik wurde von folgenden Ämtern bzw. Stellen betrieben: dem Außenministerium, Rosenbergs „Außenpolitischem Amt", den Auslandsorganisationen der NSDAP, dem „Volksbund für das Deutschtum im Ausland", dem SD-Nachrichtendienst sowie Himmlers „Volksdeutscher Mittelstelle" (seit 1938).

## Sonderbeauftragte und Sondervollmachten

### Der „Generalinspekteur für das deutsche Straßenwesen“

Der **„Generalinspekteur für das deutsche Straßenwesen“** (Fritz Todt) vereinigte einige NS-Organisationen zur **„Organisation Todt“**. Er war zuständig für das Straßenwesen, den **Bau der Autobahnen**, die Bauwirtschaft sowie für Bewaffnung und Munition.

Diese am 30.6.1933 gegründete Organisation wurde keinem Ministerium angegliedert, sondern **Hitler direkt unterstellt**. Ihre Hauptaufgabe bestand in der militärisch wichtigen **Schaffung eines Autobahnnetzes. Fritz Todt** hatte als Generalinspekteur die Kompetenz der Gesetzgebungsinitiative und der Verwaltungsanordnung. Später wurde er gleichzeitig Minister für Bewaffnung und Munition sowie 1938 „Generalbeauftragter für die Regelung der Bauwirtschaft“. Damit entwickelten sich die unter Todt vereinten Organisationen zur so genannten **„Organisation Todt“** (OT), einer der **bedeutendsten Sonderorganisationen des Hitlerstaates**.

### Der „Reichskommissar für den Arbeitsdienst“

Der „**Reichsarbeitsdienst**“ (RAD): Mit der Einführung des Reichsarbeitsdienstes (gesetzliche sechsmonatige Arbeitsdienstpflicht) wurde der RAD eine große und bedeutende Sonderorganisation.

Zunächst wurde der freiwillige Arbeitsdienst durch das Reichsarbeitsministerium unter Franz Seldte organisiert. Bereits am 31. März 1933 gingen diese Kompetenzen an den NS-Beauftragten für den Arbeitsdienst, Konstantin **Hierl**. Dieser baute den freiwilligen Arbeitsdienst in kurzer Zeit zum Reichsarbeitsdienst (RAD) aus und organisierte zunächst als „Reichskommissar für den Arbeitsdienst“ und dann als „Reichsarbeitsführer“ bis 1945 den Reichsarbeitsdienst. 1935 wurde der Reichsarbeitsdienst, eine sechsmonatige, dem Militärdienst vorgelagerte **Arbeitspflicht für jeden männlichen Deutschen**, gesetzlich verankert. Dadurch wurde der Reichsarbeitsdienst eine zahlenmäßig **große und bedeutende Sonderorganisation**, die im Krieg sogar eine **eigene Gerichtsbarkeit** erhielt.

### Der „Jugendführer des Deutschen Reiches“

Der **„Jugendführer des Deutschen Reiches“** (bis 1940 Baldur von Schirach, danach Arthur Axmann) unterstand direkt Hitler. Er richtete die **Hitler-Jugend** auf Disziplin, Gefolgschaft und Kampfbereitschaft aus.

Nach der „Machtergreifung“ wurde Baldur **von Schirach**, der bereits seit 1931 „Reichsjugendführer“ gewesen war, zum „Jugendführer des Deutschen Reiches“ ernannt. Er übte sein Amt unabhängig von jeder staatlichen Institution aus. Als am **1. Dezember 1936 die Hitler-Jugend per Gesetz zur Pflichtorganisation** wurde, erhöhte sich die Bedeutung Schirachs, der direkt Hitler unterstellt war. Er baute die Hitler-Jugend zur „Staatsjugend“ aus und richtete sie im Sinne der NS-Vorstellungen von Disziplin, Gefolgschaft, Härte, Wehrhaftigkeit und Kampfbereitschaft aus. Seit Kriegsbeginn verlor er innerparteilich an Bedeutung und wurde 1940 durch Arthur **Axmann** ersetzt.

## Der „Reichsführer SS und Chef der Deutschen Polizei"

Die entscheidende Voraussetzung für die Erhaltung der totalitären Herrschaft im Dritten Reich war die Zusammenfassung der politischen Polizei in den Ländern und ihre Unterstellung unter den **Reichsführer SS, Heinrich Himmler** (→ S. 148) im Jahre **1936**. Aufgrund der Besetzung der Spitzenpositionen der Polizei mit SS-Leuten und der Dominanz des SS-eigenen Nachrichtendienstes (SS-Sicherheitsdienst unter Reinhard **Heydrich**) wurde die SS schnell zur **entscheidenden Institution der Exekutive**, ihr Reichsführer Himmler zu einem der mächtigsten Männer des Dritten Reiches.

Der **„Reichsführer SS und Chef der Deutschen Polizei", Heinrich Himmler**, war direkt dem Führer unterstellt. Die Bedeutung der SS und ihres „Sicherheitsdienstes" (SD), des SS-eigenen Nachrichten- bzw. Spionagedienstes, machten Himmler zu einem der mächtigsten Männer des Dritten Reiches.

## Der Machtbereich Hermann Görings

Eine ähnliche Machtfülle wie der Reichsführer SS erreichte in den ersten Jahren des Dritten Reiches auch **Hermann Göring** (→ S. 93). Er war preußischer **Innenminister** und **Ministerpräsident**, Reichskommissar für die Luftfahrt, seit Mai 1935 Reichsluftfahrtminister. Im Juli 1934 wurde Göring Reichsjäger- und Reichsforstmeister und erhielt im folgenden Jahr den Oberbefehl über die Luftwaffe. 1936 erlangte er als Beauftragter des Vierjahresplans quasi die Stellung eines **Superministers** und damit weitere Machtkompetenzen, weil ihm in dieser Eigenschaft praktisch die gesamte Wirtschaft untergeordnet war. Entscheidend war jedoch, dass er als alter Gefolgsmann des Führers von seinem **besonderen Vertrauensverhältnis zu Hitler** profitierte. Deshalb übertraf seine tatsächliche Macht weit die nominelle, durch Ämter gegebene. So führte Göring z.B. auch außenpolitisch wichtige Verhandlungen ohne Einschaltung des Reichsaußenministeriums und betrieb NS-Bündnispolitik in Italien, Jugoslawien und Polen. Das von ihm geschaffene Forschungsamt war in Wirklichkeit ein hauseigener Nachrichtendienst, der in Konkurrenz zu den anderen (SD, Wilhelm Canaris als Leiter der militärischen Abwehr) trat.

Der preußische Innenminister und Ministerpräsident **Hermann Göring** erreichte als enger Vertrauter Hitlers aufgrund zahlreicher Ämter und Sondervollmachten (z.B. Beauftragter des Vierjahresplans, Reichskommissar für die Luftfahrt, Reichsluftfahrtminister, Reichsjäger- und Reichsforstmeister) eine große Machtfülle.

## Martin Bormann und die Parteikanzlei

Seit 1934 war **Martin Bormann** der **Reichsleiter der NSDAP.** Seine wesentliche Aufgabe bestand in der Leitung der Parteikanzlei. Aufgrund seines Organisations- und Verwaltungstalents war er Hitlers „lebender Aktenschrank". Nach dem Flug des Führerstellvertreters Heß (10.5.1941) nach Schottland übernahm Bormann immer mehr auch dessen Amtsbereich. Er wurde **Leiter der Parteikanzlei** und **„Sekretär des Führers"**. Zwar kann in diesem Falle nicht von einer Machtfülle gesprochen werden, doch machte der **enge Kontakt zu Hitler** und dessen Beratung in persönlichen und parteilichen Belangen Bormann zur **„grauen Eminenz"**. Im Verlauf des Krieges wurde er zu einer der entscheidenden Personen, da der Weg zu Hitler immer über Bormann führte.

Der Reichsleiter der NSDAP **Martin Bormann** hatte engen Kontakt zu Hitler. Dies und seine Stellung als Vertrauter des Führers machten ihn zur „grauen Eminenz".

# Der Führerstaat

## Die Grundlagen des Führerstaates

Das Dritte Reich war ein **Führerstaat**, dem das Führerprinzip zugrunde lag.

Das Dritte Reich war nach dem Verständnis Hitlers ein **Führerstaat**. Dieser Anspruch wurde durch die Propaganda mit stereotypen Formeln untermauert. Parolen wie „Führer befiehl, wir folgen“ oder „Der Führer hat immer Recht“ sollten eine **freiwillige Unterordnung unter die Willkür Hitlers** erzeugen.

Das dem Führerstaat zugrunde liegende **Führerprinzip** gehörte zu den Grundlagen des NS-Staates. Es war das radikal-diktatorische politische Leitungssystem, das typisch ist für alle totalitären Diktaturen. Das Führerprinzip, das Hitler als „Gesetz der Natur“ bezeichnete, bedeutete in der politischen Praxis, dass der oberste Führer durch den Willen des Volkes legitimiert ist, dass jedoch alle weiteren Führer vom jeweils höheren ernannt werden. Nach Hitlers Auffassung war das Führerprinzip die „unbedingte Verbindung von absoluter Verantwortlichkeit mit absoluter Autorität“. Das Staatsrecht des Dritten Reiches untermauerte die **unumstrittene Stellung Hitlers als Politiker** (Reichskanzler) **und Programmatiker** (der NS-Ideologie). Dem Führerprinzip entsprach auch, dass der Wille des Volkes nicht in parlamentarischen Wahlen und Abstimmungen gefunden werden sollte, wie dies in der aus NS-Sicht „schwächlichen Demokratie“ der Fall war, sondern sich rein und unverfälscht in der Person des Führers verkörpern sollte. Abstimmungen hatten im Rahmen der NS-Ideologie nur den einen Sinn, das gesamte Volk für ein vom Führer gesetztes Ziel zu mobilisieren und einzusetzen. Der eigentliche Willensträger konnte hingegen immer nur der Führer sein.

Das **Führerprinzip** bedeutete die **unumstrittene Stellung Hitlers** als Politiker und Ideologe.

Es hatte folgende konkreten Auswirkungen:
- Allein des Führers Wille gilt,
- auf ihn sind alle staatlichen und parteilichen Organisationen ausgerichtet,
- Funktionäre werden von oben her bestimmt,
- es gilt: Befehlsgewalt nach unten, Verantwortung und Gehorsam nach oben,
- der Führer unterliegt keinerlei Kontrolle, der Staat ist Werkzeug in seiner Hand,
- er ist vom Schicksal auserkoren,
- er ist unfehlbar.

In der politischen Praxis bedeutete das **Führerprinzip** konkret:
- Allein der Wille des Führers gilt. Auf ihn sind alle staatlichen und parteilichen Organisationen ausgerichtet.
- Funktionäre werden nicht gewählt, sondern von oben her bestimmt.
- Es gilt der Grundsatz: Befehlsgewalt nach unten, Verantwortung und Gehorsam nach oben.
- Der Führer unterliegt in seinem Handeln keinerlei Bindung an den Staat. Dieser ist nur sein Werkzeug, das er nach Belieben einsetzt.
- Der Führer ist vom Schicksal auserkoren, das deutsche Volk seiner historischen Bestimmung zuzuführen (Sendungsbewusstsein); der Führer ist unfehlbar, er kann nicht irren; es gibt deshalb keine Zweifel, geschweige denn Kritik an den von ihm verordneten Maßnahmen.

## Der Aufbau des Führerstaates

Der Aufbau des Führerstaates wurde durch eine Reihe von Organisationen und Institutionen bestimmt, denen in einem diktatorischen Staat eine besondere Bedeutung zukommt. Diese waren neben der gleichgeschalteten Verwaltung der Polizeiapparat, die Justiz und die Partei..

### Der Polizeiapparat

Durch die Unterordnung der politischen Polizei unter Himmler und damit unter die SS wurde die **Gestapo** (→ S. 51) das entscheidende Mittel zur **Ausschaltung politischer Gegner**. Ihre Aufgaben bestanden vornehmlich in der Sicherung der Macht, der Überwachung des gesamten Volkes, des Staates und auch der Partei. Ihr „wirksamstes" Mittel wurde die **Verhängung der Schutzhaft**. Anders als im rechtsstaatlichen Gebrauch bedeutete dies nicht den Schutz des Einzelnen durch den Staat, sondern den „Schutz des Volkes" vor „Schädlingen", „Parasiten" und „den gesunden Volksorganismus bedrohenden Bazillen". Schutzhaft war gleichbedeutend mit der Einweisung in ein Konzentrationslager, ohne dass irgendwelche richterlichen Voraussetzungen (Haftbefehl etc.) nötig gewesen wären. Generell war die Gestapo **nicht an Gesetze gebunden**. Da den staatlichen Stellen bzw. der staatlichen Polizei die Verfolgung politischer Straftaten völlig entzogen war, wurden diese, oder was die NSDAP dafür hielt, ausschließlich von der Gestapo verfolgt.

Eine wichtige Rolle spielte der **Sicherheitsdienst** (SD), der das Zentrum der **Überwachung und Ausschaltung politischer Gegner** war. Er schuf die Voraussetzung für die Kontrolle durch die Gestapo, indem er aus vielfältigen Quellen Informationen jeglicher Art sammelte, auswertete und der Gestapo zugehen ließ.

Der **Führerstaat** ruhte auf vier Säulen: **Verwaltung, Polizei, Justiz und Partei**.

Die entscheidende Institution war die **Geheime Staatspolizei (Gestapo)**. Sie schaltete als Werkzeug des Führers politische Gegner aus, sicherte die Macht Hitlers bzw. der Nationalsozialisten und überwachte das Volk und die Partei. Dabei war die Gestapo **nicht an Gesetze gebunden**.

### Die Justiz

Die **vorrangige Aufgabe** der Justiz (→ S. 50), die sich in erster Linie am Führerwillen zu orientieren hatte, bestand nicht in der Rechtsprechung, sondern in der **Verfolgung und Ausschaltung politischer Gegner**. Wie Reichsrechtsführer Frank 1936 verkündete „[ist] der Richter nicht als Hoheitsträger des Staates über den Staatsbürger gesetzt. Es ist vielmehr seine Aufgabe, Schädlinge auszumerzen, gemeinschaftswidriges Verhalten [dessen Definition Auslegungssache war] zu ahnden".[9] Als alleinige Rechtsgrundlage galt nach Frank „die Weltanschauung, wie sie in dem Parteiprogramm und in den Äußerungen unseres Führers ihren Ausdruck findet". Generell galt der NS-Grundsatz: „Das Recht und der Wille des Führers sind eins."[10]

Vorrangige Aufgabe der **Justiz** war die **Verfolgung und Ausschaltung politischer Gegner**. Sie war dabei nur an den Führerwillen gebunden.

Die **Partei** hatte drei wesentliche Funktionen:
- die politische Willensbildung,
- Führung und Erfassung, politische Erziehung und ideologische Homogenisierung des gesamten Volkes,
- „ewige" Zelle der NS-Lehre.

**Die Partei, NSDAP** (→ S. 47)

Sie war wie jede andere Partei auch eine Instanz politischer Willensbildung. Wichtiger waren jedoch ihre spezifischen Funktionen:

- Sie gewährleistete die politische **Führung und Erfassung des gesamten Volkes.**
- Sie war zuständig für die **politische Erziehung und ideologische Homogenisierung des Volkes.**
- Außerdem sorgte sie für die Ausbildung von Nachwuchskräften zur **Besetzung wichtiger Positionen** in Staat, Partei und Regierung.
- Nach NS-Auffassung war sie die **„ewige"**, sich selbst erhaltende **Zelle der NS-Lehre.**

## Der Führerkult

Der **Führerkult** ist ein charakteristisches Element des Führerstaates. Er besteht aus der maßlosen **Überhöhung des Führers** und aus seiner Unfehlbarkeit. Der Führerkult wird zum **Religionsersatz**.

Zum Wesen des Führerstaates gehört der Führerkult. Gemeint ist damit die Überbetonung der Person des Führers, die ihm **mystische Kräfte** und **übermenschliche Fähigkeiten** zuspricht, ihm **Unfehlbarkeit** attestiert und menschliches Irren ausschließt. Dieser Führerkult verfolgt mehrere **Ziele**:

- Darstellung Hitlers als **charismatischer, vom Schicksal vorherbestimmter Führer**. Goebbels sprach ihm sogar übermenschliche Fähigkeiten zu (Unfehlbarkeit) und schloss menschliches Irren aus: „Er ist die Wahrheit selbst, er hat die Gabe, das zu sehen, was den Augen anderer Menschen verborgen bleibt." Hitler wurde als „väterlicher Erlöser", als „völkischer Messias" gepriesen. Sein Auserwähltsein betonte er selbst durch die permanente Anrufung des „Herrgotts" und der „Vorsehung". So stellte ihn nicht nur die NS-Propaganda dar, sondern er selbst inszenierte sich als Führer, der über den Klassen und den materiellen Interessen steht und forderte Opferbereitschaft und Hingabewillen. Die unübersehbaren Widersprüche und der NS-Terror wurden nicht ihm, sondern den „kleinen Adolfs" angelastet („Wenn das der Führer wüsste!").[11]
- **Ausschaltung der Zweifel bzw. der Kritik am Führer**, an seiner Politik oder an einzelnen Maßnahmen. Kritisches Hinterfragen wurde in die Nähe der Gotteslästerung gerückt.
- Da sich nach der NS-Ideologie im Führer der Wille des gesamten Volkes verkörperte, bedeutete **Opposition** oder gar **Widerstand** ein **volksschädigendes Verhalten**. Wer dennoch Widerstand leistete, musste der NS-Ideologie zufolge akzeptieren, dass sich das „Volk" in der Person des Führers gegen ihn wendete. Auf diese Weise wurde die Politik des Führers auch im moralischen Bereich absolut und unantastbar.
- **Führertum** wurde, wie in vielen autoritären oder totalitären Ländern, zum **Religionsersatz**. Der Führer trat quasi an die Stelle Gottes.

# Die Erfassung der gesamten Bevölkerung

Gemäß der Maxime, dass der autoritäre NS-Staat ein Erziehungsstaat sei, der die Menschen nicht loslasse „von der Wiege bis zum Grabe“ (so Hitler), hatten die Nationalsozialisten ein **horizontales und vertikales Koordinatensystem der Überwachung und Erfassung** entwickelt, aus dem es praktisch kein Entrinnen gab. Der Weg des **gleichgeschalteten Staatsbürgers**, der horizontal vom Jungvolk bzw. Jungmädel über Hitlerjugend (HJ), Bund deutscher Mädel (BdM), Arbeits- und Wehrdienst zu der Berufsdachorganisation DAF führte, wurde vertikal ergänzt durch die zahlreichen Parteiorganisationen der NSDAP. Dieses nahezu perfekte Erfassungssystem bis hinunter zum Blockwart, der ca. 40–60 Personen „betreute“, d. h. kontrollierte, gab niemandem die Möglichkeit, sich auf Dauer der politischen Indoktrination ohne entsprechende Folgen zu entziehen. Durch diese **totale Erfassung des Einzelnen** erreichten die Nationalsozialisten ihr Ziel, jeden „zur Pflicht gegenüber dem Volk“ nicht nur aufzufordern, sondern die „Erfüllung dieser selbstverständlichen völkischen Pflicht“ auch zu gewährleisten. Gleichzeitig diente dieses Koordinatensystem der Überwachung und permanenten politisch-ideologischen Beeinflussung sowie der Vereinheitlichung der Volksmasse und **ermöglichte die Lenkung und Steuerung des Volkes** in der gewünschten Weise. Zudem ließ sich ein derart „gleichgeschaltetes“ und massiv indoktriniertes Volk im In- und Ausland propagandistisch in idealer Weise zur Legitimation für Hitlers Tun und Handeln verwenden.

Der NS-Staat erfasste und kontrollierte die Bevölkerung durch ein **horizontales und vertikales System der Überwachung und Kontrolle**.

**Horizontale** Kontrolle: Jungvolk/Jungmädel, Hitlerjugend/Bund Deutscher Mädel, Arbeits- und Wehrdienst, Berufsdachorganisation DAF

Die **vertikale** Erfassung erfolgte durch die Parteiorganisationen der NSDAP vom Führer bis zum Blockwart.

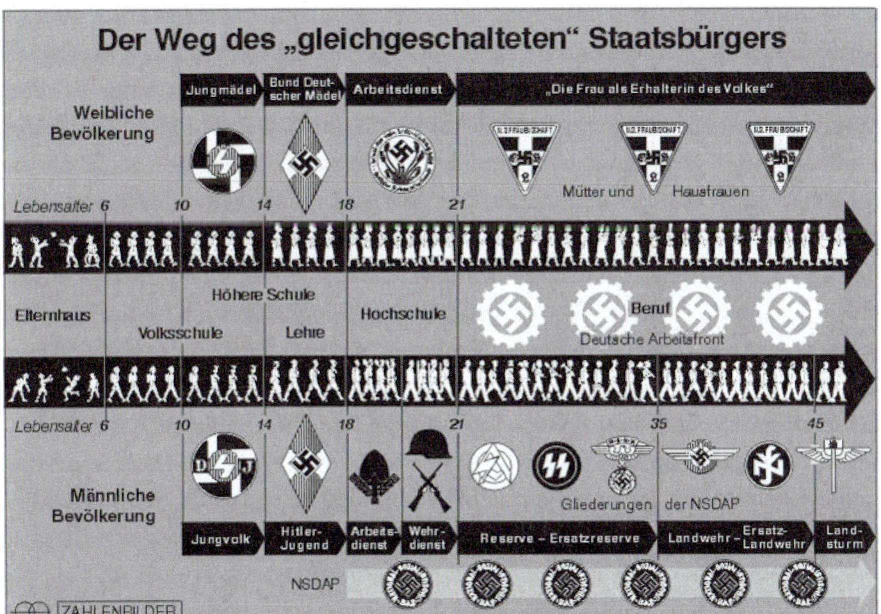


50 090



Die horizontale Überwachung und Erfassung der Bevölkerung

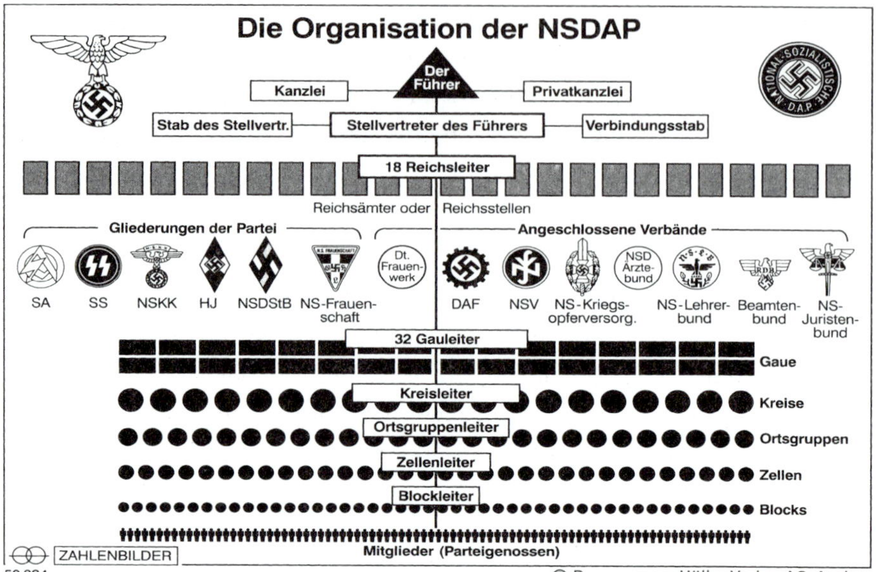


50 084 © Bergmoser + Höller Verlag AG, Aachen

Die vertikale Überwachung und Erfassung der Bevölkerung

## Beeinflussung und Indoktrination

### Die Erziehung des Deutschen zum Typus

Der Nationalsozialismus strebte die **Schaffung eines „neuen Menschen"** mit „rassisch hochwertigem Erbgut" an. Er sollte völkisches Bewusstsein und Rassenbewusstsein haben und sich völlig in die NS-Gemeinschaft integrieren. Hauptinstrument dieses Erziehungs- und Vereinheitlichungsprozesses waren die **NS-Massenorganisationen**, besonders die **KdF** (Kraft durch Freude). Sie betrieb Erwachsenenbildung, bot Unterhaltungs- und Urlaubsmöglichkeiten an.

Zu den wichtigsten Zielen im rassisch-völkischen Bereich gehörte die **Schaffung eines „neuen Menschen"**, der aus „rassisch hochwertigem Erbgut in artgemäßer Umgebung" entstehen sollte. Angestrebt wurde in diesem Zusammenhang eine „totale Menschenumformung", die als Ergebnisse **völkisches Bewusstsein, Rassenbewusstsein** und **völlige Integration in die NS-Gemeinschaft** bringen sollte. Eine derart tief greifende Erziehung zu einem einheitlichen Typus setzte die massive Beeinflussung und permanente Indoktrination des gesamten öffentlichen und privaten Lebens voraus. Das Hauptinstrument dieser Erziehung bildeten die **Massenorganisationen**. Sie stellten den Ort dar, an dem der deutsche Mensch das Gemeinschaftsleben erlernen sollte. Diese Aufgabe hatte insbesondere die NS-Organisation **Kraft durch Freude** (KdF). Sie organisierte Urlaub und Freizeitgestaltung in der Gemeinschaft, betrieb Erwachsenenbildung und verband sehr geschickt Unterhaltungs- und Bildungsmöglichkeiten mit weltanschaulicher Erziehung und politischer Kontrolle. Zusätzlich erfüllten die Massenorganisationen eine weitere wichtige Funktion: Da sich ihnen praktisch niemand entziehen konnte, schränkten sie den individuellen Freiraum des Einzelnen immer mehr ein.

Das **Endziel** dieser Entwicklung sollte nach Hitler die **völlige Ausschaltung des „eigenbrötlerischen Verhaltens“** sein, das seine Ziele außerhalb der Gemeinschaft sucht und findet. Hitler begründete diese Erziehung mit der Erlösung von der unerträglichen Individualität und von der Last der personalen Entscheidung, der immer nur ganz wenige gewachsen sein können.

Das Ziel der permanenten Beeinflussung und Indoktrination war die **Ausschaltung der Individualität** als Voraussetzung für die Erziehung der Deutschen zu einem einheitlichen Typus.

## Die schulische Erziehung

Der junge Mensch war für Hitler das „reine, edle Material der Natur“, das man erst noch bearbeiten müsse, damit es schließlich dem Staat bzw. dem Volk zur Verfügung stehe mit all seinen Möglichkeiten. Deshalb hielt er es für nötig, mit der Erziehung der Kinder durch den Staat so früh wie möglich zu beginnen. Die **Hauptaufgabe der Erziehung** wurde darin gesehen,

> „die Volksgenossen schon vom frühesten Lebensalter an so zu erfüllen mit dem, was der Sinn unseres Volkstums und der ganzen Nation ist, dass die einmal gewonnene Erkenntnis in Fleisch und Blut übergeht und auf Generationen hinaus durch nichts mehr zerstört werden kann“. [12]

In die Erziehung griff der Staat sehr früh ein. Vorrangige Erziehungsziele waren das **„Heranzüchten kerngesunder Körper“** und die **„Förderung der Willens- und Entschlusskraft“**. Weitere Erziehungsziele: Nationalstolz, Vaterlandsliebe, Rassenbewusstsein, Kampfbereitschaft.

Aus diesem Grunde musste das Kind schon so früh wie möglich dem Einfluss der Familie entzogen werden. Als vorrangige Erziehungsziele galten deshalb das **„Heranzüchten kerngesunder Körper“** und die **„Förderung der Willens- und Entschlussfreudigkeit“**. Weitere Erziehungsziele waren Nationalbewusstsein, Nationalstolz, Rassenbewusstsein, Rasseninstinkt, Vaterlandsliebe und Kampfbereitschaft. Besonders streng wurden diese Erziehungsziele in den nationalsozialistischen **Eliteschulen** angestrebt. Zunächst entstanden **„Nationalpolitische Erziehungsanstalten“** (NPEA), deren Schüler von der Partei „ausgelesen“ wurden, ohne dass die Eltern darauf Einfluss nehmen konnten. Später wurden so genannte **„Adolf-Hitler-Schulen“**, **„Ordensburgen“** oder **„Hohe Schulen“** der Partei gegründet. Ihre Hauptaufgabe bestand in der Kaderbildung.

Besonders intensiv wurden diese Erziehungsziele in **speziellen NS-Schulen** angestrebt, z. B. in den „Adolf-Hitler-Schulen“, deren Hauptaufgabe die Kaderbildung war.

Beispiele für die politische Indoktrination im Unterricht

**Lehrplan zur Behandlung der „Judenfrage" im Unterricht**

Unterrichtsplan für „Staatspolitik" für die Volksschulen des Dritten Reiches

| Woche | Stoffgebiet | Beziehung zum Juden | Lesestoff |
|---|---|---|---|
| 1.–4. | Das Deutschland der Vorkriegszeit. Klassenkampf, Profit, Streik. | Der Jude macht sich breit! | Aus Hauptmann: *Die Weber* |
| 5.–8. | Vom Agrarstaat zum Industriestaat. Kolonien. | Der Bauer in den Klauen des Juden! | Schilderungen aus den Kolonien. Aus Hermann Löns. |
| 9.–12. | Verschwörung gegen Deutschland, Einkreisung, Sperrfeuer um Deutschland. | Der Jude herrscht! Kriegsgesellschaften. | Beumelburg: *Sperrfeuer* Hindenburgs Leben. Kriegsbriefe. |
| 13.–16. | Deutsches Ringen – deutsche Not. Blockade! Hungertod! | Der Jude wird wohlhabend! Ausnutzung der deutschen Not. | Manke: *Spionage an der Westfront.* Kriegsschilderungen. |
| 17.–20. | Dolchstoß. Zusammenbruch. | Juden als Führer der Novemberrevolte. | Pierre des Granges: *In geheimer Mission beim Feinde.* Bruno Brehm: *Das war das Ende.* |
| 21.–24. | Deutschlands Golgatha. Erzbergers Verbrechen! Versailles. | Ostjuden wandern ein. Judas Triumph! | Volkmann: *Revolution über Deutschland.* Feder: *Die Juden.* Zeitung: *Der Stürmer.* |
| 25.–28. | Adolf Hitler. Der Nationalsozialismus. | Judas Gegner! | *Mein Kampf.* Dietrich Eckart. |
| 29.–32. | Blutende Grenzen. Versklavung Deutschlands. Freikorps. Schlageter. | Der Jude zieht aus der deutschen Not seinen Nutzen. Anleihen (Dawes, Young). | Beumelburg: *Deutschland in Ketten.* Wehner: *Die Wallfahrt nach Paris.* Schlageter: Ein deutscher Held. |
| 33.–36. | Der Nationalsozialismus im Kampf mit der Unterwelt und dem Verbrechertum. | Juden Anstifter zum Mord. Die jüdische Presse. | Horst Wessel. |
| 37.–40. | Deutschlands Jugend voran! Der Sieg des Glaubens. | Der Endkampf gegen Juda. | Herbert Norkus. Reichsparteitag. |

## Das Informationsmonopol

### Presse und Publizistik

Um eine **direkte und massive Beeinflussung durch eine einheitliche, gleichgeschaltete Presse** zu erreichen, wurde noch im Jahre der Machtüberlassung das **„Schriftleitergesetz“** erlassen. Es kontrollierte die berufliche Eignung der Journalisten, schaltete sie durch entsprechende Befehle und Verbote gleich und überwachte ihre „völkisch gesunde“ Einstellung, die grundsätzlich bejahend zu allem zu sein hatte, was die Führung verkündete. Aus diesem Grunde gab das **Reichspropagandaministerium** auf täglichen Pressekonferenzen die zu verkündenden Nachrichten bekannt und schrieb den Journalisten mehr oder weniger deutlich vor, wie sie diese aufzumachen und zu kommentieren hatten. Zuwiderhandlungen wurden mit Berufsverbot und hohen Strafen bis hin zur Todesstrafe wegen „Volksverhetzung“ belegt. Als Faustregel galt, was Goebbels in zynischem Machiavellismus so beschrieb:

> „Was dem Nationalsozialismus dient, ist gut und muss gefördert werden, was ihm schadet, ist schlecht und muss beseitigt werden. Propaganda dagegen ist die ehrlichste Verkündung bester Wahrheiten.“ [13]

**Presse und Publizistik** wurden 1933 durch das **„Schriftleitergesetz“** gleichgeschaltet und vom Reichspropagandaministerium unter der Leitung von **Joseph Goebbels** überwacht und kontrolliert. Das Ministerium übte eine strenge Zensur aus.

Als Paradebeispiel eines derartigen **Handlangerjournalismus** gilt die Parteizeitung der NSDAP, der **„Völkische Beobachter“.** Er wurde zur Pflichtlektüre für alle Beamten und Parteigenossen und richtete sich an den „kleinen Mann in der Masse“. Dementsprechend derb war seine Sprache, die mit den üblichen NS-Klischees in extremer Weise die Emotionen ansprechen wollte.

Dieselbe Unterordnung und Zweckgebundenheit verlangte Goebbels auch von der Publizistik. Da alle Veröffentlichungen, vom Artikel bis zum Roman, einer strengen Zensur unterlagen, war die **völlige Kontrolle der Publizistik** jederzeit gewährleistet.

Der **„Völkische Beobachter“**, die Parteizeitung der NSDAP, verbreitete die **NS-Klischees** in extremster Weise.

### Rundfunk und Film

Beide Medien waren wirksame **Mittel der nationalsozialistischen Propaganda und der Manipulation**. Während mit dem Rundfunk, meist über den so genannten **Volksempfänger**, die breite Masse des Volkes erreicht wurde, beeinflusste der Film sein Publikum dezenter, jedoch nicht weniger stark. Zwar trat oft die Propaganda nicht von Anfang an sichtbar zu Tage, doch sorgten der subjektive Appell an die Gefühle, die Beschränkung des Inhalts auf einige wenige Handlungsstränge, eine von Anfang an vorhandene Kampfansage und deren dauernde Wiederkehr für den gewünschten Effekt. Häufig wurde unter dem Deckmantel der „großen Literatur“ nationalsozialistische Propaganda betrieben. Entscheidend war in jedem Falle das **„Einhämmern“ bestimmter Erkenntnisse** und nationalsozialistischer „Wahrheiten“.

**Rundfunk und Film** waren die **wirksamsten Mittel der Propaganda** und der Manipulation. Mit ihrer Hilfe wurden durch massive Beeinflussung „NS-Erkenntnisse und Wahrheiten“ der Bevölkerung eingehämmert.

## Literatur, Kunst und Musik

Die **Reichskulturkammer** steuerte Kunst, Literatur und Musik. Sie entschied, was „deutsche" und was **„entartete" Kunst** war.

Die am 22. 9. 1933 gegründete und **Goebbels unterstehende Reichskulturkammer** kontrollierte und steuerte Kunst, Literatur und Musik. Sie entschied, was als „deutsche" und was als „entartete" Kunst anzusehen war. Letztere wurde als „Vergewaltigung des natürlichen Kunstempfindens" und als „frecher Überfall auf unsere Kultur" bezeichnet, als „Machwerke", die von „dekadenten", meist jüdisch-bolschewistischen Kräften dem deutschen Volke aufgenötigt worden seien.

### Literatur

Die Literatur (**„Blut- und Boden-Literatur"**) hatte sich vor allem mit **„völkischen" Themen** zu beschäftigen und diente der Verherrlichung der NS-Führung und der Verbreitung wesentlicher ideologischer Grundlagen.

Hier standen vor allem **völkische Themen**, die Verherrlichung der NS-Führung, generell der wesentlichen ideologischen Grundlagen des Regimes im Vordergrund. Deshalb wird diese Art von Literatur auch als **Blut-und-Boden-Literatur** bezeichnet. Die literarisch wenig differenzierte Darstellung ergänzte die einseitigen Pressenachrichten und bildete zusammen mit der Standortgebundenheit der Kunst, der Indoktrination durch Rundfunk und Film ein wichtiges Mittel zur Beeinflussung und Lenkung der Massen.

### Architektur, Malerei, Skulptur

Die **Architektur** war geprägt von riesigen Objekten, von Materialpracht und dem Einsatz enormer Geldsummen. Derartige Objekte sollten die **Allmacht des Regimes nach innen und außen** demonstrieren. **Malerei und Skulptur** dienten der ideologischen Beeinflussung und der Verherrlichung des Führers.

Die Aufgabe der Architektur bestand darin, die machtvolle Herrschaft der NSDAP zu repräsentieren und optisch zu verdeutlichen. Dabei wurde mit Superlativen nicht gespart, damit „diese zwingende Ausrichtung der Massen durch die Anordnung der Architektur bewirkt, dass jeder Teilnehmer den gewaltigen Zusammenklang des Willens aller Beteiligter wie in einem großen Spiegel vor sich erblickt, als eine kraftvolle Zusammenfassung und Sinngebung des Geschehens"[14]. Gigantomanie, Materialpracht und Einsatz riesiger Geldsummen sollten die **Omnipotenz des Regimes nach innen und außen** demonstrieren. Malerei und Skulptur hatten sich auf die bäuerliche Welt, die Familienidylle, kraftstrotzende germanische Helden und die **Verherrlichung des Führers** zu konzentrieren.

### Musik

Die **Musik** hatte zwei wesentliche Funktionen: die **Glorifizierung der** deutschen **Vergangenheit** durch Volksmusik, Heldenlieder und Germanenopern (Richard Wagners) und die **Verherrlichung des militärischen Geistes** durch Marschmusik, heroische Lieder und martialische Kampfgesänge.

Hier dienten vor allem Volkslieder und die **Helden- und Germanenopern** Richard **Wagners** der Glorifizierung der deutschen Vergangenheit. **Marsch- und Volksmusik** als vorherrschende Musikformen sollten den militärischen Geist und die Vereinheitlichung der Masse fördern. **Heroische Lieder und martialische Kampfgesänge** verherrlichten – wie in allen Diktaturen – die bisherige Entwicklung und beschworen die zukünftige Macht und Herrlichkeit des „tausendjährigen Reiches".

## Kundgebungen und Massenveranstaltungen

Ein weiteres Mittel der Erziehung und Beeinflussung bildeten die großen Kundgebungen und Massenveranstaltungen, die drei übergeordnete Ziele hatten:

1. Die **Dokumentation der Macht und Größe Deutschlands**,
2. die **Demonstration der Einheit von Staat und Partei** und
3. die **Integration des Einzelnen in die Volksgemeinschaft**.

Perfekt geplante und unter großem Aufwand begangene Massenveranstaltungen von Totengedenktagen im dörflichen Rahmen über **NS-Feiertage** (mit Fahnenweihe, Verteilung von Ehrenzeichen, Einsatz von Fackel-, Fahnen-, Standartenträgern, Fanfarenzügen, Uniformen, Lichtdomen) bis hin zu **Reichsparteitagen** in Nürnberg, wurden sorgfältig über das ganze Jahr verteilt, damit die Beeinflussung möglichst gleichmäßig gewährleistet war und eine propagandistische Pause erst gar nicht eintrat. Sie bildeten so unter tatkräftiger Unterstützung der Propaganda eine wesentliche Voraussetzung für die Verschmelzung des Volkes und die Unterdrückung bzw. Ausschaltung rationaler und individueller Überlegungen.

Sorgfältig inszenierte, emotionalisierende und über das ganze Jahr verteilte **Kundgebungen und Massenveranstaltungen** (NS-Feiertage, Reichsparteitage, Gedenkveranstaltungen etc.) hatten drei große Ziele:

1. Die Dokumentation der Macht und Größe Deutschlands,
2. die Demonstration der Einheit von Staat und Partei sowie
3. die Integration des Einzelnen in die Volksgemeinschaft.

**Monumentale Bauten** und **Gedenkstätten**, die eine „feierlich bedrückende und doch erhebende Wirkung" hervorrufen sollten, gaben den Veranstaltungen den gewünschten Rahmen. Akustische und optische Mittel verstärkten die Eindrücke und halfen, die Emotionen in bestimmte Bahnen zu lenken. Durch das Zusammenspiel dieser Mittel gelang es der NSDAP, wahre Beifallsorgien oder extreme Hassausbrüche zu erzeugen.

Der Reichsparteitag, der alljährlich in Nürnberg stattfand, wurde mit riesigen Auf- und Vorbeimärschen inszeniert.

PORTRÄT

## JOSEPH GOEBBELS (1897 – 1945)

- Sohn eines rheinländischen Buchhalters
- Studium der Philosophie und der Literatur
- 1921 Promotion (Germanistik)
- schließt sich nach beruflichen Misserfolgen als Schriftsteller 1924 der NSDAP an
- 1926 NS-Gauleiter von Berlin
- 1933–1945 Minister für Volksaufklärung und Propaganda und Präsident der Reichskulturkammer; hat in dieser Funktion uneingeschränkte Macht über Presse, Rundfunk, Theater, Film, Literatur, bildende Kunst und Musik
- ist neben Hitler der wirksamste Redner der NSDAP
- engster Berater Hitlers, der ihn testamentarisch (30.4.1945) zum Nachfolger als Reichskanzler bestellt
- wird nach dem Hitler-Attentat vom 20.7.1944 „Generalbevollmächtigter für den totalen Kriegseinsatz"
- begeht mit seiner Frau Magda am 1.5.1945 Selbstmord, nachdem beide zuvor ihre 6 Kinder vergiftet hatten

## Reden als Propagandamittel

Die wirksamsten Propagandisten der NSDAP waren seit der Mitte der Zwanzigerjahre **Joseph Goebbels** und **Adolf Hitler**. Ihre Reden bewiesen ein besonderes **Gespür für die Erwartungen der Massen**. Politische Ziele und Programme wurden in öffentlichen Reden nicht konkret angesprochen oder gar detailliert erläutert. Dafür sprachen sie umso mehr die **Emotionen der Zuhörer** an. **Gestik**, **Mimik** und **Wortwahl** waren ausgefeilt und darauf ausgerichtet, den Zuhörern bestimmte Sachverhalte einzuhämmern und andere zu suggerieren. Das **typische Vokabular**, das immer wieder dieselben Begriffe verwendete, sollte den Eindruck dynamischer, kompromisslos durchgreifender, erfolgreicher Politiker erzeugen. Die NSDAP-Redner verwendeten typische sprachliche und inhaltliche Mittel, um massiv zu beeinflussen und zu indoktrinieren. Dazu gehörten: **Wortneuschöpfungen** („Rassenmythus“, „Rassenschande“); **Euphemismen**, die problematische oder verbrecherische Sachverhalte positiv umschrieben („Endlösung“, „Euthanasie“); **gigantomanische Adjektive**, die etwas als „riesenhaft“, „ungeheuerlich“, „unermesslich“, „einzigartig“ darstellen sollten sowie **Superlative**; der auffordernde, befehlende imperativische Stil (**Befehlsstil**) mit seiner Vorliebe für das Verb „müssen; ungenaue oder verschwommene Begriffe („Rasse“, „arisch“, „arbeitsunwillig“); Metaphern, die eine herabwürdigende, **diffamierende Darstellung von Mitmenschen** beinhalten („Menschenmaterial“, „Bakterien“, „Schmarotzer“); **religiöse oder ethische Begriffe** („ewig“, „Gott“, „heilig“, „Glaube“, „Vorsehung“, „Treue“), die Aussagen überhöhten. Der **einfache Satzbau** erzeugte Verständlichkeit, **Schwarz-Weiß-Denken** (Freund–Feind, Mensch–Untermensch) vereinfachte, machte Aussagen verständlicher und einprägsamer. **Meinungen** wurden **als Tatsachen** hingestellt. Die **Verunglimpfung des Gegners** war ebenso selbstverständlich wie die Übertragung alles Negativen auf einen **Sündenbock**, der starke Emotionen hervorrief („der Jude“, die „jüdische Weltverschwörung“). Ein weiteres inhaltliches Merkmal waren **Lügen**, **Unterstellungen und bewusste Falschinformationen**.

Hitler ging ganz bewusst davon aus, dass die Aufnahmebereitschaft der großen Masse nur sehr beschränkt, das Verständnis klein, dafür jedoch die Vergesslichkeit groß [ist]. Deshalb sollte sich jede Rede nur auf sehr wenige Punkte beschränken und diese schlagwortartig so verwenden, bis auch bestimmt der Letzte unter ihnen [d. h. der Dümmste] unter einem solchen Wort das Gewollte sich vorzustellen vermag.

**Reden** sprachen in erster Linie die Emotionen der Zuhörer an und dienten der **Indoktrination und Beeinflussung**. Außerdem stellten sich NS-Funktionäre durch Reden als dynamisch, kompromisslos und erfolgreich dar.

Stilmittel der NS-Rhetorik waren Wortneuschöpfungen („Rassenmythos“, „Rassenschande“), Euphemismen ( „Endlösung“, „Euthanasie“), Superlative („riesenhaft!“, „unermesslich“, „einzigartig“), diffamierende und diskriminierende Bezeichnungen ( „Menschenmaterial“, „Schmarotzer“, „lebensunwertes Leben“), ethisch-religöse Begriffe („ewig“, „heilig“, „Glaube“, „Vorsehung“), Schwarz-Weiß-Denken (Freund-Feind, Mensch-Untermensch), Schaffung von Sündenböcken („der Jude“, „jüdische Weltverschwörung“), Unterstellungen, Lügen und bewusste Falschinformationen.

Entscheidend war wohl, dass Hitler, Goebbels und andere NS-Funktionäre das artikulierten, was ihre Zuhörer bewusst oder unbewusst wünschten, fühlten und dachten. Damit verschafften sie ihnen „eine tiefe befriedigende Selbstbestätigung, das Gefühl, einer neuen Wahrheit teilhaftig zu werden", und weckten so ihre Gefolgs- und Einsatzbereitschaft.

**Der Führerstaat**

| Führerprinzip | Säulen der Macht | Führerkult |
| --- | --- | --- |
| • allein des Führers Wille gilt<br>• ausschließliche Bindung an den Führer<br>• der Führer ist der Staat<br>• Sendungsbewusstsein | • linientreue Verwaltung<br>• Polizei und Gestapo<br>• willfährige Justiz<br>• Partei („ewige Zelle" der NS-Lehre) | • Führerverherrlichung<br>• keine Kritik, Zweifel am Führer möglich<br>• Führer verkörpert den Willen des Volkes (keine Opposition möglich)<br>• Führertum ist Religionsersatz |

# Die politische Organisation des Dritten Reiches

Das **Dritte Reich** war im Gegensatz zu den Diktaturen der ehemaligen Ostblockstaaten **keine monolithische Einheit**, da unterhalb der Führerebene **zahlreiche Staats- und Parteiämter** sowie **Sonderbeauftragte** mit weitgehenden Sondervollmachten um politische Kompetenzen konkurrierten.

Die von Hitler **bewusst geschaffene Kompetenzvielfalt** schwächte zwar die Funktionsfähigkeit des Staates, verdeutlichte jedoch die **Allmacht und Unersetzlichkeit des Führers** und sicherte seine **unangefochtene Stellung als Alleinherrscher**.

Das **Dritte Reich** war nach dem Verständnis Hitlers ein **Führerstaat**. Dies bedeutete, dass alle Macht ausschließlich vom Führer ausging **(Führerprinzip)**, der allein den Willen des Volkes verkörperte und dessen Handeln keinerlei Kontrolle, Zweifel oder gar Kritik ausgesetzt war.

Der **Führerstaat** ruhte im Wesentlichen auf **vier Säulen**: Die absolut linientreue Verwaltung; der **Polizeiapparat**, vor allem die dem Führer direkt unterstellte Geheime Staatspolizei **(Gestapo)**, schaltete politische Gegner rigoros aus; die an den Führerwillen gebundene **Justiz** sah ihre Hauptaufgabe in der „Ausmerzung von Schädlingen" und in der „Ahndung gemeinschaftswidrigen Verhaltens"; die **Partei** als vierte Säule ermöglichte die Erfassung und Führung des gesamten Volkes und gewährleistete dessen politische Erziehung und ideologische Vereinheitlichung.

Der **extreme Führerkult** verherrlichte die Person des Führers, sprach ihm mystische Kräfte und Unfehlbarkeit zu, rückte ihn in die Nähe Gottes und erklärte Opposition oder gar Widerstand zum volksschädigenden Verhalten. Der **Führerkult wurde zum Religionsersatz** und das Dritte Reich erhielt – wie alle totalitären Diktaturen – einen pseudoreligiösen Charakter.

Der **NS-Staat** war nach eigenem Verständnis ein **Erziehungsstaat**. Deshalb erfasste, überwachte und **indoktrinierte er jeden Einzelnen**. Hierfür schuf er ein lückenloses Netz vertikaler Parteiinstitutionen (vom Führer bis zum Blockleiter) und horizontaler, d.h. alters- und berufsbezogener Organisationen (HJ, BdM, RAD, DAF, NS-Berufsverbände).

Die **permanente Beeinflussung und Indoktrination** sollte den **„neuen Menschen"** mit ausgeprägtem völkischen und rassischen Bewusstsein schaffen, der völlig in der NS-Gemeinschaft aufgehen und die Grundlage des angestrebten „Germanischen Reiches" bilden sollte.

Diesem Ziel dienten die **schulische Erziehung**, das strikt ausgeübte **Informationsmonopol**, die **ideologische Vereinnahmung der bildenden Künste** sowie bombastische **NS-Kundgebungen**, **Massenveranstaltungen** und emotionalisierende **Reden** führender Nationalsozialisten.

# AUF EINEN BLICK

## Die Wirtschaft 1918 bis 1933

Vor allem der bürgerliche Mittelstand litt stark unter dem **Krisenjahr 1923** (ruinöser Ruhrkampf, Inflation). Viele verloren Besitz und Sparguthaben.

**Die ruhigen Jahre (1924-1929)** waren eine Phase der wirtschaftlichen Stabilisierung. In den Bereichen Technik, Naturwissenschaften und Medizin erreichte Deutschland Weltniveau.

**Die Weltwirtschaftskrise (1929-1933)** trieb die Arbeitslosenzahl auf über 6 Millionen und stürzte Millionen Deutsche in bittere Armut. Folgen: Wachsende Ablehnung der Demokratie, „Ruf nach dem „starken Mann“ .

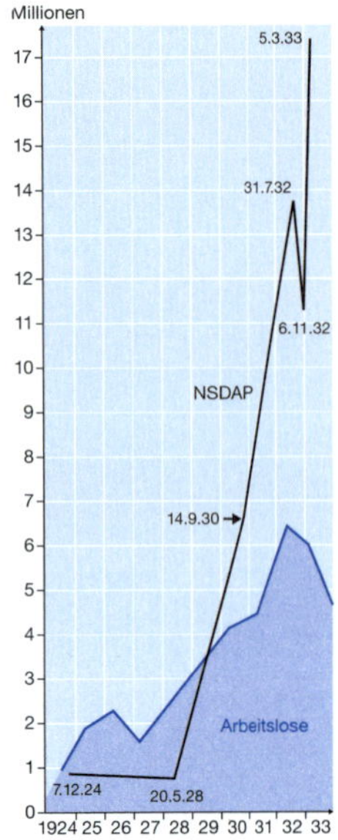


Entwicklung der Arbeitslosenzahlen und der Mitgliederzahl der NSDAP

## Die Ziele und Maßnahmen der NS-Wirtschaftspolitik

Die vorrangigen **Ziele** waren die Beseitigung der Not durch die Schaffung neuer Arbeitsplätze, der propagandistische Gewinn daraus und als Hauptziel die Wehrhaftmachung Deutschlands bis 1938. Diese Ziele sollten mit folgenden **Maßnahmen** erreicht werden:
Einführung des sechsmonatigen Reichsarbeitsdienstes für alle 18 bis 21-Jährigen; Einführung der allgemeinen Wehrpflicht. Durch diese beiden Maßnahmen wurde fast die gesamte männliche Bevölkerung zwischen 18 und 21 Jahren der Arbeitslosenstatistik entzogen; Staatsaufträge. Ausbau des Transportwesens; Förderung der Automobilindustrie und des privaten Wohnungsbaus; Einsparung ausländischer Produkte; Herausziehen der Frauen aus dem Arbeitsmarkt durch die Propagierung ihrer Rolle als Mutter und Hausfrau, als „Sachwalterin des Hauses“.

**NS-Wirtschaft: Ziele und Maßnahmen** | **Mefo-Wechsel**

## Die Mefo-Wechsel

Das zentrale Problem Hitlers war die Erschließung neuer Geldquellen für die Industrie, in erster Linie für die Rüstungsindustrie. Dieses Problem löste der Finanzexperte Hjalmar Schacht mit den **Mefo-Wechseln**. Die vier größten Rüstungsunternehmen (Krupp, Siemens, Rheinmetall und Deutsche Werke) schlossen sich zur „Metallurgischen Forschungsgesellschaft“ (Mefo) zusammen. Sie zahlte mit Wechseln, die erst nach fünf Jahren eingelöst werden sollten und die die Reichsbank garantierte. Dadurch entstand eine Nebenwährung von 12 Mrd. Reichsmark. Sie wurden hauptsächlich in die militärisch wichtigen Schlüsselindustrien Eisen- und Stahlerzeugung, Auto-, Flugzeug- und Maschinenbau investiert und belasteten den normalen Haushalt nicht.

Mittelstand -
ср. класс
litt -
(leiden) страдал
hat gelitten

Weltniveau -
мировой уровень
Ablehnung -
отказ

# 6 Die nationalsozialistische Wirtschaftspolitik

### Der Vierjahresplan von 1936

Vorrangiges **Ziel** der NS-Wirtschaft war die auf einen Krieg ausgerichtete „Wehrhaftmachung der Wirtschaft" in vier Jahren. In seiner geheimen Denkschrift zum Vierjahresplan konkretisierte Hitler die dafür erforderlichen **Maßnahmen**:
- wirtschaftliche Autarkie;
- Investitionsschwerpunkte Rüstung, Brenn- und Treibstoffindustrie;
- Sicherung notwendiger Rohstoffe;
- Erhöhung der Erzförderung
- großzügige Förderung von Forschung und Erfindungen.

Diese Maßnahmen sollten innerhalb von vier Jahren die Einsatzbereitschaft der Armee und die Kriegsfähigkeit der deutschen Wirtschaft bewirken.
Die **„Unverwundbarkeit" der deutschen Wirtschaft**" sollte nach Hitlers Plan mit folgenden Maßnahmen erreicht werden:
- staatliche Rohstoffzuweisung;
- staatlich gelenkter Einsatz von Arbeitskräften;
- staatlich gelenkter „Reichsnährstand" (Landwirtschaft).

**Vierjahresplan** | **Bewertung der NS-Wirtschaftspolitik**

### Die Bewertung der NS-Wirtschaftspolitik

Sie fällt **unterschiedlich** aus. Einerseits war sie rein statistisch gesehen durchaus erfolgreich. Durch die Beseitigung der Arbeitslosigkeit und den Bau der Autobahnen setzte das Regime ein außerordentlich wirksames Unternehmen in Szene. Es war (auf den ersten Blick) so erfolgreich, dass die Legende von Hitlers „genialer Schöpfung" teilweise bis heute existiert.
Andererseits war die NS-Wirtschaft nie eigenständig, sondern immer nur Mittel zum Zweck (= Krieg). Seit 1936 war sie eine Rüstungswirtschaft mit angegliederten Versorgungsbereichen. Der wirtschaftliche Aufschwung kam ausschließlich der Industrie, vor allem der Rüstungsindustrie zugute, das Volk profitierte hiervon nicht.
**Entscheidend** ist, dass die NS-Wirtschaftspolitik nur auf kurzfristige Erfolge aus war, eine ausgeprägte Grundsatzlosigkeit in der langfristigen Planung aufwies und dass sie keinerlei Eigenständigkeit hatte, sondern der Außen- und Rüstungspolitik untergeordnet und ohne einen gewonnenen Krieg und die Vorherrschaft in Europa ruinös war.

# 6 Die nationalsozialistische Wirtschaftspolitik

KURZINFO

- Die NS-Wirtschaftspolitik hatte drei große Ziele: Rasche Schaffung von Arbeitsplätzen, propagandistischer Gewinn daraus und als langfristiges Hauptziel die „Wehrhaftmachung" Deutschlands.
- Diese Ziele wollte die NS-Führung mit einer Reihe von wirtschaftspolitischen Maßnahmen (Einführung des Reichsarbeitsdienstes und der allgemeinen Wehrpflicht, Staatsaufträge, Ausbau des Transportwesens, Förderung der Automobilindustrie und des privaten Wohnungsbaus, Einsparung ausländischer Produkte etc.) und mit der Erschließung neuer Geldquellen (Mefo-Wechsel) erreichen.
- Der Vierjahresplan von 1936 hatte die Aufgabe, die Kriegsfähigkeit der Wirtschaft in vier Jahren zu ermöglichen.
- Im Mittelpunkt der NS-Wirtschaftspolitik stand die gezielte Aufrüstung als Grundvoraussetzung eines Krieges.
- Die NS-Wirtschaftspolitik wurde von der NS-Propaganda als „geniale" Leistung Hitlers bewertet. In Wirklichkeit war sie auf längere Zeit gesehen ruinös.

## Die Wirtschaft zwischen 1918 und 1933

Der ruinöse passive Widerstand im Ruhrkampf hatte 1923 die **Inflation** zum Galoppieren gebracht. Vor allem der bürgerliche **Mittelstand** verlor Besitz und Sparguthaben. Viele seiner Angehörigen rutschten deshalb in **proletarische Verhältnisse** ab. Ihre Einstellung zum Staat und zur Demokratie allgemein spiegelte sich in den **Reichstagswahlen von 1924** wider, in denen die **extremen Parteien** große Erfolge verzeichneten.

Die **Weltwirtschaftskrise** und **Brünings rigoroser Sparkurs** stürzten Millionen Deutsche in Armut und begünstigten den Aufstieg der NSDAP.

Die ruhigen Jahre der Weimarer Republik **(1924–1929)** waren eine **Phase der wirtschaftlichen Stabilisierung.** In den Bereichen Technik, Naturwissenschaften und Medizin erreichte Deutschland sogar Weltniveau. Die **Weltwirtschaftskrise (1929–1933)** stürzte Millionen Deutsche in bittere Armut. Auf ihrem Höhepunkt betrug die Zahl der Arbeitslosen mehr als 6 Millionen. Auch hier wurden ungerechterweise die Folgen der Weltwirtschaftskrise den staatstragenden Parteien bzw. den Regierungen dieser Zeit angelastet. Als Folge verzeichneten die **radikalen Parteien**, vor allem die NSDAP, enorme Stimmengewinne.

**Brünings rigorose Sparmaßnahmen** (1930–1932) diskreditierten den Staat in den Augen vieler Bürger und verstärkten den **Wunsch nach dem „starken Mann"**, der Deutschland auch wirtschaftlich wieder auf „Vordermann" bringen sollte. Insbesondere die Großindustrie versprach sich bei aller Skepsis gegenüber Hitler von einer starken, machtbewussten Außenpolitik neue Impulse.

# Die NS-Wirtschaft: Ziele und Maßnahmen

Alle wirtschaftspolitischen Maßnahmen und Programme hatten im Wesentlichen **drei** große **Ziele**:

- rasche **Schaffung von Arbeitsplätzen** bzw. drastische **Verringerung der Arbeitslosenzahl** und die Beseitigung der wirtschaftlichen und finanziellen Not,
- **propagandistischer Gewinn** für die NSDAP bzw. für Hitler, der sich für politische Ziele ummünzen ließ,
- das langfristige Hauptziel der nationalsozialistischen Wirtschaft bestand jedoch in der **„Wehrhaftmachung"** Deutschlands, die nach Hitlers Vorstellungen 1938 abgeschlossen sein sollte.

Die **NS-Wirtschaftspolitik** hatte drei große Ziele:
- Beseitigung der Not durch Schaffung neuer Arbeitsplätze,
- propagandistischer Gewinn,
- Wehrhaftmachung Deutschlands.

Die beiden ersten Ziele wurden mit folgenden **Maßnahmen** erreicht:

- Der sechsmonatige **Reichsarbeitsdienst** (RAD → S. 72) für alle 18- bis 21-Jährigen, zunächst eine freiwillige NS-Organisation, seit 1935 eine Pflichtorganisation, sorgte dafür, dass ca. 200 000 bis 300 000 junge Männer gegen geringes Entgelt sowie freie Kost und Logis Arbeit erhielten. Sie wurden für diesen Zeitraum dem normalen Arbeitsmarkt entzogen und verbesserten als willkommener Nebeneffekt die Arbeitslosenstatistik.
- **Einführung der allgemeinen Wehrpflicht** (2 Jahre), wodurch (zusammen mit dem RAD) nahezu die gesamte männliche Bevölkerung zwischen 18 und 21 Jahren dem Arbeitsmarkt (und der Arbeitslosenstatistik) entzogen wurde.
- **Staatsaufträge**, wie der **Bau von Autobahnen**, Kasernen, Parteigebäuden, Flugplätzen, Versorgungseinrichtungen, „Denkmälern des neuen Reichs" in Berlin, Nürnberg, München und anderen Großstädten
- Stärkung und **Ausbau des Transportwesens**
- **Aufhebung der KfZ-Steuer**, die das Anwachsen der Autoindustrie begünstigte
- **Förderung des privaten Wohnungsbaus**
- Finanzielle Unterstützung und steuerliche Begünstigung für Investitionen, die zur **Einsparung ausländischer Produkte** führten
- Propagierung der **Rolle der Frau als Mutter** und **„Sachwalterin des Hauses"**, die ihre (völkisch wichtigen) Aufgaben und Fähigkeiten aus nationalsozialistischer Sicht in diesen Bereichen am besten verwirklichen könne; die Arbeit der Frau im außerhäuslichen Bereich galt, von Ausnahmefällen abgesehen, als „untypisch und wesensfremd".

Das übergeordnete und langfristige Ziel der „Wehrhaftmachung" wurde durch die Erschließung neuer Geldquellen und eine Reihe von zielgerichteten Maßnahmen verwirklicht.

**Maßnahmen** zur Erreichung dieser Ziele waren:
- Einführung des Reichsarbeitsdienstes und der allgemeinen Wehrpflicht,
- Staatsaufträge,
- Ausbau des Transportwesen,
- Förderung der Automobilindustrie und des privaten Wohnungsbaus,
- Einsparung ausländischer Produkte,
- Herausziehen der Frauen aus dem Arbeitsmarkt durch Propagierung ihrer Rolle als Mutter und Hausfrau.

## Der Vierjahresplan

Der **Vierjahresplan** von 1936 hatte die **„Wehrhaftmachung" der Wirtschaft** in vier Jahren zum Ziel.

In seiner **geheimen Denkschrift** nannte Hitler die hierfür **erforderlichen Maßnahmen**:
- wirtschaftliche Autarkie,
- Investitionsschwerpunkte: Rüstung, Brennstoff- und Treibstoffindustrie,
- Sicherung notwendiger Rohstoffe,
- Erhöhung der Erzförderung,
- großzügige Förderung von Forschung und Erfindungen.

Vorrangiges Ziel der NS-Wirtschaft war die **„Wehrhaftmachung"**. Sie wurde durch den Vierjahresplan angestrebt, dessen Bevollmächtigter 1936 Göring wurde. Der Rüstungswirtschaft hatten sich jetzt alle anderen wirtschaftlichen Bereiche unterzuordnen. Damit verlor die Wirtschaft insgesamt ihre Eigenständigkeit und wurde zu einem **Mittel der Außenpolitik**, konkret der **Lebensraumpolitik**, die ohne kriegerisches Vorgehen nicht zu verwirklichen war. Die **geheime Denkschrift Hitlers** konkretisierte den Vierjahresplan und legte Folgendes fest:

- Möglichst weitgehende **wirtschaftliche Autarkie** durch die drastische **Verringerung von Importgütern**, die auch im Lande hergestellt werden konnten; die dadurch gesparten Devisen sollten für rüstungstechnisch absolut notwendige Rohstoffimporte, die sich nicht umgehen ließen, ausgegeben werden.
- Die Schwerpunkte der deutschen Wirtschaft sollten der **militärische Sektor** und vor allem die Entwicklung und der Ausbau der **Brennstoff- bzw. Treibstoffindustrie** sein.
- die **Sicherung notwendiger Rohstoffe** „ohne Rücksicht auf Kosten"
- **Erhöhung der deutschen Erzförderung** „auf das Äußerste" ohne Rücksicht auf Kosten
- großzügige **Förderung von Forschung** und von **Erfindungen**, um auf diese Weise entweder Unabhängigkeit oder einen technischen Vorsprung zu erreichen

Als Fazit dieser Maßnahmen forderte Hitler in seiner geheimen Denkschrift innerhalb von vier Jahren die **Einsatzbereitschaft der Armee** und die **Kriegsfähigkeit der deutschen Wirtschaft**. Diese müsse unter dem Aspekt eines bewusst eingeplanten militärischen Konflikts „unverwundbar" sein.

Hitler forderte als Fazit die **Einsatzbereitschaft der deutschen Armee und die Kriegsfähigkeit der deutschen Wirtschaft in vier Jahren**. Entscheidend in diesem Zusammenhang war, dass aufgrund der Erfahrung aus dem Ersten Weltkrieg die Abhängigkeit der Rüstungsproduktion von ausländischen Rohstoffen soweit nur irgend möglich verringert werden sollte. Es galt deshalb, nach den Worten Hitlers, möglichst schnell und ohne Rücksicht auf finanzpolitische Überlegungen eine Wirtschaftspolitik durchzuführen, die bewusst den militärischen Konflikt einkalkulierte und dafür eine unverwundbare Wirtschaft benötigte. **Maßnahmen** dieser Wirtschaftspolitik waren die **staatliche Rohstoffzuweisung**, der **staatlich gelenkte Einsatz von Arbeitskräften**, ein **Preis- und Lohnstopp** und dessen Überwachung durch einen Reichspreiskommissar.

Die **„Unverwundbarkeit" der Wirtschaft** sollte auch mit folgenden Maßnahmen erreicht werden:
- Staatliche Rohstoffzuweisung,
- gelenkter Einsatz von Arbeitskräften,
- gelenkter „Reichsnährstand" (= Landwirtschaft).

In dieses gesamtwirtschaftliche System hatte sich auch die **Landwirtschaft** einzuordnen, da ihr eine wichtige Rolle im Rahmen der „Wehrhaftmachung" zufiel. Deshalb wurde sie vom Staat gefördert, unterlag jedoch seit September 1933 gleichzeitig seiner völligen Kontrolle. Der **staatlich gelenkte „Reichsnährstand"**, dem alle landwirtschaftlichen Betriebe, gleich welcher Größenordnung, angehören mussten, organisierte und überwachte die gesamte Landwirtschaft. Er bestimmte Anbauprodukte, erfasste die Produktion, regelte deren Ablieferung, Verteilung und Verkauf und legte Lieferbedingungen, Handelsspannen und Preise fest.

**HERMANN GÖRING (1893–1946)**

- entstammt einer großbürgerlichen bayerischen Familie
- hochdekorierter Jagdflieger im Ersten Weltkrieg
- tritt 1922 der NSDAP bei und wird bei dem Hitlerputsch schwer verletzt
- hat zahlreiche Ämter inne (preußischer Innenminister und Ministerpräsident, Reichstagspräsident, Reichsminister für die Luftfahrt, Oberbefehlshaber der Luftwaffe, Beauftragter des Vierjahresplans)
- will kurz vor Kriegsende mit den Alliierten Kontakt aufnehmen; Hitler stößt ihn aus der Partei aus, will ihn wegen Hochverrats verhaften lassen
- wird im Nürnberger Kriegsverbrecherprozess zum Tode verurteilt, begeht kurz vor der Hinrichtung Selbstmord

PORTRÄT

## Die Erschließung neuer Geldquellen

Der Vierjahresplan von 1936 leitete die Offensivrüstung ein. Entsprechend schnell stiegen auch die Rüstungsausgaben. Sie betrugen 1938 bereits 20 % des gesamten Volkseinkommens und lagen damit deutlich höher als z. B. in Großbritannien (12 %).

Der Vierjahresplan leitete die **Offensivrüstung** ein.

Das **zentrale Problem der NS-Wirtschaft** bestand darin, ausreichend Geld zum raschen Aufbau der Industrie, speziell der **Rüstungsindustrie,** zu beschaffen, ohne eine Inflation in Gang zu setzen. Dieses Problem löste der Reichsbankminister (1933–1939) und Reichswirtschaftsminister (1934–1937) Hjalmar **Schacht**, die Zentralfigur der nationalsozialistischen Aufrüstung, bereits im Mai 1933 mit Hilfe der **Mefo-Wechsel** in typischer Art und Weise.

Das **Hauptproblem** der NS-Wirtschaft war die Beschaffung von ausreichenden **Geldmitteln für die Industrie**, speziell für die Rüstungsindustrie.

Dieses Problem löste noch 1933 Hjalmar Schacht. Er konzipierte das System der **Mefo-Wechsel**: Zusammenschluss der vier größten Rüstungsbetriebe zur „Metallurgischen Forschungsgesellschaft mit beschränkter Haftung" (Mefo). Diese zahlte mit Wechseln, die die Reichsbank garantierte.

Die Reichsbank, das Reichswehrministerium und vier große Rüstungskonzerne (Krupp, Siemens, Rheinmetall und Deutsche Werke), die zusammen ca. 75% der Rüstungswirtschaft kontrollierten, gründeten 1934 die **„Metallurgische Forschungsgesellschaft m.b.H."** (Mefo). Sie war eine **Scheinfirma** und diente ausschließlich der (gemäß Versailler Vertrag) **verbotenen Finanzierung von Rüstungsausgaben.** Über diese Scheinfirma liefen Rüstungsaufträge, die sie mit Wechseln bezahlte. Diese sollten nach fünf Jahren bei der Reichsbank, die ihren Wert garantierte, eingelöst werden. Sie konnten jedoch auch nach einer mehrmonatigen Sperrfrist sofort bei der Reichsbank eingelöst werden. Dies geschah jedoch praktisch nicht, da dieses Zahlungsmittel nahezu ausschließlich an Firmen ging, die vom rüstungstechnisch bedingten Aufschwung direkt profitierten und es deshalb vermieden, Skepsis gegenüber derartigen Praktiken zu zeigen.

Diese **Nebenwährung in Höhe von 12 Mrd. Reichsmark** wurde in militärische Schlüsselindustrien investiert und trug dadurch auch zur **wirtschaftlichen Aufwärtsentwicklung** bei.

Auf diese Weise wurde **bis April 1938**, als die Mefo-Wechsel durch andere kurzfristige Papiere ersetzt wurden, eine **Nebenwährung von ca. 12 Mrd. Reichsmark** geschaffen, die vor allem für die Erprobung und Produktion in **Schlüsselindustrien** (Eisen-, Stahlerzeugung, Auto-, Flugzeug- und Maschinenbau) investiert wurde, ohne dass sie den normalen Finanzhaushalt belastete. Diese Investitionen waren nicht nur die Voraussetzung für die militärische Wiedererstarkung, sie schufen auch Arbeitsplätze und trugen dadurch zur **wirtschaftlichen Aufwärtsentwicklung** bei.

Allerdings profitierte die NS-Wirtschaft sehr stark davon, dass Hitler die Macht auf dem Höhepunkt der Weltwirtschaftskrise (→ S. 20) übernommen hatte und statistisch signifikante Veränderungen deshalb rasch zu erzielen waren.

## Die Bewertung der NS-Wirtschaftspolitik

Die **Bewertung der NS-Wirtschaftspolitik ist sehr unterschiedlich.** Betrachtet man sie nur unter dem Aspekt von Produktionszahlen, Wirtschaftswachstum, technologischem Fortschritt etc. kommt man zu einem anderen Ergebnis, als wenn man die einseitige Ausrichtung auf Rüstung und Krieg betrachtet.

Die **sozialpolitischen Maßnahmen** der Nationalsozialisten (Reichsarbeitsdienst, Bau der Autobahnen, die geplante „Volksmotorisierung", staatlich organisierte Freizeit etc.) vermittelten den Eindruck, der neue Staat kümmere sich vor allem um die sozial Schwachen. Das Informationsmonopol, die massive Propaganda, die oft mit **geschönten Zahlen und Statistiken** arbeitete, und permanente Appelle an die Volksgemeinschaft verhinderten, dass die Deutschen die Schattenseiten der nationalsozialistischen Wirtschaft sahen. Vor dem Hintergrund der Weltwirtschaftskrise glaubten viele Deutsche an das Wirtschaftswunder der neuen Machthaber. Statistiken widerlegen jedoch die von der nationalsozialistischen Propaganda in die Welt gesetzte **Mär von der erfolgreichen Wirtschaft**. Die Stundenlöhne der Facharbeiter sanken z.B. zwischen 1929 und 1939 um ca. 20%, die Konsummöglichkeiten blieben niedrig und der Lebensstandard erreichte bis 1939 nicht den von 1929.

Die **Bewertung** der NS-Wirtschaft ist in der Literatur sehr **uneinheitlich**, da je nach Standpunkt unterschiedliche Kriterien angewandt oder gleiche Kriterien anders gewichtet werden. Betrachtet man sie lediglich unter dem Aspekt von Produktionszahlen, Wirtschaftswachstum, Entstehung neuer Industriezweige, technologischem Fortschritt und Bekämpfung der Arbeitslosigkeit, so wird man zu einer anderen Einschätzung kommen, als wenn man die einseitige Ausrichtung der Wirtschaft auf die Rüstung und damit letztendlich auf den Krieg in den Mittelpunkt stellt.

Folgende **Bewertungskriterien** sind unabhängig von der jeweiligen Ausgangsposition mit einzubeziehen:

- Bei Amtsantritt Hitlers 1933 war der Höhepunkt der Weltwirtschaftskrise bereits überschritten.
- Hitler kam es in der **Anfangsphase** ausschließlich auf **kurzfristige, propagandistisch verwertbare Erfolge** an. Viele Maßnahmen waren volkswirtschaftlich wenig sinnvoll (z.B. der Bau der Autobahnen) und dienten der propagandistischen Selbstdarstellung oder militärischen Zwecken.
- Die **NS-Wirtschaft** hatte zu keiner Zeit Eigenständigkeit, sie war immer nur ein **Mittel der Machtstabilisierung und der Außenpolitik.**
- Sie war die **Grundlage der Wehrhaftmachung** und damit die entscheidende **Voraussetzung für den Krieg**. Deshalb war sie der aggressiven Außenpolitik Hitlers untergeordnet und von deren Ergebnis abhängig.
- Wirtschaft bedeutete **Rüstungswirtschaft** mit angegliederten, aufgrund ihrer Bedeutung jedoch absolut sekundären Versorgungsbereichen.
- Der **Vierjahresplan**, dem sich alles unterzuordnen hatte, steigerte die Zunahme der **Investitionen nur im Rüstungssektor**, im Versorgungsbereich stagnierten sie oder gingen sogar zurück.
- Die **Vorrangigkeit der Rüstungspolitik und der außenpolitischen Ziele** erzeugte eine ausgeprägte Grundsatzlosigkeit in der langfristigen Planung der anderen Wirtschaftsbereiche.
- Der **wirtschaftliche Aufschwung**, ausgelöst durch den Rüstungsboom, kam zum größten Teil und fast ausschließlich **Großunternehmen** zugute. Die Arbeitslöhne z.B. stiegen prozentual wesentlich langsamer als die Gewinne der Großindustriellen.
- **Löhne und Gehälter stagnierten** in vielen Bereichen auch nach der Vollbeschäftigung auf dem Tiefstand von 1932. Nationale Appelle an die Deutschen überdeckten die Tatsache, dass der Lebensstandard des gesamten Volkes von 1928 im Dritten Reich nicht erreicht wurde.

**Bewertungskriterien der NS-Wirtschaftspolitik:**
- Hitler kam es (bis 1936) vor allem auf **kurzfristige, propagandistisch verwertbare Erfolge an.**
- Die NS-Wirtschaftspolitik war ausschließlich ein **Mittel der Außenpolitik.**
- Sie war die entscheidende **Voraussetzung für den Krieg.**
- Die Vorrangigkeit der Rüstungspolitik bewirkte eine ausgeprägte **Grundsatzlosigkeit in anderen Wirtschaftsbereichen.**
- Der wirtschaftliche Aufschwung kam nur Großunternehmen zugute. **Die Masse des Volkes profitierte nicht**: Löhne und Gehälter stagnierten, der Lebensstandard von 1928 wurde im Dritten Reich nicht erreicht.

## Fazit

Fazit: Bei vordergründiger Betrachtung kann der Eindruck entstehen, die NS-Wirtschaftspolitik sei sehr erfolgreich gewesen. Dagegen ist jedoch einzuwenden: Sie war nur auf **kurzfristige Erfolge** ausgelegt, es existierte **keine sinnvolle langfristige Planung**. Aufgrund der Überbetonung der Rüstungsindustrie war die NS-Wirtschaftspolitik langfristig sehr **riskant und ruinös**. Sie hätte nur funktionieren können, wenn der Krieg gewonnen worden wäre.

Bei vordergründiger Betrachtung und Auswertung der Statistiken kann der Eindruck entstehen, dass die NS-Wirtschaft außerordentlich erfolgreich und gesund gewesen sei. Der Historiker Sebastian Haffner spricht in diesem Zusammenhang von einem „Wirtschaftswunder" und bezeichnete sie als „eine der positiven Leistungen" Hitlers. Dieser Begriff, so umstritten er ist, kann jedoch nicht darüber hinwegtäuschen, dass die Wirtschaft letztendlich nur einem Ziel diente, nämlich **„den Krieg im Frieden vorzubereiten"**. Durch die Errichtung der Autobahnen und die Beseitigung der Massenarbeitslosigkeit setzte das Regime ein außerordentlich wirksames Unternehmen in Szene. Es war so erfolgreich, dass die **Legende von Hitlers „genialer Schöpfung"** teilweise bis heute existiert. Dagegen ist jedoch einzuwenden:

- Im Gegensatz zu allgemein anerkannten wirtschaftspolitischen Grundsätzen kam es Hitler nur auf **kurzfristige Erfolge** an, nicht jedoch auf eine rationelle, mittelfristige oder gar langfristige wirtschaftliche Planung.
- Generell ist eine **ausgeprägte Grundsatzlosigkeit in der langfristigen wirtschaftlichen Planung** festzustellen. Diese ergab sich aus der Vorrangigkeit der Rüstungspolitik und der außenpolitischen Ziele.
- Volkswirtschaftlich gesehen war die einseitige **Bevorzugung der Rüstungsindustrie** und die Unterordnung der anderen Wirtschaftszweige auf längere Zeit gesehen **ruinös**. Die NS-Wirtschaftspolitik hätte nur dann funktionieren können, wenn die Spekulation auf einen gewonnenen Krieg oder auf die Vorherrschaft in Europa Realität geworden wären.

# Die nationalsozialistische Wirtschaftspolitik

Die nationalsozialistische Wirtschaftspolitik hatte **drei** wesentliche **Ziele**:
1. Die rasche **Schaffung von Arbeitsplätzen,**
2. die Reduzierung der Arbeitslosigkeit und v.a. den damit verbundenen **propagandistischen Gewinn** und
3. die **„Wehrhaftmachung"** Deutschlands.

Die schnelle **Reduzierung der Arbeitslosigkeit** wurde mit folgenden **Maßnahmen** angestrebt und erreicht: Einführung des obligatorischen sechsmonatigen **Reichsarbeitsdienstes** und der allgemeinen zweijährigen **Wehrpflicht**. Dadurch wurde fast die gesamte männliche Bevölkerung zwischen 18 und 21 Jahren dem Arbeitsmarkt (und der Arbeitslosenstatistik) entzogen.

**Weitere Maßnahmen** waren Staatsaufträge (Autobahnen, Kasernen, Parteigebäude etc.), der Ausbau des Transportwesens, die Begünstigung der Autoindustrie, die Förderung des privaten Wohnungsbaus, die intensive Förderung von Forschungs- und Entwicklungsprojekten, die Importe ersparen und das Deutsche Reich in wichtigen Bereichen autark (wirtschaftlich unabhängig) machen sollten sowie die Propagierung der Rolle der Frau als Mutter und „Sachwalterin" des Hauses. Dadurch wurde der Großteil der Frauen der Arbeitswelt entzogen.

Mit dem **Vierjahresplan von 1936** begann die **„Wehrhaftmachung"** durch eine auf Krieg ausgerichtete **Offensivrüstung**. In seiner **geheimen Denkschrift** konkretisierte Hitler den Vierjahresplan durch klare Angaben zu Rüstung, Importen, Brenn- und Treibstoffindustrie, deutsche Erzförderung sowie Förderung rüstungsrelevanter Forschung und Erfindungen.

Das **zentrale Problem** der NS-Wirtschaftspolitik war die **Beschaffung von Geldmitteln** zur Finanzierung der laut Versailler Vertrag verbotenen Aufrüstung. Dieses Problem löste der Reichsbankpräsident und Reichswirtschaftsminister Hjalmar Schacht 1933 durch die **Mefo-Wechsel**.

Die Reichsbank, das Reichswehrministerium und die vier größten Rüstungsunternehmen Krupp, Siemens, Rheinmetall und Deutsche Werke gründeten 1934 die **Scheinfirma „Metallurgische Forschungsgesellschaft m.b.H."**. Sie bezahlte Rüstungskosten mit Wechseln, die die Reichsbank garantierte und die erst in fünf Jahren eingelöst werden sollten. Dadurch wurde eine **Nebenwährung (Scheinwährung)** in Höhe von **12 Mrd. Reichsmark** geschaffen, die ausschließlich in den Rüstungssektor floss.

Die **Bewertung der NS-Wirtschaftspolitik** ist unterschiedlich. Unter rein statistischen Gesichtspunkten war sie „erfolgreich". Jedoch überwiegen andere Aspekte: Die NS-Wirtschaft war immer nur **Mittel zum (außenpolitischen) Zweck**, nie eigenständig; sie bedeutete seit 1936 **Rüstungswirtschaft** mit angegliederten Versorgungsbereichen; der wirtschaftliche Aufschwung kam nur dem Rüstungssektor und Großindustriellen, nicht aber dem Volk zugute. Entscheidend ist, dass die NS-Wirtschaftspolitik **nicht langfristig plante** und damit auf längere Sicht **ruinös** war.

### Hitlers außenpolitischer Stufenplan

Deutschlands Weltmachtstellung wollte Hitler in vier Stufen realisieren: 1. Erringung und Stabilisierung der Macht im Inneren; 2. Hegemonie in Europa; 3. Gewinnung eines kolonialen „Ergänzungsraums" in Afrika; 4. Entscheidungskampf um die Weltherrschaft mit den USA.

### Das Konkordat

(Deutsches Reich – Vatikan, 20.7.1933) brachte beiden Seiten Vorteile: Es garantierte der katholischen Kirche Bestand und Eigenständigkeit. Für Hitler bedeutete der erste Staatsvertrag Anerkennung und Prestigegewinn bei den Katholiken.

### Hitlers zweigleisige Außenpolitik

Sie zeigte bereits seine erste außenpolitische Erklärung (17.5.1933). Obwohl er Anfang Februar 1933 den Befehlshabern der Reichswehr seine Kriegsabsicht erklärt hatte, versprach er nun dem Ausland die Einhaltung des Versailler Vertrags und das friedliche Zusammenleben Deutschlands mit den anderen Nationen.

### Austritt aus dem Völkerbund (19.10.1933)

Hitler provozierte ihn mit der unrealistischen Forderung nach militärischer Gleichberechtigung. Die französische Ablehnung bewertete er als „Beleidigung des deutschen Volkes" und Deutschland verließ den verhassten Völkerbund.

## Die erste Phase der NS-Außenpolitik 1933 – 1936

### Der deutsch-polnische Nichtangriffspakt (26.1.1934)

Dieser war angesichts Hitlers Lebensraumpolitik überraschend. Hitler befürchtete einen Präventivschlag des bis 1937 militärisch überlegenen Frankreich und wollte sich durch diesen Pakt bei einer Auseinandersetzung mit Frankreich den Rücken freihalten.

von rechts: Hans-Adolf von Moltke, Józef Piłsudski, Joseph Goebbels und Józef Beck

### Die Abstimmung an der Saar (13.1.1935)

Laut Versailler Vertrag entschieden sich die Saarländer mit fast 91 % für den Anschluss an Deutschland, was die NS-Propaganda als Zustimmung der Saarländer zum „neuen Deutschland" bejubelte.

### Einführung der allgemeinen Wehrpflicht (16.3.1935)

Sie verstieß gegen den Versailler Vertrag. Auf der Stresa-Konferenz konnten sich Großbritannien, Frankreich und Italien nicht auf Sanktionen einigen. Auch der Völkerbund protestierte nur halbherzig.

### Das Deutsch-britische Flottenabkommen (18.6.1935)

Es zeigte die Uneinigkeit der Stresa-Front. Es regelte das Kräfteverhältnis: Deutschland durfte 35% der britischen Schiffsstärke und 45% der britischen U-Boote besitzen.

# 7 Die nationalsozialistische Außenpolitik

**Besetzung des entmilitarisierten Rheinlandes (7.3.1936)**
Sie verstieß gegen den Versailler Vertrag. Hitler kaschierte sie mit einer Friedensbeteuerung im Reichstag. Da Großbritannien Sanktionen verhinderte, sah Hitler fortan die Westmächte als pazifistisch-schwächlich an und ging davon aus, dass seine Politik der vollendeten Tatsachen risikolos sei. Diese unzutreffende Einstellung bestimmte seine künftige Außenpolitik maßgeblich.

**Die „Achse Berlin-Rom“,**
von Hitler und Mussolini am 25.10.1936 beschlossen, war ein Kooperationsvertrag zwischen Deutschland und Italien.

**Der Antikominternpakt**
zwischen dem Deutschen Reich und Japan (25.11.1936) richtete sich gegen die UdSSR. Im folgenden Jahr trat ihm Italien bei.

**Den Anschluss Österreichs (12.3.1938)**
erzwang Hitler durch Drohungen. Kanzler Schuschnigg übergab deshalb die Regierung an Seiß-Inquart, den Führer der österreichischen DNSAP, auf dessen Bitte hin Hitler Österreich „heim ins Reich“ holte. Die Westmächte protestierten verhalten.

**Das Memelland „kehrt heim ins Reich“ (22.3.1939)**
Litauen versprach sich vom Deutschen Reich Schutz gegenüber der UdSSR und gab das Memelland, das bis zum Versailler Vertrag zu Deutschland gehört hatte, freiwillig zurück.

## Die zweite Phase der NS-Außenpolitik 1936 – 1939

**Die Münchner Viermächtekonferenz (29./30.1938),**
an der Großbritannien, Frankreich, Deutschland, Italien beteiligt waren, kam auf Initiative Mussolinis zustande, da Hitler die Sudetenfrage verschärfte und mit Krieg drohte. Die Teilnehmer legten ohne Beteiligung der Tschechoslowakei die Abtretung des Sudetenlandes an das Deutsche Reich fest.

**Die Annexion Tschechiens (16.3.1939)**
Diese erreichte Hitler durch massive Kriegsdrohungen gegenüber der Tschechoslowakei. Nach deren Besetzung wurden Böhmen und Mähren als „Protektorat“ Teil des Deutschen Reichs, die Slowakei wurde ein Satellitenstaat.

**Der Hitler-Stalin-Pakt (23.8.1939)**
Hitler brauchte Stalin, um einen Zweifrontenkrieg zu vermeiden. Er forcierte deshalb die Verhandlungen mit dem ideologischen Hauptfeind und erreichte den deutsch-sowjetischen Nichtangriffspakt. Im geheimen Zusatzprotokoll legten die beiden ihre Interessen in Polen und Osteuropa fest. Der Pakt brachte beiden Seiten große Vorteile und ermöglichte Hitler den Krieg.

**Die „Entfesselung“ des Zweiten Weltkriegs (1.9.1939)**
bewirkte Hitler durch den angeblichen Überfall polnischer Soldaten auf den deutschen Radiosender Gleiwitz.

KURZINFO

# 7 Die nationalsozialistische Außenpolitik

- Die Kontinuität der politischen Forderungen und der territorialen sowie machtpolitischen Ziele vom Kaiserreich bis zum Dritten Reich ist unübersehbar.
- Für Hitler war der Krieg von Anfang an eingeplant. Er bedeutete „Brechen von Widerstand unter Risiko“ und hatte einen Auslesecharakter im Bereich der Völker. Diese Einstellung und die systematische Planung und Realisierung des Krieges machen den 30. Januar 1933 zu einer Zäsur.
- Hitlers außenpolitisches Konzept sah den Aufstieg Deutschlands zur Weltmacht in vier Stufen vor.
- Die Radikalität der Außenpolitik Hitlers war erkennbar.
- Die NS-Außenpolitik zerfällt in zwei Phasen. Die erste (1933–1936) war gekennzeichnet von einer Mischung aus Vertragspolitik und Verstößen gegen den Versailler Vertrag; die zweite (1936–1939) von einer aggressiven Außenpolitik und der gezielten Vorbereitung des Krieges.

## Kontinuität und Diskontinuität der deutschen Außenpolitik

### Die NS-Außenpolitik aus der Sicht der Zeitgenossen

Das außenpolitische Hauptziel aller Regierungen der Weimarer Republik war die **Revision des Versailler Vertrags.** Deshalb ist die **Kontinuität** das offensichtliche Charakteristikum der deutschen Außenpolitik von 1918 bis 1939.

Die Außenpolitik der Weimarer Republik, gleichgültig von welchen Politikern und Parteien sie bestimmt wurde, sah ihr wesentliches Ziel darin, durch Revision eine „Entschärfung“ oder gar eine völlige **Aufhebung des Versailler Vertrages** zu erreichen. Diese kontinuierlich verfolgte Politik geht von Rapallo (1922) über Locarno (1925), den Eintritt in den Völkerbund (1926), den deutsch-sowjetischen Vertrag (1926), den Forderungen der Kanzler Brüning, von Papen und Schleicher bis hin zu Hitler. Aus diesem Grunde muss für Zeitgenossen und auch für ausländische Beobachter die **Kontinuität** das hervorstechendste Charakteristikum der deutschen Außenpolitik von 1918 bis 1939 gewesen sein.

### NS-Außenpolitik aus der Retrospektive

Nach dem Zweiten Weltkrieg behandelten Historiker zunächst Epochen des 19. und 20. Jahrhunderts weitgehend isoliert und stellten deren Charakteristika heraus (Bismarck-Zeit, Wilhelminische Ära, Weimarer Republik und Drittes Reich). Kontinuitätslinien, die „Hitlers Ort in der Geschichte des preußisch-deutschen Nationalstaates“ [15] offenlegten und die deutlich machten, dass die Weimarer Republik und vor allem das Dritte Reich ihre Wurzeln, besonders die ihrer Außenpolitik, im Kaiserreich hatten, wurden in einem emotional stark aufgeheizten Klima (Kriegsschuld, Kollektivschuld, Re-education, Entnazifizierung) unterdrückt.

Aus heutiger Sicht erweist sich diese **Kontinuität der politischen Forderungen sowie der territorialen und machtpolitischen Ziele** als unbestreitbar. Betrachtet man jedoch speziell die Mittel und Methoden der NS-Außenpolitik, dann ist ein Bruch festzustellen. Hitlers Lebensraumpolitik kalkulierte den Krieg bzw. (wie er ihn umschrieb) das „Brechen von Widerstand unter Risiko“ als feste Größe, als „normales“ und „natürliches“ politisches Mittel von Anfang an ein und betonte ideologisch dessen **Auslesecharakter** im Bereich der Völker und Nationen. Hitler forcierte die Eskalation politischer Verhältnisse bewusst und **plante und realisierte den Krieg systematisch.** Deshalb muss der **30. 1. 1933** heute unter dem **Aspekt der außenpolitischen Mittel und Methoden** als **Zäsur** betrachtet werden, auch wenn die Neuartigkeit, die Radikalität dieser Politik von den in- und ausländischen Zeitgenossen nicht erkannt werden konnte und in den Fünfzigerjahren nicht offengelegt wurde, entweder aus emotionalen Gründen oder weil der Vorwurf der „Nestbeschmutzung“ vermieden werden sollte.

**Kontinuität** wird auch deutlich, wenn man die **Außenpolitik des Kaiserreiches** mit der des Dritten Reiches vergleicht. Die Gemeinsamkeiten bezüglich der politischen Forderungen, der territorialen und machtpolitischen Ziele sind deutlich.

Allerdings machen **Hitlers Einstellung zum Krieg** (normales, natürliches Mittel, Auslesecharakter), die gezielte Kriegspolitik und die außenpolitischen Mittel und Methoden den 30.1.1933 zu einer **Zäsur**.

## Außenpolitische Positionen vor 1933

Wie im Bereich der Ideologie bildete den harten Kern der Außenpolitik Hitlers ein Konglomerat von Positionen, die bereits vor 1918 vorhanden waren und in der deutschen Außenpolitik danach eine wichtige Rolle spielten:

- **Wilhelminisch-imperialistische Kreise** hatten seit 1890 eine starke **hegemoniale Stellung Deutschlands** auf dem Kontinent angestrebt und wollten dann nach Übersee ausgreifen, um die europäische Hegemonialmacht durch den Erwerb von **Kolonien** zur Weltmacht auszubauen. Für einen derartig „beschränkten Horizont“ hatte Hitler nur beißenden Spott übrig, da seine Ziele von Anfang an weit über derartige Programmpunkte hinausgingen.
- **Rassendogmatiker**, die Blut, Boden und völkisches Gedankengut als Ausgangspunkt und Grundlage ihrer Außenpolitik betrachteten. Die wesentliche Voraussetzung für die angestrebte Größe Deutschlands sahen sie in der Notwendigkeit der Einigung mit dem „germanischen“ und deshalb hochwertigen England und in der **Eroberung des rassisch minderwertigen Ostens.**
- Das „Trauma“ des verlorenen Krieges („Einkreisung“, „böswillige Neider“, „Karthagofriede“, „Dolchstoßlegende“) und die daraus erwachsene **Revisionspolitik aller Kabinette der Weimarer Republik.**

Den harten **Kern der NS-Außenpolitik** bildeten drei Positionen, die bereits vor 1933 eine große Rolle gespielt hatten:
- Das **Kolonial- und Weltmachtstreben** wilhelminisch-imperialistischer Kreise,
- die **Eroberung des rassisch „minderwertigen Ostens“**,
- die **Revisionspolitik** aller Kabinette der Weimarer Republik.

## Hitlers außenpolitischer Stufenplan

Die NS-Außenpolitik wurde von Hitlers Vorstellung geprägt, dass Deutschland entweder **Weltmacht** werden oder in der **Bedeutungslosigkeit** versinken würde.

Hitlers außenpolitisches Konzept sah den **Aufstieg Deutschlands zur Weltmacht** in vier Stufen vor:
1. Ausbau der Macht im Inneren als Voraussetzung für eine starke Außenpolitik
2. Erringung der Hegemonie in Zentraleuropa
3. Gewinnung eines kolonialen „Ergänzungsraums" in Afrika und Aufstieg zu einer der vier Weltmächte (USA, Großbritannien, Japan, Deutschland),
4. Entscheidungskampf um die Weltherrschaft zwischen den USA und Deutschland.

Hitler ging in seiner Außenpolitik von der Maxime aus, dass Deutschland entweder Weltmacht oder gar nicht sein werde. Den **Aufstieg zur Weltmacht** wollte er in **vier Stufen** realisieren:

1. **Erringung der Macht im Inneren** und ihre Stabilisierung als Voraussetzung für eine machtbewusste Außenpolitik;
2. **Hegemonie in Zentraleuropa** durch ein Kontinentalimperium mit einem festen machtpolitischen und „wehrwirtschaftlichen" Rückhalt im „europäischen Ostraum";
3. danach **Gewinnung eines kolonialen „Ergänzungsraums"** in Afrika bei gleichzeitigem Aufbau einer starken Flotte; dadurch sollte **Deutschland eine der vier Weltmächte** neben den USA, dem britischen Empire und Japan werden.
4. Für die folgende Generation erwartete Hitler einen **Entscheidungskampf um die Weltherrschaft zwischen** den beiden bedeutendsten Weltmächten **USA und Deutschland.** Hierfür sollte die Neutralität Japans durch das Zugeständnis einer östlichen Interessensphäre und nach Möglichkeit ein Bündnis mit dem „germanischen" England erreicht werden.

Für diesen „gewaltigen Kampf der Kontinente" galt es, so Hitler, in seiner Zeit dem zu errichtenden „Germanischen Reich Deutscher Nation" die notwendige „großräumige" Voraussetzung zu schaffen, ohne die Deutschland unvermeidlich zur machtpolitischen Bedeutungslosigkeit verurteilt sei. Deutlich sind also die **zwei Phasen der Außenpolitik** voneinander abgegrenzt: Die erste ist traditionell imperialistisch und machtpolitisch und entspricht in ihren Zielen dem Wilhelminischen Weltmachtstreben: **Beherrschung Europas** und Ausbau eines blockadefesten Großraums unter deutscher Hegemonie vom Atlantik bis zum Ural als Basis eines Weltreichs. Die zweite Phase (Übergreifen nach Übersee mit dem **Entscheidungskampf gegen die USA um die Weltherrschaft**) ist ausschließlich geprägt von Hitlers utopischen Wunschträumen.

Dieser **Stufenplan**, der in seiner Entwicklung **bis 1925 völlig abgeschlossen** war und von da an nicht mehr verändert wurde, stellte eine völlige Abkehr von allem bisher Dagewesenen dar. In dieser Konzeption spielte **England** die **zentrale Rolle.** Mit dessen Kriegseintritt, den Hitler bis zuletzt als unwahrscheinlich angesehen hatte, und vor allem mit dem Kriegseintritt der USA war das Programm nicht mehr wie geplant durchzuführen. Beide Phasen fielen nun zusammen. Damit war Hitlers Außenpolitik trotz anfänglicher Erfolge langfristig zum Scheitern verurteilt.

## War die Radikalität der Außenpolitik Hitlers erkennbar?

In seinem Buch **„Mein Kampf"** finden sich zahlreiche **konkrete Aussagen und Bekenntnisse** zu einer auf Krieg basierenden **unverhüllten Expansionspolitik**. Die entscheidenden ideologischen Triebkräfte Hitlers, Rassen- und Lebensraumpolitik, werden ebenso deutlich postuliert wie die Vernichtung des Judentums im Zusammenhang mit der Zerschlagung der bolschewistischen UdSSR. Deshalb war Hitlers **außenpolitisches Programm** und auch die hierfür beschriebenen Mittel und Methoden **für jeden erkennbar**, der lesen konnte und erkennen wollte.

Darüber hinaus verkündete Hitler in zahlreichen Reden, Erklärungen und Gesprächen auch nach dem 30. Januar 1933 sein Programm und die anzuwendenden Mittel. Vor allem die Führungsspitze der Reichswehr wurde frühzeitig vom Führer höchstpersönlich über dessen außenpolitische Ziele unmissverständlich informiert. So erörterte er bereits wenige Tage nach der Machtüberlassung, am **3. Februar 1933**, vor den Befehlshabern der **Reichswehr** die Frage, wie die politische Macht, basierend auf innerer Stabilität und militärischer Stärke, genutzt werden sollte. Als eine Möglichkeit nannte er „vielleicht die Erkämpfung neuer Exportmöglichkeiten", um dann jedoch sofort sein Hauptziel in den Vordergrund zu stellen: „[...] vielleicht – und wohl besser – **Eroberung neuen Lebensraums im Osten und dessen rücksichtslose Germanisierung.**"[16] Sicherlich muss das abschwächende „vielleicht" nicht überbewertet werden, denn eine echte Alternative zwischen beiden Möglichkeiten existierte für Hitler zu keinem Zeitpunkt. Die Abschwächung ergab sich vermutlich aus dem Bestreben, die hohen Offiziere nicht vom ersten Tag an vor vollendete Tatsachen zu stellen. Auch den Krieg als Mittel zur Verwirklichung seines Programms sprach Hitler in diesem Vortrag sehr deutlich an: Er sei sicher, so führte er aus, „dass erst mit politischer Macht und Kampf die jetzigen wirtschaftlichen Zustände verändert werden können".

Noch deutlicher beschrieb er am **5. November 1937** seine außenpolitischen Ziele in einer Unterredung mit dem Reichskriegsminister, dem Reichsaußenminister und den Oberbefehlshabern der Wehrmacht (**„Hoßbach-Protokoll"**). Er stellte u. a. fest:

- Ziel der deutschen Politik sei die Sicherung und Erhaltung der Volksmasse und deren Vermehrung.
- Somit handele es sich um das Problem landwirtschaftlich nutzbaren Raums.
- Man müsse davon ausgehen, dass jede **Raumerweiterung** nur durch das **„Brechen von Widerstand und unter Risiko"** vor sich gehe. Dies habe die Geschichte aller Zeiten bewiesen.
- Hitler erläuterte ferner, ausgehend von dem als grundlegend angesehenen Prinzip „Anwendung von Gewalt unter Risiko", das „wann" und „wie" eines derartigen Vorgehens: Die Chance einer Lösung dieses Problems verschlech-

Die Radikalität der Hitler'schen Außenpolitik war erkennbar:
- **„Mein Kampf"** enthielt zahlreiche konkrete Aussagen und Bekenntnisse zu einer unverhüllten Expansionspolitik.
- 3.2.1933: Hitler erläuterte der **Reichswehrführung** seine außenpolitischen Ziele und Methoden.
- Laut **„Hoßbach-Protokoll"** (5.11.1937) terminierte Hitler vor der Führung der Reichswehr den Krieg.
- **Reden und Erklärungen** der NS-Führung
- die zunehmend **aggressive Außenpolitik**

tere sich aufgrund des schwindenden Rüstungsvorsprungs gegenüber den europäischen Großmächten nach 1943/45. Sollte der Erbfeind Frankreich in eine innenpolitische Krise geraten oder gar in eine militärische Auseinandersetzung verwickelt werden, sei der **ideale Zeitpunkt eines Krieges vor 1943/45** gegeben.

## Die entscheidende Frage

Gründe, warum die Radikalität Hitlers nicht erkannt oder unterschätzt wurde:
- Die **Kontinuität der deutschen Außenpolitik;**
- **„Mein Kampf"** war mühsam zu lesen und wurde oft als **Propaganda des Oppositionspolitikers Hitler** angesehen.
- Die Deutschen waren an heroische Forderungen und markige Worte gewöhnt.
- Die **zweigleisige Außenpolitik** (politische Verstöße gegen den Versailler Vertrag werden von Friedensbeteuerungen begleitet) verschleierte Hitlers Kriegsabsichten.

**Warum wurde Hitler als skrupelloser Außenpolitiker nicht erkannt oder nicht treffend eingeschätzt?**

Hierfür gibt es eine Reihe von **Erklärungen**:

- Eine wichtige Rolle spielte die bereits erwähnte **Kontinuität der deutschen Außenpolitik.**
- Viele Leser von **„Mein Kampf"** beschäftigten sich mit dem 12. und 13. Kapitel des Buches (Außenpolitik) nicht intensiv, da es aufgrund seines assoziativen Aufbaus, seiner sprunghaften Darstellung und seiner oft abstrusen Gedanken **schwer zu verstehen** ist.
- Vielfach wurde **„Mein Kampf" als massive Propaganda des Oppositionspolitikers Hitler** betrachtet, dem man in dieser Funktion kräftige Worte und markige Parolen zubilligte, ohne allzu genau auf ihren Sinngehalt zu achten.
- Aufgrund ihrer **Gewöhnung an heroische Forderungen** neigten viele Deutsche dazu, die Ideen Hitlers nicht so ernst zu nehmen, da schließlich, wie die tägliche Erfahrung zeige, die Realität extreme Ideen oder Pläne mildere und abschwäche.
- Hitlers außenpolitisches Programm, seine Mittel und Methoden **widersprachen derart allen Traditionen** deutscher bzw. europäischer Außenpolitik, dass die Radikalität vielen überhaupt nicht klar wurde. Hitler war mit den bisherigen Maßstäben, mit denen europäische Staatsmänner gemessen wurden, sowohl im Inland wie im Ausland nur schwer einzuschätzen.
- Entscheidend bis zum Ausbruch des Weltkrieges war wohl, dass Hitler von Anfang an mit einer sehr geschickten und wirksamen **Verschleierungstaktik** eine **zweigleisige Außenpolitik** betrieb. Seine außenpolitischen „Erfolge" begleitete er meist beschwichtigend mit öffentlichen Friedensbeteuerungen und grundsätzlicher Friedfertigkeit. Allgemein glaubte man, derartige Beteuerungen eines Staatsmannes nicht bezweifeln zu dürfen. Auch im Ausland ging man bis zum Frühjahr 1939 davon aus, dass Hitler die ungeschriebenen Spielregeln traditioneller internationaler Politik und Diplomatie beachten werde.

# Die erste Phase der NS-Außenpolitik (1933–1936)

## Hitlers Reichstagsrede vom 17.5.1933

Diese erste außenpolitische Erklärung Hitlers vor dem Reichstag hatte wie auch zahlreiche andere Reden die **Funktion, die wahren Absichten Hitlers zu verschleiern.** So erklärte er u.a., er respektiere „die nationalen Rechte auch der anderen Völker", er bzw. Deutschland wolle „aus tiefinnerstem Herzen mit ihnen in Frieden und Freundschaft leben ... Wir haben keinen sehnlicheren Wunsch als den, beizutragen, dass Wunden des Krieges und des Versailler Vertrages endgültig geheilt werden, und Deutschland wird dabei keinen anderen Weg gehen als den, der durch die Verträge selbst als berechtigt anerkannt wird". Ferner erklärte er, die deutsche Regierung wünsche, „sich über alle schwierigen Fragen politischer und wirtschaftlicher Natur mit den anderen Nationen friedlich und vertraglich auseinander zu setzen. Sie weiß, dass jeder militärische Akt in Europa auch im Falle seines vollständigen Gelingens, gemessen an seinen Opfern, in keinem Verhältnis steht zum möglichen endgültigen Gewinn."[17] Hitlers doppeltes Spiel, seine zweigleisige Außenpolitik, wird bereits in dieser frühen Phase deutlich, wenn man seine Ansprache vom 3. Februar vor Reichswehrgenerälen in Betracht zieht (→ S. 103), in der er seine Eroberungspläne und den Krieg als politisches Mittel unmissverständlich zum Ausdruck brachte.

In seiner ersten außenpolitischen Erklärung vor dem Reichstag (17.5.1933) **gab Hitler sich friedliebend und staatsmännisch**. Er versprach u.a. die Einhaltung des Versailler Vertrags und das friedliche Zusammenleben der deutschen Nation mit den anderen.
Diese Rede markiert den **Beginn seiner zweigleisigen Außenpolitik**.

## Das Konkordat mit dem Vatikan (20.7.1933)

Der **Vatikan** befürchtete einen angesichts der fortschreitenden Gleichschaltungsbestrebungen des NS-Regimes drohenden **Kirchenkampf**. Deshalb gab der Heilige Stuhl die politischen Organisationen des Katholizismus (Zentrum und Bayerische Volkspartei) preis und versuchte, durch das **Konkordat** vom 20.7.1933 die **Eigenständigkeit der katholischen Kirche** zu erhalten. Die Kirche verpflichtete sich zur **Neutralität gegenüber dem NS-Staat** und erhielt dafür **Besitzstandsgarantien.** Dazu gehörten u.a. z.B. die Freiheit der katholischen Religion und der Religionsausübung, der Erhalt des Kirchenbesitzes, das freie Besetzungsrecht für alle Kirchenämter, Orden und Religionsgemeinschaften, der katholische Religionsunterricht und der Schutz katholischer Organisationen und Verbände, die „ausschließlich religiösen, rein kulturellen und karitativen Zwecken dienen." Für Hitler war der **erste Vertrag des Dritten Reiches mit einem Staat** (Vatikanstaat) ein **großer Gewinn**. Er bedeutete die Anerkennung des Regimes und Prestige und machte Hitler bzw. den Nationalsozialismus auch im Ausland, besonders bei den katholischen Ländern, salonfähig.

Das Konkordat zwischen der Reichsregierung und dem Heiligen Stuhl garantierte den **Bestand und die Eigenständigkeit der katholischen Kirche.** Für Hitler bedeutete es Anerkennung und Prestige bei den Katholiken im Reich und in den katholischen Ländern.

## Der Austritt aus dem Völkerbund (19.10.1933)

Hitler forderte die **militärische Gleichberechtigung**, die **Frankreich ablehnte**. Hitler sah dies als „Beleidigung des deutschen Volkes" und verkündete unter dem Beifall der meisten Deutschen den Austritt aus dem verhassten Völkerbund.

Der unmittelbare Anlass für den in Deutschland sehr populären Schritt waren französische Sicherheitsbedenken gegen ein militärisch gleichberechtigtes Deutschland. Im Inland wurde diese Ablehnung als „Beleidigung des deutschen Volkes und seiner nationalen Würde" angesehen. Dies musste auch auf die der NSDAP skeptisch gegenüberstehenden Deutschen so wirken, da Hitler sehr geschickt zuvor in einem Viermächtepakt zwischen Italien, Frankreich, Großbritannien und dem Deutschen Reich einer friedlichen Regelung von Streitfragen und allgemeinen europäischen Rüstungsbeschränkungen zugestimmt hatte. Seine Rechnung ging dabei völlig auf. Wie erwartet, genügte Frankreich diese Zusicherung als Voraussetzung für die militärische Gleichberechtigung Deutschlands nicht. Hitler hatte seine Friedensbereitschaft einmal mehr öffentlich dokumentiert und konnte nun – in den Augen der meisten Deutschen – mit Recht auf die Unversöhnlichkeit des westlichen Nachbarn hinweisen. Nach der Ablehnung der deutschen Forderungen auf der Genfer Abrüstungskonferenz verließ der deutsche Delegierte sofort den Tagungsort. Am selben Tag verkündete Hitler den **Austritt des Deutschen Reiches aus dem Völkerbund**. Diese **sehr populäre Maßnahme** wurde durch eine propagandistisch sorgfältig vorbereitete Volksabstimmung nachträglich bestätigt.

## Der deutsch-polnische Nichtangriffspakt (26.1.1934)

Hitler befürchtete bis 1937 einen Präventivschlag des militärisch weit überlegenen Frankreichs. Deshalb wollte er die Ostgrenzen absichern und schloss einen Nichtangriffspakt mit Polen. Dieser kam einer Garantie der deutsch-polnischen Grenze gleich. Für Hitler hatte der Vertrag keine wirkliche Bedeutung und bedeutete **keine Abkehr von seiner Ostpolitik**.

### Vorgeschichte

Bereits im Oktober 1933 hatte **Hitler** der Tschechoslowakei und Polen Nichtangriffspakte angeboten, die angesichts seiner Lebensraumpolitik überraschend waren. Er **befürchtete** nämlich bis etwa 1937 einen **Präventivschlag** des militärisch zunächst noch weit überlegenen **Frankreichs** und wollte deshalb an den **Ost- und Südostgrenzen des Reiches kalkulierbare Verhältnisse** haben. Als Polen im Gegensatz zur Tschechoslowakei auf Hitlers Angebot einging, wurde zu Beginn des Jahres 1934 der Nichtangriffspakt geschlossen.

### Inhalt

Kernstück war eine **De-facto-Garantie der Unverletzlichkeit der polnischen Grenzen**, da beide Staaten sich im Rahmen ihrer Bemühungen um die Sicherung des Friedens verpflichteten, Streitfragen nicht mit Gewalt zu lösen.

### Bedeutung

Der Pakt bedeutete ein (vorübergehendes) **Abweichen Hitlers** von dem bisherigen **revisionistischen Kurs der deutschen Außenpolitik**, was im In- und Ausland großes Erstaunen und Unverständnis auslöste. Allerdings wurde damals nicht erkannt, dass Bündnisse und Verträge für Hitler keinerlei grundsätzliche

Bedeutung hatten und nur solange eingehalten wurden, wie dies aufgrund der jeweiligen Situation opportun erschien. Jedenfalls schienen diejenigen Recht zu behalten, die davor gewarnt hatten, den Kanzler mit dem früheren aggressiven Oppositionspolitiker gleichzusetzen.

Mit diesem Pakt geriet die **europäische Bündnispolitik wieder in Bewegung**. Die UdSSR, die in ihm eine endgültige Abkehr von dem auf Rapallo basierenden deutsch-sowjetischen Verhältnis sah, lehnte sich nun enger an **Frankreich** an. Da dort die offensichtlich betriebene Aufrüstung Deutschlands ohnehin mit großer Besorgnis zur Kenntnis genommen wurde, versuchte Frankreich das Deutsche Reich in einen **Ostpakt**, ähnlich dem Rhein- bzw. Westpakt von 1925, einzubinden. Ihm sollten die drei baltischen Staaten sowie Polen, die Tschechoslowakei und die UdSSR als weitere Vertragspartner angehören. Frankreich gedachte als Garant dieses Pakts zu fungieren. Dieser Plan scheiterte, als die Reichsregierung im September 1934 erklären ließ, sie glaube, dass andere Methoden der Friedenssicherung mehr Erfolg versprächen. Im Allgemeinen würde sie zweiseitigen Verträgen den Vorzug geben. Dies bedeutete eine **Absage des Deutschen Reiches an ein kollektives System der Sicherheit in Europa**. Als Reaktion darauf betrieb Frankreich die Aufnahme der UdSSR in den Völkerbund, die Stalin (→ S. 119) zur Verbesserung seines staatsmännischen Images schon angestrebt hatte. In Deutschland wurde der Beitritt der UdSSR in diese ohnehin verhasste Organisation als eine neue „Einkreisung" betrachtet.

Den Vertrag mit Polen sah die UdSSR als eine **Abkehr vom Rapallo-Vertrag** (von 1922) an, der erst 1933 verlängert worden war. Als ein von Frankreich initiiertes europäisches Paktsystem scheiterte, schloss sich die UdSSR Frankreich an. Dies wurde in Deutschland als erneute **„Einkreisung"** gesehen.

## Die Abstimmung an der Saar (13.1.1935)

Der Versailler Vertrag hatte bestimmt, dass das Saarland nach 15-jähriger Verwaltung durch den Völkerbund über seine Zugehörigkeit zu Frankreich oder Deutschland entscheiden solle. **Fast 91 % der Bevölkerung entschieden** sich aus nationalen und wirtschaftlichen Gründen **für die Angliederung an das Deutsche Reich**. Dieses Ergebnis verwertete die **NS-Propaganda** sehr geschickt („die Stimme des Blutes hat gesprochen"), indem sie es als ersten Schritt einer erfolgreichen Revisionspolitik und als Zustimmung der saarländischen Bevölkerung zum **„neuen Deutschland"** feierte.

In Übereinstimmung mit dem Versailler Vertrag entschied die Bevölkerung des Saarlands, nach 15 Jahren Völkerbundsverwaltung, am 13.1.1935 über ihre staatliche Zugehörigkeit. **Fast 91 % entschieden sich für den Anschluss an Deutschland.** Die NS-Propaganda bewertete dieses Ergebnis als Zustimmung der Saarländer zum „neuen Deutschland".

## Die Einführung der allgemeinen Wehrpflicht (16.3.1935)

Anfang März gab das Deutsche Reich den europäischen Mächten den **Aufbau einer deutschen Luftwaffe** bekannt. Als **keine nennenswerten Proteste** erfolgten, verkündete Hitler kurze Zeit danach offiziell die **Wiedereinführung der allgemeinen Wehrpflicht**, womit er wiederum gegen den Versailler Vertrag in eklatanter Weise verstieß. Die schwächliche Reaktion der europäischen Mächte musste einen so skrupellosen Machtpolitiker wie Hitler in seiner negativen Einschätzung der demokratischen Staaten bestätigen. Er befürchtete,

Die Einführung der allgemeinen Wehrpflicht **verstieß gegen den Versailler Vertrag**. Auf der Konferenz von Stresa konnten Großbritannien, Frankreich und Italien sich nicht auf Sanktionen einigen, sondern nur auf die Erklärung, eine einseitige Aufkündigung von Verträgen nicht mehr zu tolerieren. Auch der Völkerbund protestierte nur halbherzig.

Am 21. Mai 1935 beteuerte Hitler in einer Reichstagsrede seine Friedensliebe und bezeichnete die **deutsche Aufrüstung** als **„friedenstabilisierendes Element"**.

Frankreich könne einen Präventivschlag gegen den Erbfeind Deutschland führen. Auf der von Mussolini angeregten **Konferenz von Stresa** (11.–14.4.1935) konnten sich die Regierungschefs von Großbritannien, Frankreich und Italien nicht auf Sanktionen, sondern lediglich auf die **vage Vereinbarung** einigen, in Zukunft ähnliche einseitige Aufkündigungen von Verträgen (in diesem Falle des Versailler Vertrages) nicht mehr zu tolerieren. Daneben entschloss sich der **Völkerbund** zu einem **halbherzigen Protest**. Allein die Tatsache, dass der britische Außenminister Simon sich unmittelbar nach der Einführung der allgemeinen Wehrpflicht zu deutsch-britischen Gesprächen über ein Flottenabkommen in Berlin einfand, machte die **Brüchigkeit der Stresa-Front** (GB, I, F) deutlich. Auch hier setzte **Hitler** seine zweigleisige Politik fort, indem er den europäischen Mächten in einer Reichstagsrede am 21.5.1935 seine **Friedensliebe** beteuerte. Das nationalsozialistische Deutschland wolle den Frieden aus tiefinnerster weltanschaulicher Überzeugung, es wolle beitragen zur Wiederauferstehung des Abendlandes. Deutschland brauche in seiner Situation den Frieden und wolle ihn.

## Das deutsch-britische Flottenabkommen (18.6.1935)

Das deutsch-britische Flottenabkommen (18.6.1935), das ein Wettrüsten wie vor dem Ersten Weltkrieg verhindern sollte, **sprengte die Stresa-Front**. Es regelte das Kräfteverhältnis. Deutschland durfte 35% der britischen Schiffsstärke und 45% der britischen U-Boote besitzen.

Hitler glaubte, dieses Abkommen zu einer **Allianz der beiden „germanischen" Völker** ausbauen zu können. Das Abkommen ist der **Beginn der britischen Appeasementpolitik**.

Die deutsch-britischen Gespräche wurden im Juni 1935 durch ein Flottenabkommen besiegelt, das ein Wettrüsten zwischen beiden Ländern wie vor dem Ersten Weltkrieg verhindern sollte. Es beinhaltete die **Regelung des Kräfteverhältnisses** zwischen beiden Ländern. Das Deutsche Reich durfte danach 35% der britischen Schiffsstärke und 45% der britischen U-Boote besitzen. Dieses Abkommen bestärkte Hitler in seiner Außenpolitik und den ihr zugrunde liegenden Vorstellungen noch mehr. Zum einen hatte er trotz des Austritts aus dem Völkerbund und trotz der Aufrüstung eine vertragliche Regelung mit Großbritannien erreicht, die angesichts der britischen Seemacht nicht ungünstig war. Zum anderen hatte er die **Stresa-Front endgültig gesprengt**. Einen weiteren günstigen Aspekt des Abkommens sah Hitler in der grundsätzlichen Bereitschaft Großbritanniens, vertragliche Abmachungen mit dem Deutschen Reich einzugehen. Dieses Verhältnis hoffte Hitler im Sinne seiner langfristigen politischen Ziele zu einer Allianz der beiden „germanischen" Völker ausbauen zu können. Ferner schien sich die Richtigkeit seines Vorgehens zu bestätigen, in bilateralen Verhandlungen und Verträgen seine Ziele erreichen zu können. Gleichzeitig – und dies war für Hitlers künftige Außenpolitik von ausschlaggebender Wichtigkeit – dokumentierte das Flottenabkommen den **Beginn der britischen Appeasementpolitik**.

## Die Besetzung des Rheinlandes (7.3.1936)

### Voraussetzungen und Ablauf

In den Monaten nach dem deutsch-britischen Flottenabkommen spaltete sich die Phalanx der Gegner des Dritten Reiches noch mehr. Mussolini eroberte Abessinien und brauchte dafür möglichst viel Rückendeckung und wirtschaftliche Unterstützung, da der Völkerbund ein Waffen- und Rohstoffembargo gegen Italien verhängt hatte. Er suchte und fand sie vor allem bei Hitler, der sich in einer günstigen Situation befand: Frankreich war gehemmt durch starke innenpolitische Probleme und Großbritannien betrachtete die deutsche Revisionspolitik in vielerlei Hinsicht als gerechtfertigt und reagierte dementsprechend. In dieser Situation beschloss Hitler, nachdem er sich des Wohlwollens des Duce versichert hatte, die durch den Versailler Vertrag entmilitarisierten drei Zonen des Rheinlandes zu besetzen.

Nach der **Kündigung des Locarno-Vertrages** (**7.3.1936**) mit der Begründung, Frankreich habe die Friedensangebote des Deutschen Reiches nicht angenommen, sondern vielmehr ein Militärbündnis mit der UdSSR geschlossen, besetzten deutsche Truppen in einer Blitzaktion dieses Gebiet und errichteten dort Garnisonen. **Die Besetzung des entmilitarisierten Rheinlandes** spielte **Hitler** herab, indem er am selben Tage im Reichstag **beschwichtigend** verkündete:

> „Wir haben in Europa keine territorialen Forderungen zu stellen. Wir wissen vor allem, dass alle die Spannungen, die sich entweder aus falschen territorialen Bestimmungen oder aus den Missverhältnissen der Völkerzahlen mit ihren Lebensräumen ergeben, in Europa durch Krieg nicht gelöst werden können." [18]

In einer außenpolitisch günstigen Situation ließ Hitler das entmilitarisierte Rheinland am 7.3.1936 besetzen. Den Verstoß gegen den Versailler Vertrag kaschierte er mit Friedensbeteuerungen. Es gab **keine nennenswerten Reaktionen, da Großbritannien Sanktionen verhinderte.** Für Hitler hatte sein Vorgehen Testcharakter. Er sah die Westmächte nun als pazifistisch-schwächlich an und ging davon aus, dass seine „Politik der vollendeten Tatsachen" risikolos sei. Diese Erkenntnis bildete die **Grundlage seiner künftigen Außenpolitik**.

### Bedeutung

Die Besetzung des Rheinlandes war ein **Wendepunkt in der außenpolitischen Taktik Hitlers**. Auch in dieser Situation, die Hitler in Bezug auf die Haltung der **Westmächte** und insbesondere Frankreichs als Test betrachtete, gab es **keine nennenswerten Reaktionen**. Zwar verurteilte der Völkerbundsrat auf Antrag Frankreichs das deutsche Vorgehen, doch sprach sich Großbritannien gegen Sanktionen aus und plädierte für Verhandlungen mit Hitler. Damit gewann dieser endgültig die Erkenntnis, dass die Westmächte pazifistisch-schwächlich seien, über keine energisch durchgreifenden Politiker verfügten und ein (aus seiner Sicht notwendiges und legitimes) militärisches Vorgehen scheuten. Außerdem ging er fälschlicherweise nun davon aus, dass seine Methode, die Westmächte vor vollendete Tatsachen zu stellen, risikolos und deshalb das geeignete außenpolitische Mittel sei. **Diese unzutreffende Einschätzung der Westmächte und die britische Appeasementpolitik** bildeten deshalb die **Grundlage der Außenpolitik Hitlers** in den folgenden Jahren.

## Der spanische Bürgerkrieg (Juli 1936 – April 1939)

Das Deutsche Reich beteiligte sich inoffiziell durch die **„Legion Condor"** (Freiwilligenverbände) am spanischen Bürgerkrieg und erprobte vor allem seine neue Luftwaffe. Die Westmächte einigten sich lediglich auf die typische Formel: **Keine Intervention gegen die Intervention**.

Auf dem spanischen Kriegsschauplatz kämpften Soldaten und Freiwillige aus verschiedenen Ländern den grundsätzlichen Kampf der damaligen Zeit zwischen demokratisch-parlamentarischen Vorstellungen und diktatorischer bzw. faschistischer Machtpolitik. Auch Deutschland beteiligte sich daran inoffiziell mit Freiwilligenverbänden von bis zu 6000 Mann (Luftwaffen-, Nachrichten-, Transportverbände und Panzertruppen). Die deutsche „Legion Condor" erprobte unter „realistischen Voraussetzungen" ihre **neue Kriegsmaschinerie**. Wie Göring feststellte, fand insbesondere die Luftwaffe in Spanien ein Testfeld für neue Waffen und hatte so „Gelegenheit, im scharfen Schuss zu erproben, ob das Material zweckentsprechend entwickelt wurde". Die **Westmächte** warteten einmal mehr ab und einigten sich schließlich auf die nichtssagende Formel: **Keine Intervention gegen die Intervention.**

## Die „Achse Berlin-Rom" (25.10.1936)

Die Unterstützung der italienischen Annexion Abessiniens durch Deutschland führte am 25.10.1936 zu einem **Kooperationsvertrag zwischen beiden Ländern**, der „Achse Berlin-Rom". Dieses Bündnis sollte die **Zukunft Europas** bestimmen.

Die **Unterstützung der italienischen** Annexion **Abessiniens durch Hitler veränderte** das **Verhältnis der beiden Diktatoren grundlegend**. Mussolini beendete seinen prowestlichen Kurs und wirkte nun auf Österreich ein, seine Beziehungen zum Deutschen Reich zu regeln. Am 25.10.1936 wurde deshalb in Berlin ein **deutsch-italienischer Kooperationsvertrag** unterzeichnet. Die Unterhändler (Hans Frank und Mussolinis Schwiegersohn, Graf Ciano), fanden für dieses Bündnis das Bild des europäischen politischen Wagens, der auf der „Achse von Faschismus und Nationalsozialismus vorwärts gefahren" werden müsse. Wenige Tage später (1.11.) verkündete **Mussolini** in einer großen Propagandashow in Mailand die **„Achse Berlin-Rom"**, „um die die übrigen Staaten Europas sich gruppieren könnten." Dieses Bündnis wurde durch den Beitritt Italiens zum Antikomintern-Pakt (1937) und durch den Stahlpakt (1939) ausgebaut.

## Der Antikomintern-Pakt (25.11.1936)

Der Antikomintern-Pakt zwischen dem **Deutschen Reich und Japan** (25.11.1936) richtete sich **gegen die kommunistische UdSSR**. Ihm trat im folgenden Jahr Italien bei. Damit sah Hitler die Voraussetzungen für seine **Lebensraumpolitik** als gegeben an.

Nachdem im Oktober 1936 Hitler und Mussolini die „Achse Berlin-Rom" ins Leben gerufen hatten, wurde wenige Wochen danach der **Antikomintern-Pakt** zwischen dem **Deutschen Reich** und dem traditionellen Gegner der UdSSR in Asien, **Japan**, geschlossen. Ihm trat im November des folgenden Jahres **Italien** bei. Die Vertragspartner vereinbarten zusammen mit „dritten Staaten, deren innerer Friede durch die Zersetzungsarbeit der Kommunistischen Internationale bedroht wird, … Abwehrmaßnahmen im Geiste dieses Abkommens zu ergreifen".[19] Damit kündigte sich bereits die **Mächtekonstellation des Zweiten Weltkrieges** an. Für Hitler war zu diesem Zeitpunkt „die Politik der Überraschungen" zu Ende. Dies bedeutete mit anderen Worten, dass er auf Grund des Verhaltens der Westmächte und der von ihnen offensichtlich tolerierten „Politik der vollendeten Tatsachen“ und auf Grund des Vertrauens in die Stärke des Deutschen Reiches den Zeitpunkt für eine unverhüllte Lebensraumpolitik gekommen sah.

## Die zweite Phase der NS-Außenpolitik (1936–1939)

### Die Vorbereitung des Krieges

Diese **Phase der territorialen Expansion** wurde eingeleitet durch eine veränderte **Wirtschaftspolitik** und die **Umbesetzung wichtiger Ämter**. Hitler entließ den Reichskriegsminister von Blomberg und den Oberbefehlshaber der Wehrmacht von Fritsch und übernahm selbst dessen Amt. Umbesetzungen in politischen und diplomatischen Ämtern ergänzten diese „Säuberung“ und schalteten etwaige Opposition von vornherein aus. Diese Politik präzisierte und terminierte Hitler **1936** in seiner geheimen **Denkschrift zum Vierjahresplan** und in der Rede vor den militärischen Spitzen des Reiches **(Hoßbach-Protokoll** → S. 103). In seiner Denkschrift stellte Hitler eine Reihe von rüstungstechnischen Forderungen an die Wirtschaft und forderte, dass Armee und Wirtschaft in vier Jahren einsatzbereit bzw. kriegsfähig zu sein hätten. In seiner Rede vor politischen und militärischen Spitzen des Reiches beschrieb er am 5.11.1937 detailliert seine **außenpolitischen Ziele der nächsten Jahre** und die hierfür ins Auge gefassten Mittel und Methoden („Weg der Gewalt“). Hitler zeigte seine **Entschlossenheit**, unter günstigen Bedingungen **„auch schon im kommenden Jahr** [also 1938] **loszuschlagen“**. Falls es zu einer kriegerischen Verwicklung komme, müsste zuerst die Flankenbedrohung durch die Niederwerfung der Tschechoslowakei und Österreichs ausgeschaltet werden. Dann könne man gegen den Westen vorgehen. Eine militärische Intervention Großbritanniens und Frankreichs befürchtete Hitler nicht, da beide Länder wohl eine Lösung dieser Frage durch das Deutsche Reich erwarteten. Diese Einschätzung der Westmächte erwies sich beim Anschluss Österreichs und der Behandlung der Sudetenfrage als durchaus zutreffend.

Die Phase der territorialen Expansion wurde von der **aggressiven Außenpolitik** Hitlers und von der gezielten **Vorbereitung des Krieges** bestimmt.

## Der Anschluss Österreichs (12.3.1938)

**1932** erzielte die „Deutsche Nationalsozialistische Arbeiterpartei" Österreichs (DNSAP) große Gewinne bei den Landtagswahlen. Ende **Juli 1934** putschte sie gegen die Regierung Dollfuß, um eine Regierungsbeteiligung zu erreichen. Obwohl der **Putsch** scheiterte, entwickelte sich aufgrund des deutschen Drucks das Verhältnis beider Länder in Richtung Anschluss (Österreichs an das Deutsche Reich).

Die ehemalige Donaumonarchie galt in Österreich und im Ausland allgemein als „deutsch". Im November 1918 bezeichnete sich Österreich auf Grund des von Wilson propagierten freien Selbstbestimmungsrechts der Völker per Staatsgesetz als einen Teil der Deutschen Republik. Noch 1919 hieß das Land offiziell „Deutschösterreich". Der **Völkerbund verbot derartige Zusammengehörigkeitsbestrebungen** strikt. Dennoch blieb der **Gedanke der Zusammengehörigkeit immer stark**. Dafür sorgte schon die Deutsche Nationalsozialistische Arbeiterpartei (DNSAP), die seit 1920 dort existierte und der Münchner Parteizentrale unterstellt war. Als sie 1932 bei Landtagswahlen große Gewinne erzielte, war die Chance der Beteiligung an der Macht oder gar deren Übernahme in Wien gegeben. Dagegen entwickelte sich eine starke Opposition nahezu aller österreichischen Parteien. Der autoritär regierende Kanzler Engelbert Dollfuß lehnte sich vorsichtshalber an das im Grunde ungeliebte Italien an. Dies führte zu einer **innenpolitischen Krise**, die in einem **Putsch der DNSAP** gipfelte. Der in Deutschland vorbereitete Putsch wurde zwar rasch niedergeschlagen (**25.7.1934**) und bewirkte nichts, kostete jedoch Kanzler Dollfuß das Leben. Unter seinem Nachfolger Schuschnigg entwickelten sich die Verhältnisse immer mehr in Richtung Anschluss. Zum einen gewann das Deutsche Reich auf Grund seines wirtschaftlichen und politischen Aufschwungs großes Ansehen bei weiten Kreisen der österreichischen Bevölkerung, zum anderen verstärkte Hitler seit der Annäherung an Italien den politischen Druck. Bereits im Juli **1936** schlossen das **Deutsche Reich und Österreich** ein **Abkommen**, das die **Beteiligung der DNSAP an „der politischen Verantwortung"** in naher Zukunft vorsah. Gleichzeitig sicherte Schuschnigg zu, Österreich werde sich als deutscher Staat bekennen und eine dementsprechende Politik betreiben.

Als der österreichische Kanzler Schuschnigg durch eine Volksabstimmung die von Hitler ultimativ geforderte Beteiligung der DNSAP an der Regierung verhindern wollte, erzwang Hitler durch Drohungen die Übergabe der Regierungsgeschäfte an Seyß-Inquart (DNSAP). Auf dessen „Bitte" hin ließ Hitler am **12.3.1938 Österreich besetzen, das per Gesetz Teil des Deutschen Reiches wurde.**

Als offensichtlich wurde, dass **Schuschnigg** auf die Westmächte nicht rechnen konnte, sah er zu Beginn des Jahres 1938 die **letzte Rettung** in einem direkten **Gespräch mit Hitler**. Dieser empfing ihn auf dem Berghof (oberhalb von Berchtesgaden, **12.2.1938**). In typischer Weise setzte er ihn brutal unter Druck, drohte ihm unverhüllt, machte ihn für alle Folgen eines Nichtzusammenschlusses verantwortlich und stellte schließlich **ultimative**, auf drei Tage befristete **Forderungen**. Diese gipfelten in der sofortigen **Regierungsbeteiligung der DNSAP und** in der Koordination, d.h. der **Gleichschaltung der österreichischen Außenpolitik mit der deutschen**. Einen Monat später unternahm **Schuschnigg** einen letzten verzweifelten Schritt: Er setzte für den 13. März 1938 eine **Volksabstimmung** an, die das Bekenntnis zu einem „freien und deutschen, unabhängigen und sozialen, christlichen und einigen Österreich" zum Ergebnis haben sollte. Dies betrachtete Hitler als „Verrat". Unter Androhung militärischer Maßnahmen erzwang er die **Übergabe der Regierungsgeschäfte an** den österreichischen DNSAP-Innenminister **Seyß-Inquart**. Auf dessen Bitte hin erfolgte prompt die **Besetzung Österreichs durch deutsche Truppen** (**12.3.1938**), um dort „Ruhe und Ordnung" wiederherzustellen. Der generalstabsmäßig vorbereitete und propagandistisch imposante Einzug der deutschen Truppen sowie die Anwesenheit des Führers wurden von der Mehrheit der Bevölkerung mit Jubel begrüßt. Diese Reaktion bewog Hitler, der ursprünglich nur eine lockere Verbindung der beiden Länder beabsichtigt hatte, am 14. März die **„Wiedervereinigung" per Gesetz** zu verkünden. Damit erhielt Österreich bzw. die Ostmark, wie es von nun an hieß, dieselben Gesetze wie das Deutsche Reich. Wie üblich wurde der Anschluss Österreichs durch eine gelenkte Volksabstimmung bestätigt.

Die **europäischen Mächte reagierten in der gewohnten Weise**: Großbritannien und Frankreich protestierten ohne allzu großen Nachdruck, der Duce akzeptierte den Anschluss ohne große Begeisterung, nach außen hin aber in „beispielloser Bündnistreue", wie Hitler dankbar erklärte. Die Tschechoslowakei und Polen kommentierten die Geschehnisse offiziell nicht. Wieder einmal schien das Ergebnis die Mittel der Außenpolitik Hitlers zu rechtfertigen.

Die **Westmächte protestierten ohne großen Nachdruck**; Mussolini akzeptierte den Anschluss ohne große Begeisterung.

## Die Münchner Viermächtekonferenz (29./30.9.1938)

Nachdem Österreich „heim ins Reich" geholt worden war, konzentrierte sich Hitler auf die Besetzung der Tschechoslowakei, die sich Ende Oktober 1918 konstituiert hatte. Ihre drei großen Bevölkerungsgruppen waren die Tschechen (49%), die Deutschen (23%) und die Slowaken (22%). Als Hebel diente Hitler das „deutsche Problem". Dieses existierte seit 1919, da die Tschechoslowakei entgegen den Bestimmungen des Versailler Vertrages den deutschen Volksgruppen das Selbstbestimmungsrecht verweigerte und sie – wie auch die anderen Minoritäten – von der Beteiligung an der politischen Macht ausschloss. **Hitler forcierte** nun unter Hinweis auf die „unerträgliche Situation" der außerhalb des Deutschen Reiches lebenden „Volksdeutschen" **den Druck von außen und** ließ gleichzeitig seine Anhänger **von innen** her arbeiten. Als günstig erwies sich für ihn, dass ca. 2/3 der Sudetendeutschen in einer nationalsozialistischen Partei (**Sudetendeutsche Partei**, SdP) organisiert waren. Bereits im November 1937 stellte deren Führer, Konrad Henlein, in Übereinstimmung mit Hitler fest, dass eine „Lösung der tschechischen Frage" nur vom Reich her kommen könne. In dieser Situation erhielt Hitler wiederum **Unterstützung vom** britischen **Prime Minister Neville Chamberlain**, der den „ehrlichen Makler" spielen wollte. Er **akzeptierte die Forderung nach Selbstbestimmung der Deutschen in der Tschechoslowakei**. Allerdings sollten die überwiegend deutsch besiedelten Gebiete nicht von der Tschechoslowakei abgetrennt werden, sondern nur mehr Autonomie erhalten.

Ende Oktober 1918 konstituierte sich der tschechoslowakische Staat. In ihm lebten Tschechen (49%), Deutsche (23%) und Slowaken (22%).

Die Tschechoslowakei verweigerte der deutschen Volksgruppe ein **Selbstbestimmungsrecht** und schloss sie von der Beteiligung an der politischen Macht aus.

Nach der „Heimholung" Österreichs konzentrierte sich Hitler auf die **Besetzung der Tschechoslowakei**. Dabei diente ihm das **„deutsche Problem" als Hebel**.

Die NS-Propaganda und die nationalsozialistische Sudetendeutsche Partei verschärften die **Spannungen zwischen den Sudetendeutschen** und dem **tschechoslowakischen Staat**.

Am 30.5.1938 gab Hitler die Weisung, die Tschechoslowakei „in absehbarer Zeit" zu zerschlagen.

Seit April 1938 arbeiteten Hitler und Henlein systematisch zusammen. Dieser schraubte seine Forderungen an die Prager Regierung so hoch, dass sie unannehmbar wurden. **Hitler** wiederum geißelte die Haltung der Prager Regierung als „halsstarrig" und „unversöhnlich". Am **30.5.1938** erließ er die **Weisung für den „Fall Grün"**, die die **Zerschlagung der Tschechoslowakei** „in absehbarer Zeit" zum Inhalt hatte. Der „Fall Grün" sollte laut Hitler durch einen provozierten Zwischenfall ausgelöst werden, „der Deutschland den Anlass zum militärischen Eingreifen gibt."

Um den von Hitler angedrohten Krieg zu verhindern, initiierte Mussolini die **Münchner Konferenz**. Am 30.9. unterzeichneten Großbritannien, Frankreich, Italien und Deutschland ohne Beteiligung der Tschechoslowakei das **Münchner Abkommen**. Es bestimmte, dass das **Sudetenland Teil des Deutschen Reiches** wurde.

Die Verhältnisse eskalierten, als es im Sommer 1938 zu Kriegsdrohungen und Mobilmachung auf beiden Seiten kam. Obwohl Chamberlain nun Hitler die Abtretung des Sudetenlandes zubilligte, forderte dieser sie am 26. September ultimativ von der Tschechoslowakei. Die drohende Kriegsgefahr veranlasste **Mussolini**, für den dieser Zeitpunkt einer militärischen Auseinandersetzung äußerst ungünstig gewesen wäre, eine **Viermächtekonferenz** zur Lösung des Problems vorzuschlagen. Sie fand unter Beteiligung der Regierungschefs Chamberlain, Daladier, Hitler und Mussolini am **29./30. September** in **München** statt. Ohne Beteiligung der Tschechoslowakei einigten sich die Teilnehmer auf die **Abtretung des Sudetenlandes an das Deutsche Reich**. Dafür wollten die vier Mächte als Gegenleistung die Grenzen der Tschechoslowakei garantieren. Hitler und Chamberlain vereinbarten darüber hinaus, auch in Zukunft anfallende Probleme auf diese Weise zu lösen. Die Welt atmete auf, Chamberlain glaubte, den Frieden gerettet zu haben. Die beteiligten Staatsmänner wurden daheim mit großem Jubel empfangen und als Friedensmacher gefeiert. Hitler erklärte, er habe keine weiteren territorialen Forderungen mehr. Tatsächlich war er von dieser Lösung nicht begeistert, da sie in seinen Augen – gemessen an der Weisung für den „Fall Grün" – nur ein „halber Sieg" war.

## Die deutsch-britische und die deutsch-französische Nichtangriffserklärung (Sept./Dez. 1938)

Um ein stärkeres **Engagement der Westmächte in Osteuropa zu verhindern**, schloss Hitler mit Großbritannien (30.9.1938) und Frankreich (6.12.1938) Nichtangriffserklärungen.

Da Hitler bereits die „Erledigung der Resttschechei" und die „Lösung der polnischen Frage" beschlossen hatte, versuchte er, das Verhältnis zu den Westmächten zu verbessern und dadurch ihr Engagement in Osteuropa zu verringern. Deshalb vereinbarte er mit Chamberlain eine **deutsch-britische Nichtangriffserklärung** (**30.9.1938**). Wenige Wochen später unterzeichneten Ribbentrop und sein französischer Kollege Bonnet eine **deutsch-französische Nichtangriffserklärung** (**6.12.1938**), von der sich Hitler auch eine Lockerung der Bindungen Frankreichs zu Moskau versprach.

## Die „Erledigung der Rest-Tschechei" (16.3.1939)

Nach der Münchner Konferenz stellte Hitler seine Taktik sofort wieder um. Unmittelbar vor der Konferenz hatte er am 26. September erklärt: „Ich habe Chamberlain versichert, dass das deutsche Volk nichts anderes will als Frieden ... Ich wiederhole es hier, dass es – wenn dieses Problem gelöst ist – für Deutschland in Europa kein territoriales Problem mehr gibt ... dass ich am tschechischen Staat nicht interessiert bin. Wir wollen keine Tschechen."[20] Nach der Konferenz galt diese Aussage nicht mehr. Am **21. Oktober** erging ein **Geheimbefehl Hitlers „zur Erledigung der Resttschechei"** an die Wehrmacht, der drei Aufgaben nannte. Die Wehrmacht sollte jederzeit auf folgende Fälle vorbereitet sein:

1. Sicherung der Grenzen des Deutschen Reiches und Schutz gegen einen überraschenden Luftangriff
2. Erledigung der Rest-Tschechei
3. Inbesitznahme des Memellandes

Unter dem Druck der Verhältnisse versuchte der **tschechoslowakische Staatspräsident Hácha** durch persönliche Gespräche mit Hitler zu retten, was noch zu retten war. In Berlin erging es ihm am **15.3.1939** jedoch genauso wie ein Jahr zuvor Schuschnigg. Hitler erpresste ihn auf brutale Weise, indem er ihn vor die Wahl stellte, die „Resttschechei" auszuliefern oder den unvermeidlichen Kampf mit der deutschen Wehrmacht aufzunehmen. Als Hitler mit der Bombardierung Prags drohte, **resignierte** Hácha **und legte am 15.3.1939 „das Schicksal des tschechischen Volkes vertrauensvoll in die Hände Hitlers"**. Daraufhin veranlasste Hitler noch am selben Tag die **Besetzung der Tschechoslowakei**. Diese wurde aufgeteilt in das **Protektorat Böhmen und Mähren**, das zwar eine autonome Verwaltung behielt, jedoch ins Reich eingegliedert wurde, und in die **Slowakei**, die sich als **selbstständiger Staat** proklamieren durfte. Da sie jedoch einen „Schutzvertrag" mit dem Deutschen Reich abschließen musste, wurde sie zum **Satellitenstaat**. Mit der „Erledigung der Resttschechei" und der Kündigung des deutsch-britischen Flottenabkommens (von 1935) am 27.4.1939 hatte Hitler seine Friedenstaktik endgültig aufgegeben. Die „pazifistische Platte war nun abgespielt", wie er sagte. Die **Ernüchterung in den westlichen Ländern**, die der Euphorie der Münchner Konferenz gewichen war, führte zur **Aufgabe der britischen Appeasementpolitik** und löste verzweifelte Anstrengungen Großbritanniens und Frankreichs aus, den deutschen Rüstungsvorsprung aufzuholen und durch verstärkte diplomatische Bemühungen den Frieden zu retten.

Nach massiven Drohungen Hitlers (u.a. Bombardierung Prags), legte der tschechoslowakische Staatspräsident Hácha am **15.3.1939** „das Schicksal des tschechischen Volkes vertrauensvoll in die Hände Hitlers."

Nach der Besetzung der Tschechoslowakei am 16. März wurden Böhmen und Mähren als Protektorat Teil des deutschen Reiches, die Slowakei wurde ein Satellitenstaat. Daraufhin **beendete Großbritannien seine Appeasementpolitik.**

## Das Memelland „kehrt heim ins Reich“ (22.3.1939)

Litauen versprach sich vom Deutschen Reich **Schutz gegenüber der UdSSR** und gab am 22.3.1939 das Memelgebiet zurück.

**Litauen** hatte bereits seine Bereitschaft signalisiert, das 1923 besetzte Memelland freiwillig an das Deutsche Reich abzutreten. Es erhoffte sich nämlich vom Deutschen Reich **Sicherheit gegenüber Polen** und vor allem gegenüber der UdSSR. Wenige Tage nach der „Erledigung der Resttschechei“ wurde deshalb das Memelgebiet unter entsprechendem propagandistischen Triumph dem Deutschen Reich wieder einverleibt.

## Der Hitler-Stalin-Pakt (23.8.1939)

### Zustandekommen

Hitlers nächstes Ziel war **Polen**. Als seine Politik gegenüber Polen immer aggressiver wurde, gaben Großbritannien und Frankreich ihre nachgiebige Politik auf und garantierten Ende März 1939 die **Unabhängigkeit des polnischen Staates**.

Unmittelbar nach der „Lösung“ der tschechischen Frage wandte sich Hitler der „Lösung des polnischen Problems“ zu. Als sich Polen weigerte, auf territoriale Wünsche und Forderungen Hitlers (Einverleibung Danzigs, Veränderung des polnischen Korridors) einzugehen, stellte der Führer die Weichen für den Krieg, der von der NS-Propaganda wie üblich vorbereitet wurde. Als die **Angriffe und Drohungen gegenüber Polen immer unverhüllter** und extremer wurden, garantierten Frankreich und Großbritannien die Grenzen Polens. Chamberlain erklärte am 31.3.1939 vor dem britischen Unterhaus, dass Großbritannien an der Seite Polens kämpfen werde, falls es zu Aggressionen käme, die den polnischen Staat bedrohten. Damit machte er die britische Außenpolitik sehr stark vom Verhalten Polens abhängig, was auf heftige Kritik auch in seiner eigenen Partei stieß. Die NS-Propaganda bezeichnete diese Garantie erneut als „Einkreisung“, die man auf Dauer nicht hinnehmen könne. Zwei Tage später gab das Oberkommando der Wehrmacht den Befehl, den **„Fall Weiß“** (d.h. die **„Erledigung Polens“**) so zu bearbeiten, dass seine Durchführung **ab dem 1. September 1939** jederzeit möglich sei.

Hitler befahl der Wehrmachtsführung Anfang **April 1939**, die Planung der **„Erledigung Polens“** ab Anfang September. Er kündigte Ende April den Nichtangriffspakt mit Polen und das deutsch-britische Flottenabkommen.

Ende April (28.4.) kündigte **Hitler** den Nichtangriffspakt mit Polen (→ S. 106) und das deutsch-britische Flottenabkommen (→ S. 108). Sein **Entschluss, das polnische „Problem baldmöglichst“ zu lösen**, stand im Mai 1939 endgültig fest. Daran änderten auch verstärkte Bemühungen der Westmächte und der USA nichts, die versuchten, der Expansion des Deutschen Reiches durch ein Bündnis- und Garantiesystem im östlichen und südöstlichen Europa einen Riegel vorzuschieben. Als Reaktion darauf schlossen **Hitler und Mussolini** am **22. Mai** einen „Freundschafts- und Bündnispakt“, den so genannten **Stahlpakt** (→ S. 110), eine sehr weitgehende und beide Seiten verpflichtende Militärallianz.

Am 22.5.1939 schlossen Hitler und Mussolini den **„Stahlpakt“**, eine beide Seiten verpflichtende **Militärallianz**.

In dieser Situation setzte im Sommer das **Wettrennen um die Gunst Stalins** ein. Dieser schlug aus der Position des von beiden Seiten Umworbenen kräftig Kapital. Mit der Feststellung, für die Westmächte „nicht die Kastanien aus dem Feuer zu holen“, verband er hohe Forderungen, die praktisch auf die Überlassung des gesamten Baltikums hinausliefen. Außerdem forderte er im Falle eines Krieges das Durchmarschrecht durch Polen und Rumänien. Derartige Zugeständnisse konnten und wollten die europäischen Westmächte auf Grund ihres Misstrauens gegenüber Stalin nicht machen. Dadurch verbesserten sich die Chancen Hitlers, der ohne Skrupel um des eigenen Vorteils willen bereit war, Stalins territoriale Forderungen zu akzeptieren und damit das Schicksal der baltischen Staaten zu besiegeln. Trotzdem kamen die Verhandlungen zwischen den beiden Diktatoren bzw. ihren Unterhändlern nur sehr zögernd voran. Als **Hitler** seinen Angriffstermin (Ende August) gefährdet sah, **forcierte** er in ungewöhnlicher Weise **die Verhandlungen**, indem er sich selbst einschaltete und sich per Telegramm an Stalin wandte, um ein möglichst schnelles Militärabkommen zu erreichen. Er gestand Stalin die Regelung des Baltikums in seinem Sinne zu, versprach ihm Hilfe gegen Japan und schloss am **19. August** ein von Stalin gewünschtes **Wirtschaftsabkommen**. Am folgenden Tag wandte er sich sogar noch einmal an den bisher verteufelten ideologischen Erzfeind und drängte auf den raschen Abschluss eines Militärabkommens. Als Stalin am 22. August zusagte, setzte Hitler den Angriff auf Polen auf den 26. August fest. Noch am selben Tage erklärte er vor den Befehlshabern der Wehrmacht, dass er den Krieg durch irgendeinen propagandistischen Anlass auslösen werde, „gleichgültig, ob glaubhaft". Am **23. August** unterzeichneten in Moskau die Außenminister Ribbentrop und Molotow den deutsch-sowjetischen Nichtangriffspakt (= **Hitler-Stalin-Pakt**), der die **Voraussetzung für den Krieg** gegen Polen bildete.

Für die „Lösung der polnischen Frage" kam Stalin eine zentrale Rolle zu: **Die Westmächte brauchten die UdSSR**, um den Bestand Polens garantieren und die expansionistische Politik des Deutschen Reiches eindämmen zu können.

**Hitler brauchte die UdSSR**, um einen Zweifrontenkrieg zu vermeiden. Er forcierte die Verhandlungen (mit dem bisherigen ideologischen Hauptfeind), die am 23.8.1939 zur Unterzeichnung des **deutsch-sowjetischen Nichtangriffspakts** („Hitler-Stalin-Pakt", auch: Molotow-Ribbentrop-Pakt") führten.

Hitler und Stalin nach der Niederlage Polens.
Hitler: „Der Abschaum der Menschheit, denke ich."
Stalin: „Der blutige Mörder der Arbeiter, nehme ich an."
(Karikatur von David Low im „Evening Standard")

Im offiziellen Text vereinbarten die Vertragspartner:
- Enthaltung aggressiver Handlungen gegeneinander,
- **strikte Neutralität**, wenn ein Land in einen Krieg verwickelt wird,
- Lösung von Problemen mit **friedlichen Mitteln**.

Im **geheimen Zusatzprotokoll** legten die beiden Diktatoren ihre **Interessensphären in Polen und in Osteuropa** fest für den Fall einer „territorial-politischen Umgestaltung".

Der Hitler-Stalin-Pakt brachte **beiden Seiten große Vorteile**: Deutschland die Isolierung Polens, die Vermeidung eines Zweifronten-Krieges und erhebliche wirtschaftliche Vorteile durch sowjetische Rohstofflieferungen. Die UdSSR konnte sich aus dem Krieg heraushalten, erhielt die Chance, eine Vormachtstellung in Europa zu erreichen, und konnte ihren Machtbereich in Osteuropa risikolos ausdehnen.

### Inhalt

Der Nichtangriffspakt betont in der Präambel den beiderseitigen Wunsch der Festigung des Friedens und zerfällt in den offiziellen Vertragstext und ein geheimes Zusatzabkommen. Der **offizielle Text** nennt u. a. folgende **Bestimmungen**:

- Beide Seiten wollen sich Gewaltakten, aggressiver Handlungen und eines Angriffs gegeneinander enthalten.
- Wird einer der beiden Vertragspartner „Gegenstand kriegerischer Handlungen seitens einer dritten Macht", so wird der andere strikte Neutralität wahren.
- Probleme, die zwischen beiden entstehen, sollen durch Schlichtung gelöst werden.

Das **geheime Zusatzprotokoll** regelte die **Abgrenzung der** beiderseitigen **Interessensphären in Osteuropa.** Als deutsche Grenze bei einer „territorial-politischen Umgestaltung" der baltischen Staaten wird die nördliche Grenze Litauens genannt, als Grenze bei einer Teilung Polens die Flüsse Narew, Weichsel und San. Bessarabien soll an die UdSSR kommen.

### Bedeutung

Der **Hitler-Stalin-Pakt** besiegelte das Schicksal Polens, denn er bedeutete eine **Blankovollmacht Stalins für Hitler**. Die Bemühungen der Westmächte, einen Krieg zu verhindern, waren nun endgültig gescheitert und Churchill bezeichnete den Pakt als den „Höhepunkt der diplomatischen Misserfolge" der Westmächte. Der Pakt war nicht nur ein **radikaler Kurswechsel der beiden Diktatoren**, die sich bisher als ideologische Erzgegner angesehen hatten, sondern brachte ihnen auch **handfeste Vorteile** und ermöglichte vor allem Hitler den massiven Einsatz militärischer Mittel „bei kalkulierbarem Risiko".

Im Einzelnen brachte das Abkommen **Hitler** folgende **Gewinne**: Die Isolierung Polens, die Vermeidung eines Zweifronten-Krieges und erhebliche wirtschaftliche Vorteile durch garantierte Rohstofflieferungen aus der UdSSR. Damit wurde eine britische Blockade praktisch wirkungslos.

Auch für **Stalin** brachte der Pakt wesentliche **Vorteile**: Die UdSSR wurde nicht in den Krieg verwickelt, den die feindlichen kapitalistischen und faschistischen Kräfte unter sich austrugen; dies brachte die Chance mit sich, dass sie sich zerfleischten und die UdSSR die Vormachtstellung in Europa einnehmen würde; außerdem ermöglichte der Krieg im Westen Stalin die risikolose Ausdehnung seines Machtbereiches in Osteuropa.

## JOSSIF WISSARIONOWITSCH STALIN (1878–1953)

- geb. 18.12.1878 in Gori (Georgien) als J. W. Dschughaschwili
- 1899 Ausschluss aus dem Priesterseminar wegen revolutionärer Gesinnung; tritt den Bolschewiki bei (1903)
- 1903–1916 mehrfache Verbannung Stalins nach Sibirien (Kampfname der „Stählerne")
- 1917–1923 systematischer Ausbau der Macht (1917 Volkskommissar für Nationalitätenfragen, 1922 Generalsekretär des Zentralkomitees der KPdSU)
- 1924–1929 nach Lenins Tod (Jan. 1924) schaltet er seine politischen Konkurrenten aus und ist seit Ende der 20er-Jahre der unangefochtene „Woschd" (= Führer)
- 1934–1938 brutale Vernichtung der vermeintlichen oder tatsächlichen Gegner der Revolutionäre („alte Garde") in Schauprozessen
- setzt mit extremer Gewalt den Staatssozialismus durch (Ausrottung der „Kulaken" = Großbauern, Zwangskollektivierung der Landwirtschaft, Industrialisierung)
- 1939 Abschluss des Hitler-Stalin-Paktes
- erreicht durch zielbewusste Verhandlungsstrategien große Zugeständnisse der westlichen Staatsmänner auf den Kriegszielkonferenzen der Anti-Hitler-Koalition (Teheran, Jalta, Potsdam) und erweitert den Machtbereich der UdSSR in Europa und Asien
- opfert Millionen Sowjetbürger (allein in den Jahren 1936–1938 ca. 1,5 Millionen) der rigorosen Durchsetzung seines Herrschaftssystems („Stalinismus")
- 5. März 1953 Tod Stalins

PORTRÄT

## Die Entfesselung des Zweiten Weltkrieges

Der **angebliche Überfall** polnischer Soldaten auf den deutschen Radiosender Gleiwitz lieferte Hitler den **Anlass, Polen zu überfallen** (1.9.1939).

Trotz verschiedener Bemühungen, in letzter Minute den Frieden zu erhalten, ließ sich Hitler nicht vom Vorgehen gegen Polen abhalten, sondern begann den Krieg durch einen **fingierten Überfall polnischer Soldaten auf den deutschen Sender Gleiwitz**. Am 22. August 1939 hatte er seinen Oberbefehlshabern angekündigt, dass die **Auslösung des Konfliktes** durch „eine **geeignete Propaganda**“ erfolgen werde. Die Glaubwürdigkeit spiele dabei keine Rolle, denn im Sieg liege das Recht, so Hitler. Daraufhin befahl der Chef des Sicherheitsdienstes der SS, Reinhard Heydrich, die Vortäuschung eines polnischen Angriffs auf die nahe der polnischen Grenze gelegene deutsche Radiostation Gleiwitz. Am Abend des 31. August besetzten SS-Leute den Radiosender und verkündeten in deutscher und polnischer Sprache einen angeblichen Aufstand polnischer Minderheiten. Am folgenden Tage berichtete die ganze deutsche Presse von dem angeblichen Überfall. Der Völkische Beobachter, das NSDAP-Presseorgan, schrieb, „die polnische Meute“ habe diesen „unerhörten Bandenüberfall“ auf den Radiosender verübt. Auf Grund dieser zielgerichteten Auslösung des Krieges verwendet die wissenschaftliche Literatur oft nicht den neutralen Begriff „Auslösung“, sondern spricht von der **„Entfesselung“ des Zweiten Weltkrieges**, um die Kriegsschuldfrage von vornherein zu klären.

Als die Reichsregierung ein **Ultimatum Großbritanniens** (3. September), die deutschen Truppen zurückzuziehen, verstreichen ließ, erklärten noch am selben Tag die Westmächte dem Deutschen Reich den Krieg.

Aufgrund der zielgerichteten Auslösung des Kriegs spricht die Fachliteratur von der **„Entfesselung“ des Zweiten Weltkriegs**.

Im Gegensatz zum Ersten Weltkrieg gab es zur Enttäuschung der Nationalsozialisten keine euphorische Kriegsstimmung im Volk, als Hitler am **1. September** den **Beginn des Krieges** verkündete: „Seit 5.45 Uhr wird zurückgeschossen.“ In dieser Rede machte er, trotz seines grenzenlosen Selbstbewusstseins und Siegeswillens deutlich, was die Deutschen im Falle einer als völlig unwahrscheinlich angenommenen Niederlage zu erwarten hatten. Er, Hitler, „werde niemals, niemals kapitulieren“.

Am **3. September** stellte die britische Regierung ein auf zwei Stunden befristetes Ultimatum, den Rückzug der deutschen Truppen, die bereits tief in Polen standen, zu veranlassen. Ihm folgte noch am selben Tage die **Kriegserklärung der Westmächte**. Der Kriegseintritt Großbritanniens ernüchterte und deprimierte die führenden Nationalsozialisten sehr, und Göring gab die gedrückte Stimmung in der Reichskanzlei wieder, als er düster bemerkte: „Wenn wir diesen Krieg verlieren, dann möge uns der Himmel gnädig sein!“ [21]

## Die Grundzüge der NS-Außenpolitik

**Grundzüge der NS-Außenpolitik**

↓

- Oberste Ziele:
  - Lebensraum
  - Rassenpolitik
  - Weltmacht
- Krieg als „legales Mittel" von Anfang an eingeplant
- Schaffung vollendeter Tatsachen, Verstöße gegen den Versailler Vertrag
- Zweigleisige Politik (Maßnahmen, Pläne versus offizielle Äußerungen)
- Falsche Einschätzung der Westmächte

↓

**Zweiter Weltkrieg**

# Die nationalsozialistische Außenpolitik

Hitlers außenpolitisches Konzept sah den **Aufstieg Deutschlands zur Weltmacht in vier Stufen vor:** Ausbau der Macht im Innern, Erringung der Hegemonie in Zentraleuropa, Gewinnung eines „kolonialen Ergänzungsraums" in Afrika und Aufstieg zu einer der vier Weltmächte (USA, Großbritannien, Deutschland, Japan). Letzter Schritt: Entscheidungskampf gegen die USA um die Weltmacht.

Die NS-Außenpolitik lässt sich in zwei Phasen einteilen. Die **erste Phase (1933–1936)** ist geprägt von einer **Mischung aus Vertragspolitik und Verstößen gegen den Versailler Vertrag**, die von Friedensbeteuerungen begleitet wurden. Die **zweite Phase (1936–1939)** ist bestimmt von einer zunehmend **aggressiven Außenpolitik** und der gezielten **Vorbereitung des Krieges**.

Für die Zeitgenossen war die NS-Außenpolitik aufgrund der Außenpolitik des Kaiserreichs und der Revisionspolitik aller Weimarer Regierungen nichts Neues. Betrachtet man jedoch ihre **Mittel und Methoden** („Brechen von Widerstand unter Risiko", Krieg als „natürliches" nationales Auslesemittel, systematische Planung und Realisierung des Kriegs), dann bedeutet der 30.1.1933 eine **Zäsur**.

In seiner **Reichstagsrede vom 17.5.1933** gab sich Hitler friedliebend und staatsmännisch und versprach die Einhaltung des Versailler Vertrags.

Das **Konkordat** (20.7.1933), der erste Vertrag des Dritten Reiches mit dem Ausland, wertete Hitler in den Augen vieler Katholiken und katholischer Länder auf.

Der **Austritt aus dem Völkerbund** (19.10.1933) und der rein taktisch motivierte **deutsch-polnische Nichtangriffspakt** bedeuteten eine **Abkehr von der bisherigen Außenpolitik**.

Die **Abstimmung an der Saar** (13.1.1935), in der knapp 91% für den Verbleib bei Deutschland votierten, schlachtete die NS-Propaganda als **Zustimmung zum „neuen Deutschland"** aus.

Die **Wiedereinführung der allgemeinen Wehrpflich**t (16.3.1935), begleitet von Friedensbeteuerungen, hatte für Hitler Testcharakter. Großbritannien, Frankreich und Italien reagierten auf der **Konferenz von Stresa** uneinheitlich und halbherzig.

Das **deutsch-britische Flottenabkommen** (18.6.1935), das die Stresa-Front sprengte, war für Hitler ein **großer Erfolg**. Es legte die Stärke der deutschen Kriegsflotte im Vergleich zur britischen fest (35% der britischen Schiffe, 45% der U-Boote).

Auf die **Besetzung des entmilitarisierten Rheinlands** (7.3.1936), begleitet von beschwichtigenden Äußerungen Hitlers, reagierten die Westmächte wiederum uneinheitlich **(Beginn der britischen Appeasementpolitik)** und bestätigten Hitler in seiner Einschätzung der „schwächlichen, feigen Demokratien".

Im **spanischen Bürgerkrieg** (1936–1939) erprobte das Deutsche Reich inoffiziell (durch die **„Legion Condor"**) ihre Kriegsmaschinerie, besonders die Luftwaffe.

Die **„Achse Berlin-Rom“** (25.10.1936) schloss die Annäherung der beiden Diktatoren (Hitler und Mussolini) ab. Sie sollte die **Zukunft Europas** bestimmen.

Der **Antikomminternpakt** zwischen Deutschland und Japan (25.11.1936) richtete sich **gegen die kommunistische UdSSR**.

Am 5.11.1937 verkündete Hitler seinen „unabänderlichen Beschluss, spätestens 1943/45 die deutsche Raumfrage zu lösen.“ **(Hoßbach-Protokoll)**

Den **Anschluss Österreichs** (12.3.1938) erzwang Hitler durch politischen Druck auf die Regierung Schuschnigg. **Österreich wurde Teil des Deutschen Reichs**, die Westmächte protestierten ohne großen Nachdruck.

Die NS-Propaganda verschärfte Spannungen zwischen dem Deutschen Reich und der Tschechoslowakei wegen der **Sudetenfrage**. Die **Münchner Viermächtekonferenz** kam auf Initiative Mussolinis zustande, um einen Krieg zu vermeiden. Ohne Mitwirkung der Tschechoslowakei bestimmten die Regierungschefs von Großbritannien, Frankreich, Italien und Deutschland im **Münchner Abkommen** (30.9.1938) die **Einverleibung des Sudetenlands ins Deutsche Reich**.

Um ein stärkeres Engagement der Westmächte in Osteuropa zu verhindern, schloss Hitler mit **Großbritannien** (30.9.1938) und **Frankreich** (6.12.1938) **Nichtangriffserklärungen** ab.

Nach massivem Druck Hitlers akzeptierte die Tschechoslowakei, dass **Böhmen und Mähren als „Protektorat“** ins Deutsche Reich eingegliedert und die **Slowakei ein Satellitenstaat** wurde (16.3.1939). Großbritannien beendete daraufhin seine Appeasementpolitik.

**Litauen** versprach sich **Schutz vom Deutschen Reich** gegenüber der UdSSR und gab deshalb das **Memelland** zurück (22.3.1939).

Nach der Kündigung des Nichtangriffspaktes mit Polen und des deutsch-britischen Flottenabkommens sicherten sich **Deutschland und Italien** im **„Stahlpakt“** (22.5.1939) **militärische Unterstützung im Kriegsfalle** zu.

Der deutsch-sowjetische Nichtangriffsvertrag (**„Hitler-Stalin-Pakt“**, 23.8.1939) schuf für Hitler die **Voraussetzung für den Krieg**, da er einen Zweifrontenkrieg ausschloss.

Der **fingierte Überfall** polnischer Soldaten auf den deutschen **Radiosender** Gleiwitz und der **Überfall auf Polen** (1.9.1939) bedeuteten die **Entfesselung des Zweiten Weltkriegs durch Hitler.**

Die **NS-Außenpolitik** hatte **fünf Grundzüge**: 1. Lebensraum, Rassenpolitik und Weltmachtstreben als oberste Ziele. 2. Krieg war als „legales“ Mittel von Anfang an eingeplant. 3. Verstöße gegen den Versailler Vertrag („Politik der vollendeten Tatsachen“). 4. Derartige Verstöße und die aggressive NS-Außenpolitik wurden von beschwichtigenden Äußerungen Hitlers begleitet (Zweigleisigkeit). 5. Hitler schätzte die Westmächte fälschlicherweise als schwach und kriegsunwillig ein.

# AUF EINEN BLICK

**Der Polenfeldzug (1. 9. – 6. 10. 1939)**
Nach dem schnellen Sieg wurden Teile Westpolens (Posen und Westpreußen) in das „Großdeutsche Reich eingegliedert. Der Rest wurde als **„Generalgouvernement** für die besetzten polnischen Gebiete" eine Art koloniales Nebenland. Unmittelbar nach der Besetzung begannen dort die ethnischen Säuberungen.

**Die Besetzung Dänemarks und Norwegens (9. 4. – 9. 6. 1940)**
Der Grund für die Besetzung beider Länder war die Sicherung der kriegswichtigen schwedischen Erzlieferungen.

**Der Westfeldzug (10. 5. – 22. 6. 1940)**
verlief schnell. Bereits am 22. 6. kapitulierte Frankreich. Deutsche Truppen besetzten Nordfrankreich und die Atlantikküste. Der Rest wurde von Marschall Petain in Einvernehmen mit den Deutschen verwaltet.

**Der Beginn des Afrikafeldzuges (15. 2. 1941 – September 1942).**
Erfolgreiche Unterstützung der italienischen Truppen in Nordafrika durch deutsche Truppen unter Rommel. Enorme Vergrößerung der Fronten, der Krieg wird mehr und mehr zu einem logistischen Problem.

**Der Balkanfeldzug (6. 4. – 1. 6. 1941)**
Nach schweren Kämpfen wurde Griechenland besetzt und Jugoslawien aufgeteilt.

## Die Blitzkriege

## Die Ausweitung des Krieges

**Die Besetzung Ostpolens durch die Rote Armee (17. 9. 1939)**
erfolgte gemäß dem geheimen Zusatzprotokoll des Hitler-Stalin-Paktes.

**Luftschlacht um England (Juli 1940 bis November 1941)**
konnte die deutsche Luftwaffe nicht gewinnen, weshalb England nicht besetzt werden konnte. Ein Ende des Westfeldzuges war nun nicht abzusehen. Mit diesem ersten Rückschlag endete die Phase der Blitzkriege.

**Das Unternehmen Barbarossa (22. 6. 1941)**
**Gründe** für den Überfall auf die UdSSR: Sicherung von Rohstoffen, Verhinderung einer russisch-britischen Allianz; Ausrottung der „jüdisch-bolschewistischen Führungsschicht" der UdSSR.
**Verlauf:** Der schnelle Vorstoß endete aufgrund der klimatischen Bedingungen vor Moskau und die unzureichende Vorbereitung des Feldzuges bewirkte 1942 das Scheitern des Ostfeldzuges.
**Charakter:** Rassenideologischer Vernichtungs- und Versklavungskrieg einerseits, Partisanentätigkeit und grausame Vergeltungsmaßnahmen andererseits.

**Japanischer Überfall auf Pearl Harbor (7. 12. 1941)**
Er bewirkte den Kriegseintritt der USA (8. 12.). Damit wurde der Krieg zum Weltkrieg. Am 11. 12. erklärte das Deutsche Reich den USA den Krieg.

## Rückzug und Niederlage

**Die Schlacht um Stalingrad**

Sie bedeutete die entscheidende Kriegswende. Die 6. Armee musste am 2.2.1943 kapitulieren. Von da an begann der deutsche Rückzug, offiziell: die „Begradigung der Front".

**Die Kapitulation der deutschen Truppen in Nordafrika (13.5.1943)**

Nach anfänglichen Erfolgen mussten die deutschen Truppen aufgrund großer Nachschubprobleme kapitulieren. Damit war die Südflanke Europas offen für einen Angriff der Alliierten auf die „Festung Europa".

**Landung der Alliierten in der Normandie („D-Day", 6.6.1944)**

Sie leitete mit der Eröffnung der Front im Westen das Kriegsende ein.

Deutschland 1945: zerbombte Stadt

**Die Kapitulation (8./9.5.1945)**

Die Kapitulation des Deutschen Reiches am 8. Mai in Reims gegenüber den Westmächten und am folgenden Tag in Berlin-Karlshorst gegenüber der UdSSR bedeutete das Ende des Krieges im Westen.

**Die Zerstörung von Hiroshima und Nagasaki (6.8. und 9.8.1945)**

In Asien erzwangen die USA nach erbitterten Kämpfen durch den Abwurf der ersten Atombomben auf Hiroshima und Nagasaki die Kapitulation Japans am 2.9.1945. Damit endete der Zweite Weltkrieg.

# 8 Der Zweite Weltkrieg

KURZINFO

- Der Zweite Weltkrieg zerfällt in drei Phasen: In die Phase der Blitzkriege, der Ausweitung des Kriegs, des Rückzugs und der Niederlage.
- In der Phase der Blitzkriege (Sept. 1939 bis Nov. 1940) eroberten und besetzten die deutschen Truppen Polen, Dänemark, Norwegen und Frankreich.
- Die nicht gewonnene Luftschlacht um England bedeutete einen ersten Rückschlag und beendete die Phase der Blitzkriege.
- Im Jahre 1941 weitete sich der Krieg durch den Balkanfeldzug, die erste (erfolgreiche) Phase des Afrikafeldzugs, durch den Überfall auf die UdSSR und den Kriegseintritt Japans und der USA zum Weltkrieg aus.
- Der Ostfeldzug unterschied sich grundlegend vom Krieg im Westen. Er war ein rassenideologischer Vernichtungs- und Versklavungskrieg und wurde von beiden Seiten mit äußerster Brutalität geführt.
- Die Niederlage der 6. Armee bei Stalingrad und die Kapitulation der deutschen Truppen in Nordafrika brachten die entscheidende Wende des Krieges und bewirkten den permanenten Rückzug.
- Die bedingungslose Kapitulation des Deutschen Reiches (8. Mai 1945) beendete den Zweiten Weltkrieg in Europa; die Abwürfe amerikanischer Atombomben auf japanische Städte (August 1945) beendeten ihn endgültig.

## Die Zeit der Blitzkriege

### Der Polenfeldzug (1.9.–6.10.1939)

Nach dem schnellen Sieg über Polen wurden **Teile Westpolens** (Posen und Westpreußen) in das „Großdeutsche Reich" eingegliedert. Der Rest wurde gemäß dem geheimen Zusatzprotokoll des Hitler-Stalin-Paktes als „Generalgouvernement für die besetzten polnischen Gebiete" eine Art **koloniales Nebenland**. Unmittelbar danach begannen dort **ethnische „Säuberungen"**.

Am 17. September besetzte die Rote Armee Ostpreußen.

**Der Krieg gegen Polen** begann weder mit einer offiziellen Kriegserklärung noch hatte er ein formelles Ende. Bereits nach zwei Wochen war der Feldzug aufgrund des konzentrierten Einsatzes der Sturzkampfbomber (Stuka) und der Panzerverbände, der stärksten Waffen der Wehrmacht, entschieden und **nach fünf Wochen beendet**.

Etwa die **Hälfte** des von den deutschen Truppen besetzten **Westpolens** (Posen und Westpreußen) wurde dem **„Großdeutschen Reich" eingegliedert**. Der **Rest** um Warschau, Lublin und Krakau wurde gemäß dem geheimen Zusatzprotokoll des Hitler-Stalin-Paktes als **„Generalgouvernement** für die besetzten polnischen Gebiete" zu einer Art von kolonialem Nebenland. Unmittelbar danach begann Anfang Oktober unter Leitung Himmlers im besetzten Polen die „Ausschaltung des schädigenden Einflusses von solchen fremden Bevölkerungsteilen, die eine Gefahr für das Deutsche Reich und die deutsche Volksgemeinschaft bedeuten".

Am 17. September besetzte die Rote Armee, wie im Hitler-Stalin-Pakt (→ S. 116) vereinbart, den östlichen Teil Polens.

Als sich der Sieg über Polen abzeichnete, machte Hitler am 6. Oktober Großbritannien das berühmte „große Angebot“ eines „endgültigen Friedens“, dem sich Stalin sofort anschloss. Dessen Annahme hätte de facto die Anerkennung der bestehenden Lage bedeutet, was in Großbritannien allgemein als unzumutbar und indiskutabel betrachtet wurde.

Am 6.10.1939 machte Hitler **Großbritannien** ein **Friedensangebot.** Da es de facto die Anerkennung der bestehenden Verhältnisse bedeutet hätte, lehnte Großbritannien ab.

## Die Besetzung Dänemarks und Norwegens (9.4. – 9.6.1940)

Für die deutsche Rüstungs- und Kriegswirtschaft war die **Sicherung der Erzimporte aus** dem neutralen **Schweden** lebenswichtig. Um einer drohenden Besetzung Nordnorwegens und Nordschwedens durch die Westmächte zuvorzukommen, ließ Hitler am 9.4.1940 die so genannte „Weserübung“ anlaufen, die mit der **Besetzung Dänemarks** und **Norwegens** endete. Während die Dänen keinen Widerstand leisteten, konnte die Besetzung Norwegens erst am 9. Juni nach heftigen Kämpfen gegen norwegische und britische Truppen mit der Eroberung des wichtigen Hafens Narvik abgeschlossen werden.

Um die Lieferung des kriegswichtigen schwedischen Erzes zu sichern, besetzten deutsche Truppen zwischen dem 9. April und dem 9. Juni 1940 Dänemark und Norwegen.

## Der Westfeldzug (10.5. – 22.6.1940)

Der Krieg im Westen verlief zwischen dem Ende des Polenfeldzuges und Anfang Mai 1940 ausgesprochen merkwürdig. Am Westwall und der Maginot-Linie standen sich die feindlichen Truppen monatelang gegenüber, wobei es nur zu unbedeutenden Kampfhandlungen kam. Diese Kriegsphase wurde von den Deutschen als **„Sitzkrieg“** (bzw. „Witzkrieg“), von den Franzosen als „Drôle de guerre“ und von den Briten als „phoney war“ (falscher, unechter Krieg) bezeichnet. **Im Mai 1940 begann der eigentliche Westfeldzug.** Die völkerrechtswidrige Eroberung und Besetzung der neutralen Staaten Belgien, Holland und Luxemburg und der von Frankreich unerwartete Vorstoß der deutschen Truppen durch die Ardennen brachte in kurzer Zeit die Entscheidung. Vier Tage nach Angriffsbeginn (10.5.1940) kapitulierten die niederländischen Truppen, am 28. Mai die belgischen. Wenige Wochen später, am **22. Juni 1940**, musste **Frankreich** die **Kapitulation** im Wald zu **Compiègne** an historischer Stätte (Waffenstillstand 1918) unterzeichnen. Der größere, nördliche Teil Frankreichs und die Atlantikküste wurden besetzt, der kleinere südliche, mit Regierungssitz in Vichy (**„Vichy-Frankreich“**), wurde in Einvernehmen mit den Deutschen von dem französischen Marschall **Pétain** als „Staatschef“ autoritär regiert. Elsass-Lothringen wurde annektiert, über 2 Mio. französische Kriegsgefangene kamen zum „Arbeitseinsatz“ nach Deutschland.
Sehr umstritten war **Hitlers Haltebefehl** vom 24. Mai, der den Westmächten die Möglichkeit gab, ca. 340 000 Soldaten aus dem Kessel von **Dünkirchen** nach England zurückzuziehen. Diese von Feind und Freund gleichermaßen unverstandene Maßnahme Hitlers wurde in Großbritannien und Frankreich als

Zwischen Ende des Polenfeldzugs und Beginn des Westfeldzugs (10.5.1940) gab es am Westwall und der Maginot-Linie nur kleinere Kampfhandlungen („Sitzkrieg“). Der **Westfeldzug verlief schnell**: Am 22.6.1940 kapitulierte Frankreich in Compiègne. Deutsche Truppen besetzten Nordfrankreich und die Atlantikküste. Der Rest (**„Vichy-Frankreich“**) wurde von Marschall Pétain in Einvernehmen mit den Deutschen verwaltet.

**Hitlers unverständlicher Haltebefehl vor Dünkirchen** (24.5.1940, in Großbritannien und Frankreich als „Wunder von Dünkirchen“ bezeichnet) ermöglichte es den Westmächten, ca. 340 000 Soldaten nach England zurückzuziehen.

„**Wunder von Dünkirchen**“ bezeichnet. Militärisch gesehen gehört der Haltebefehl zu den großen Fehlern des (laut Generalfeldmarschall Keitel) „größten Feldherrn aller Zeiten“. Der Haltebefehl hatte wohl folgende **Motive**:

- Hitler rechnete noch immer mit der Möglichkeit einer deutsch-britischen Übereinkunft.
- Eine Vernichtung der britischen Streitkräfte und die Besetzung des „germanischen“ Großbritanniens strebte Hitler aus ideologischen Gründen zu diesem Zeitpunkt noch nicht an.
- Offensichtlich glaubte er, sich diese Maßnahme aufgrund seiner bisherigen militärischen Erfolge leisten zu können.

Ergebnisse des Westfeldzuges: Hitlers Prestige wuchs noch mehr, er befand sich auf dem **Höhepunkt seiner Macht**; die **Vormachtstellung des Dritten Reiches** auf dem Kontinent schien unerschütterlich; Hitler, der „größte Feldherr aller Zeiten“ überschätzte sich und nahm der Generalität immer mehr das Heft aus der Hand.

**Ergebnisse des Westfeldzuges:**

- Hitlers ohnehin schon hohes Prestige wuchs in Deutschland noch mehr.
- Er befand sich auf dem Höhepunkt seiner Macht.
- Die Vormachtstellung des Dritten Reiches auf dem Kontinent schien unerschütterlich.
- Die Generalität geriet auch auf rein militärischem Gebiet gegenüber dem „genialen Feldherrn Hitler“ ins Hintertreffen.
- Hitler überschätzte immer mehr die eigene Position und unterschätzte die Kampfbereitschaft Großbritanniens.

## Die Luftschlacht um England (Juli – November 1940)

Da Großbritannien nach der Kapitulation Frankreichs nicht aufgab, wollte Hitler die Entscheidung durch eine Landung in England (Codewort: „Operation Seelöwe“) herbeiführen. Dies setzte die Ausschaltung der Royal Air Force und die Lufthoheit über dem Ärmelkanal voraus. Die deutsche Luftwaffe bombardierte zwar seit Mitte August britische Industriestädte (z. B. Coventry) und London, erlitt aber ebenso wie die britische große Verluste. Der britische Premierminister Winston Churchill (seit Mai 1940) stärkte durch mitreißende Reden den Durchhaltewillen seiner Landsleute:

> **„… I have nothing to offer but blood, toil, tears, and sweat … You ask, what is our aim? I can answer in one word. It is victory. Victory at all costs – Victory in spite of all terrors – Victory, however long and hard the road may be, for without victory there is no survival.“**[22]

Die „Luftschlacht um England“ konnte die deutsche Luftwaffe nicht gewinnen, **England konnte nicht besetzt werden**. Damit endete die Phase der Blitzkriege.

Die Luftschlacht brachte nicht den von Hitler erwarteten Sieg. Damit war die Operation Seelöwe gescheitert und das Ende des Westfeldzuges nicht mehr abzusehen. Die **nicht gewonnene Luftschlacht** um England war der erste entscheidende Rückschlag für Hitler und **bedeutete das Ende der Blitzkriege**.

# Die Ausweitung des Krieges

## Die erste Phase des Afrikafeldzuges (Februar 1941 – September 1942)

Im Frühjahr 1940 hatte Mussolini sich von den deutschen Erfolgen verleiten lassen und englische Besitzungen in Nordafrika angegriffen. Da er den englischen Truppen jedoch nicht standhalten konnte, musste Hitler Truppen zur Unterstützung schicken, die unter General Erwin **Rommel** in Tunesien, Libyen und Ägypten **zunächst erfolgreich** waren. Problematisch war, dass sich durch den Afrikafeldzug die Fronten enorm vergrößerten und der Krieg für die deutschen Truppen immer stärker zu einem logistischen Problem wurde.

1. Phase des Afrikafeldzuges (Febr. 1941 – Sept. 1942): Erfolgreiche **Unterstützung der italienischen Truppen** in Nordafrika durch deutsche.

## Der Balkanfeldzug (6.4.–1.6.1941)

Nach dem Sieg über Frankreich und dem Scheitern der Schlacht um England ging Hitler an die Neuordnung Südosteuropas. Ungarn, Rumänien und Bulgarien schlossen sich durch Bündnisverträge der Achse Berlin-Rom an, **Jugoslawien und Griechenland** wurden im **Frühjahr 1941** nach teilweise schweren Kämpfen **erobert**, besetzt und im Falle Jugoslawiens aufgeteilt. Der nordwestliche Teil kam zum Großdeutschen Reich, der an die Adria angrenzende zu Italien, der Rest erhielt eine begrenzte Unabhängigkeit.

**Balkanfeldzug:** Eroberung und Besetzung Jugoslawiens und Griechenlands im Frühjahr 1941.

## Das Unternehmen „Barbarossa" (Beginn 22.6.1941)

### Motive

In der „Weisung Nr. 21" befahl Hitler unter dem Stichwort **„Barbarossa"** am 18.12.1940 die Vorbereitung für den **Angriff auf die UdSSR**, der im Mai des folgenden Jahres beginnen sollte. Dies hielt Hitler jedoch nicht davon ab, am 10.1.1941 einen erneuten Wirtschaftsvertrag mit der UdSSR abzuschließen. Das Eingreifen der deutschen Truppen auf dem Balkan und vor allem in Nordafrika verschob den Angriffstermin, der nun für den **22. Juni 1941** befohlen wurde, obwohl Deutschlands Verbündeter Japan wenige Wochen zuvor einen Nichtangriffspakt mit der UdSSR geschlossen hatte. Folgende **Motive** Hitlers bewirkten die unerzwungene Eröffnung des Zweifronten-Krieges:

### Wirtschaftliche Überlegungen

- Die Versorgung mit rumänischem Erdöl und finnischem Nickel (für Panzerplatten) sollte sichergestellt werden.
- Mit Hilfe der reichen Rohstoffquellen der UdSSR sollte ein Ausgleich zur verstärkten Materialhilfe der USA für die Gegner des Dritten Reiches geschaffen werden.

Die wichtigsten Motive für den **Überfall auf die UdSSR** („Barbarossa") am 22.6.1941:
- **wirtschaftlich**: Sicherung von Rohstoffen, Gewinnung von Lebensraum im Osten

- **militärisch**: Verhinderung einer russisch-britischen Allianz, Entlastung Japans, das die USA von einem Kriegseintritt abhalten sollte
- **ideologisch-politisch**: Ausrottung der „jüdisch-bolschewistischen" Führungsschicht der UdSSR, Dezimierung und Unterwerfung der slawischen Bevölkerung unter die deutsche Herrschaft, Beendigung der expansiven Politik der UdSSR in Ost- und Südosteuropa

- Die Versorgung der Bevölkerung mit Nahrungsmitteln aus der UdSSR konnte nach Ansicht Hitlers unbegrenzt gewährleistet werden. Hierbei spielte vor allem die Ukraine, die „Kornkammer" Russlands, eine große Rolle.
- Gewinnung eines Kolonialraumes für deutsche Siedler und damit Verwirklichung seines Lebensraumprogrammes.

### Militärische Überlegungen

- Großbritanniens Hoffnung auf eine eventuelle russische Hilfe sollte zerstört werden.
- Hitler beabsichtigte, durch die Besiegung der UdSSR Japan von sowjetischem Druck zu befreien. Der Verbündete sollte dann durch eine aggressive Politik in Asien die USA binden und von einem Kriegseintritt abhalten.

### Ideologisch-politische Erwägungen

- Ausrottung der „jüdisch-bolschewistischen" Führungsschicht der UdSSR einschließlich ihrer (angeblichen) „biologischen Wurzel", der Millionen Juden in Ost- und Mitteleuropa.
- Dezimierung der slawischen Bevölkerung Osteuropas und Unterwerfung des Rests unter die deutsche Herrschaft (→ S. 146).
- Beendigung der expansiven Politik der UdSSR im östlichen und südöstlichen Europa.

### Die erste Phase des Ostfeldzuges

Der rasche Vorstoß der deutschen Truppen blieb aufgrund ungünstiger klimatischer Bedingungen (Regenperiode, früher Wintereinbruch) 40 km vor Moskau stecken. Im folgenden Jahr führte die unzureichende Vorbereitung des Feldzuges und **Hitlers Fehleinschätzung** der Lage dazu, dass wichtige militärische Ziele nicht erreicht wurden.

Obwohl Stalin aus verschiedenen Quellen von Hitlers Angriff unterrichtet war, glaubte er ihnen nicht. Dies ermöglichte den deutschen Truppen **große Anfangserfolge**: ein rasches Vordringen, große Kesselschlachten und die Gefangennahme von ca. 1,3 Mio. russischen Soldaten innerhalb der ersten drei Monate. Die Ukraine wurde besetzt, Leningrad eingeschlossen, das sowjetische Industriegebiet im Süden des Landes, das Donezbecken, besetzt. Am 10. Oktober meldete das Oberkommando der Wehrmacht, dass der Feldzug im Osten gewonnen sei. Eine **Regenperiode** im Oktober **und** der früh einsetzende **harte Winter** („General Frost") **beendeten** in dieser aussichtsreichen Situation den deutschen **Vormarsch**, als die Vorhut der deutschen Truppen bereits 40 km vor den Toren Moskaus stand. Obwohl Hitlers Ziel der raschen Niederwerfung gescheitert war, hielt er in einer Mischung aus propagandistischer Siegeszuversicht und Fehleinschätzung der Lage an der Behauptung fest, der Gegner sei geschlagen und werde sich nie wieder erholen. Im folgenden Jahr wirkte sich die unzureichende Vorbereitung des Ostfeldzuges unheilvoll aus. Die deutschen Truppen konnten nicht weiter vorrücken, **wichtige militärische Ziele wurden nicht erreicht**.

### Der Charakter des Ostfeldzuges

Ende März 1941 instruierte Hitler die Reichswehrführung in aller Deutlichkeit über den geplanten Vernichtungskrieg gegen die UdSSR. Tatsächlich war der Ostfeldzug keine Fortsetzung des bisherigen Krieges und mit diesem nicht vergleichbar. Sein Charakter war völlig andersartig. Während sich die militärische Auseinandersetzung im Westen auf der Stufe eines europäischen Normalkrieges befand, war der Ostfeldzug, den Hitler als „Kampf zweier Weltanschauungen" und als „Vernichtungskrieg" charakterisierte, von Anfang an ein **rassenideologischer Vernichtungs- und Versklavungskrieg**. Diese Komponente, belegt durch die Vernichtung der osteuropäischen Juden und die sowjetischen Verluste in Höhe von 20 Mio. Menschen, überlagerte wirtschaftliche und machtpolitische Motive und bestimmte den Charakter und die Verbissenheit dieses Krieges. Daran hatte vor allem die SS durch die von ihr errichteten und betriebenen Massenvernichtungslager sowie durch ihr **brutales Vorgehen gegen die polnische und sowjetische Zivilbevölkerung** entscheidenden Anteil. Beide Seiten hielten sich schon bald nicht mehr an die bisher gültigen Regeln des Krieges, weshalb **Partisanentätigkeit und grausame Vergeltungsmaßnahmen** den Ostfeldzug bis zu seinem Ende mitbestimmten.

Der Ostfeldzug war mit dem Krieg im Westen nicht vergleichbar. Beide Seiten hielten sich nicht an die bisher gültigen Regeln des Krieges. Für Hitler war der Krieg im Osten von Anfang an ein **rassenideologischer Vernichtungs- und Versklavungskrieg.** Andererseits bestimmten den Ostfeldzug auch Partisanentätigkeit und **grausame Vergeltungsmaßnahmen.**

## Der Kriegseintritt Japans und der USA

Seit Ende des 19. Jahrhunderts betrieb Japan im ostasiatischen Raum imperialistische Politik. Dadurch entstand ein wachsender Konflikt mit den USA, die eine japanische Hegemonie in Ostasien verhindern wollten. Japan wollte seine Vormachtstellung in Ostasien, notfalls auch militärisch, nun endgültig durchsetzen und sichern. Die USA reagierten darauf mit Sanktionen (Einfrieren japanischer Guthaben in den USA, Liefersperren für Erdöl, Eisen und andere Rohstoffe). Diese trafen das rohstoffarme Japan hart. Dipolomatische Bemühungen Japans lehnte Präsident Roosevelt im November 1941 endgültig ab. Daraufhin entschloss sich das Kaiserreich zum Krieg. Am **7. Dezember 1941** überfielen 355 Maschinen der japanischen Marine-Luftwaffe ohne Kriegserklärung den amerikanischen Marinestützpunkt **Pearl Harbor** (Hawaii), versenkten fünf Schlachtschiffe, beschädigten drei weitere und vernichteten zahlreiche Flugzeuge und Militäreinrichtungen.

Im Gegensatz zu der einhelligen Verurteilung des japanischen Vorgehens, die nach 1945 in der Literatur dominierte, wird heute von Historikern vielfach angenommen, dass Präsident Roosevelt die Auseinandersetzung mit Japan um die Hegemonie in der Südsee und in Asien bewusst angestrebt hat. Dafür spricht das harte wirtschaftliche Vorgehen der USA gegen Japan, das die eigenen Interessen in diesem Umfang nicht nötig gemacht hätten. Oft wird auch mit überzeugenden Belegen behauptet, dass der Überfall auf Pearl Harbor für Roosevelt keinesfalls völlig überraschend gewesen sein kann. Vielmehr erwies sich der

7.12.1941: Überfall Japans auf Pearl Harbor, der den **Kriegseintritt der USA** auslöste

**Gründe für das Vorgehen Japans**:
- die imperialistische Politik Japans, die mit den amerikanischen Interessen kollidierte
- amerikanische Wirtschaftssanktionen gegen Japan (Erdöl, Eisen etc.)

Als **Roosevelt** auf japanische diplomatische Bemühungen nicht einging, entschloss sich Japan zum Krieg.

Ob die US-Regierung von dem Überfall überrascht wurde oder ob sie ihn als Stimmungsmacher bewusst in Kauf nahm, ist nicht völlig geklärt. Jedenfalls war der **Kriegseintritt der USA**, den die große Mehrheit der amerikanischen Bevölkerung bisher abgelehnt hatte, nun eine **Sache der nationalen Ehre**.

Am 8.12.1941 erklärten die USA Japan und drei Tage später Deutschland den USA den Krieg.

**japanische Überfall als** der **ideale Stimmungsmacher für** einen von Roosevelt als „notwendig" angesehenen **amerikanischen Kriegseintritt**. Jedenfalls erklärten die USA am folgenden Tag Japan den Krieg, der nun als „Sache der nationalen Ehre" jedem Amerikaner unumgänglich erschien. In unbegreiflicher Verblendung und Selbstüberschätzung erklärte Hitler als treuer Partner Japans den USA wenige Tage danach den Krieg (11.12.1941).
Mit dieser Entwicklung erhielt der Krieg eine **neue Dimension**, er wurde zum **Weltkrieg**. Hitlers Kalkül, dass Japan die USA in Fernost binden würde, ging nicht auf, denn die angelsächsischen Mächte einigten sich darauf, zuerst Deutschland zu besiegen („Germany first"). Gleichzeitig bedeutete der **Kriegseintritt der USA** aufgrund ihrer ungeheuren Wirtschaftskraft, ihres riesigen Waffenpotentials und ihrer ausgeruhten, frischen Truppen die **entscheidende Wende**. Die Niederlage der Achsenmächte war jetzt nur noch eine Frage der Zeit, zumal die USA ihre Kriegspartner, vor allem die UdSSR, massiv mit Kriegsmaterial unterstützten, und die Wehrmacht auch in dieser Hinsicht langsam aber sicher ins Hintertreffen geriet.

| | Offiziere | Mannschaften | gesamt |
|---|---|---|---|
| 1941 | 99.500 | 1.341.500 | 1.441.000 |
| 1942 | 206.500 | 2.868.000 | 3.074.500 |
| 1943 | 579.500 | 6.413.500 | 6.993.000 |
| 1944 | 777.000 | 7.216.000 | 7.993.000 |
| 1945 | 991.500 | 7.375.000 | 8.366.500 |

Heeresstärke der USA 1941–1945 (ca.)

| | 2. Hälfte 1940 | 1941 | 1942 | 1943 | 1944 | 1.Hälfte 1945 |
|---|---|---|---|---|---|---|
| 1. Flugzeuge | 342 | 1737 | 6095 | 12519 | 16046 | 6855 |
| 2. Schiffe | 391 | 1852 | 6957 | 12489 | 13431 | 4884 |
| 3. Kampf- und mot. Fahrzeuge | 260 | 1340 | 4943 | 6524 | 5372 | 2695 |
| 4. Geschütze usw. | 89 | 396 | 2007 | 3647 | 3120 | 1394 |
| 5. Munition | 806 | 2320 | 6263 | 10033 | 11030 | 6184 |

Kriegsmaterialproduktion der USA 1940–1945 (in Mio. Dollar)

# Rückzug und Niederlage

## Die zweite Phase des Afrikafeldzuges (Sept. 1942 bis Mai 1943)

**Zunächst hatte die strategisch meisterhafte Führung der deutschen Truppen** in Nordafrika durch den **„Wüstenfuchs" Rommel** die gewünschten Erfolge gebracht. Seit Frühjahr 1942 verschlechterte sich jedoch die Lage. Entscheidend war, dass die deutsche Logistik aufgrund der vom Führer prognostizierten Blitzkriege nicht auf derartig lange Nachschubwege eingerichtet war. Außerdem war es der deutschen Luftwaffe nicht gelungen, den britischen Luftstützpunkt Malta als Sprungbrett nach Afrika auszuschalten. Die Eroberung der libyschen Hauptstadt Tripolis und die Besetzung von Tunis durch britische Truppen im Frühjahr 1943 stehen für das Ende des Afrikafeldzuges. Am **13. Mai 1943** fand der „Heldenkampf der deutschen und italienischen Afrikaverbände", wie das Oberkommando der Wehrmacht verkündete, „mit der **Kapitulation** … sein ehrenvolles Ende" und 252 000 deutsche und italienische Soldaten gerieten in Gefangenschaft. Damit waren Nordafrika und vor allem das Mittelmeer fest in feindlicher Hand, die **Südflanke für den Angriff auf die „Festung Europa" offen.**

Nach anfänglichen Erfolgen **kapitulierten die deutschen Truppen im Mai 1943** in Nordafrika aufgrund großer Nachschubprobleme. Damit war die Südflanke Europas für einen alliierten Angriff auf die „Festung Europa" offen.

## Die Niederlage im Osten

Seit Dezember 1941 fungierte Hitler auch als Oberbefehlshaber des Heeres. Im Jahre 1942 begannen sich die unzureichende Vorbereitung des Ostfeldzuges und der militärische Größenwahn Hitlers unheilvoll auszuwirken. Zwar konnte die Front gehalten werden, entscheidende Gewinne waren jedoch nicht mehr möglich. Der **Vorstoß** in den Süden der UdSSR zu den kaukasischen Erdölfeldern von Batum und Baku **scheiterte** im Herbst und Winter **1942/43 bei Stalingrad**. Der Name dieser erbittert umkämpften Stadt, die das Zentrum der sowjetischen Rüstungsindustrie war, steht symbolisch für die **Niederlage im Osten**. Diese wurde offensichtlich durch die **Kapitulation der eingekesselten 6. Armee** unter Feldmarschall Paulus am **2. 2. 1943** in Stalingrad. Pathetische Durchhalteparolen, die Hitler und Göring unmittelbar vor der Kapitulation verkündeten, wurden in nüchterner Erkenntnis der Lage von den im Kessel von Stalingrad Eingeschlossenen mit der telegrafischen Antwort: „Vorzeitige Leichenreden unerwünscht!" beantwortet. Von ca. 240 000 deutschen Soldaten überlebten nur ca. 6 000 die Schlacht bzw. die Gefangenschaft. Nach der Kapitulation der 6. Armee musste die **Front permanent „begradigt"** werden, wie die NS-Propaganda den Rückzug der deutschen Truppen der Heimat erklärte.

Der Vorstoß zu den kaukasischen Erdölfeldern scheiterte Ende 1942. Die **Schlacht um Stalingrad** bedeutete die **entscheidende Wende**. Die 6. Armee musste Anfang Februar 1943 kapitulieren. Von da an begann der **Rückzug der deutschen Truppen**.

## Das Ende des Krieges

**Goebbels rief am 18. 2. 1943 den totalen Krieg aus.** Trotz der Mobilisierung der letzten Kraftreserven war das **Ende des Krieges** nur noch eine **Frage der Zeit**. Alliierte Bombengeschwader legten deutsche Städte praktisch ohne Gegenwehr in Schutt und Asche.

Trotz der Mobilisierung letzter Kraftreserven und der **Ausrufung des „totalen Krieges"** durch Goebbels (18. 2. 1943) war der Krieg im Sommer 1943 im Prinzip verloren: England hatte nicht besiegt werden können, der Afrikafeldzug war verloren, die deutschen Truppen im Osten auf dem Rückmarsch. Der **alliierte Bombenkrieg**, der in den letzten Monaten des Krieges von Briten und Amerikanern verstärkt zur Terrorisierung der Zivilbevölkerung eingesetzt wurde, zerstörte die deutschen Städte in bisher nie dagewesenem Ausmaße. Dresden (13./14. 2. 1945), Würzburg (16. 3. 1945) und zahlreiche weitere Großstädte stehen für diese brutale Taktik, die nur deshalb nicht als Kriegsverbrechen erster Ordnung kategorisiert wurde, weil die späteren Sieger sie angewandt hatten. Wie Hitler zutreffend gesagt hatte, wird der Sieger nicht nach der Berechtigung seiner Maßnahmen und Entscheidungen gefragt.

Im September 1943 schloss Italien einen Waffenstillstand mit den Alliierten.

Die **Landung der Alliierten in der Normandie** (6. 6. 1944) leitete das Kriegsende ein.

Im **September 1943** wechselte **Italien** die Seiten und schloss ein **Waffenbündnis mit den Alliierten**, womit sich der Kriegsschauplatz erneut erweiterte. Der **U-Boot-Krieg** im Atlantik war zu diesem Zeitpunkt ebenfalls **gescheitert**. Die endgültige Entscheidung brachte die **Landung der Alliierten in der Normandie** am **6. 6. 1944** (Code-Wort „D-Day", Decision Day = Tag der Entscheidung) und die Eröffnung der Front im Westen. Obwohl gegen Ende des Krieges selbst alte Männer und Jugendliche zur Entlastung des Heeres die Heimat verteidigen mussten (sogenannter **Volkssturm**), war der Vorstoß der gegnerischen Streitkräfte nicht mehr aufzuhalten.

Zu Beginn des Jahres 1945 standen die Westmächte an der Westgrenze des Reiches, die Rote Armee „befreite" Polen. Damit begann trotz letzter Durchhalteparolen und Ankündigung verschiedener „Wunderwaffen" die „Götzendämmerung". Immer noch fantasierte Hitler in seinem Berliner Führerbunker tief unter der Erde, nicht mehr im Vollbesitz seiner körperlichen und geistigen Kräfte, über den Endsieg. Nach der Heirat mit Eva Braun, seiner Lebensgefährtin (29. 4.), verfasste Hitler sein privates und politisches Testament und beging am 30. 4. Selbstmord. Andere NS-Größen, z. B. Goebbels mit seiner ganzen Familie, folgten ihm; manche versuchten, sich in letzter Minute ins Ausland, meist nach Südamerika, zu retten.

Hitler hatte seinen ergebenen Gefolgsmann Großadmiral **Dönitz,** den Oberbefehlshaber der Kriegsmarine, testamentarisch zu seinem Nachfolger als **Reichspräsident** ernannt und bestimmt, dass dieser den Krieg fortführen sollte. Dönitz hatte aber angesichts der aussichtslosen Lage nur das Ziel, durch eine Teilkapitulation im Westen möglichst viele Soldaten und Flüchtlinge vor der Roten Armee zu retten. Dies gelang seiner „Geschäftsführenden Reichsregierung" (2.–23.5.1945) in Flensburg jedoch nur ansatzweise. Am 23. Mai wurde Dönitz verhaftet und im Nürnberger Kriegsverbrecherprozess zu 10 Jahren Haft verurteilt.

Die **Kapitulation** am **7. Mai 1945 gegenüber den Westmächten** in Reims und am **8. Mai gegenüber der UdSSR** in Berlin-Karlshorst **beendete** das Dritte Reich, das „tausendjährige", nach 12 Jahren und damit den **Krieg in Europa**.

In Asien erzwangen die Amerikaner, nach erbittertem Kampf und der verlustreichen Eroberung wichtiger Inseln im Pazifik durch den Abwurf der ersten **Atombomben** auf die Städte **Hiroshima** (6.8.) und **Nagasaki** (9.8.), die **Kapitulation Japans**.

Nach der Kapitulation in Reims verkündete **Großadmiral Dönitz**, das letzte Staatsoberhaupt des Deutschen Reiches: **„Am 8. Mai um 23 Uhr schweigen die Waffen."**

Die **Kapitulation des Deutschen Reiches** am 7. Mai gegenüber den Westmächten und am 8. Mai gegenüber der UdSSR beendete den Zweiten Weltkrieg in Europa.

Die **Zerstörung von Nagasaki und Hiroshima** (6. 8. und 9.8.1945) durch **amerikanische Atombomben** beendete den Zweiten Weltkrieg, der insgesamt ca. 55 Mio. Menschen das Leben kostete.

## Bilanz des Zweiten Weltkrieges

| Menschenverluste der am Zweiten Weltkrieg in Europa beteiligten Staaten: | |
|---|---|
| Gefallene deutsche Soldaten | 3 000 000 |
| Vermisste deutsche Soldaten | 1 300 000 |
| Deutsche Zivilbevölkerung | 500 000 |
| Verluste durch Vertreibung und Verschleppung Deutscher | 2 250 000 |
| US-Streitkräfte | 229 000 |
| Westliche Alliierte | 610 000 |
| Zivilbevölkerung der westlichen Alliierten | 690 000 |
| Streitkräfte der ost- und südosteuropäischen Länder | 1 000 000 |
| Zivilbevölkerung der ost- und südosteuropäischen Länder | 8 000 000 |
| Sowjetische Streitkräfte | 13 600 000 |
| Sowjetische Zivilbevölkerung | 6 700 000 |

| Gesamtverluste des Zweiten Weltkrieges weltweit | |
|---|---|
| Menschenverluste | ca. 55 000 000 |
| Kriegsbeschädigte | 35 000 000 |

# Der Zweite Weltkrieg

Der Zweite Weltkrieg lässt sich in **drei Phasen** unterteilen: In die Phase der **Blitzkriege** (Sept. 1939 bis Nov. 1940), in der Polen, Dänemark, Norwegen und Frankreich erobert und besetzt wurden; in die Phase der **Ausweitung des Krieges** (1941/42) und in die Phase des **Rückzugs und der Niederlage** (1943–1945).

Da die deutsche Luftwaffe die **Luftschlacht um England** (Juli–Nov. 1940) nicht gewinnen konnte, war eine **Besetzung Englands nicht möglich** und das Ende des Westfeldzuges nicht mehr abzusehen. Damit endete die Phase der Blitzkriege.

**1941** weitete sich der Krieg durch den **Balkanfeldzug** (April bis Juni), den **Afrikafeldzug** (Beginn Februar) und den **Überfall auf die UdSSR** (22. Juni) aus. Der japanische Überfall auf Pearl Harbor und der **Kriegseintritt der USA** (8. Dezember) machten den Krieg zum **Weltkrieg**.

Hitler hatte für den **Überfall auf die UdSSR wirtschaftliche Gründe** (Sicherung von Rohstoffen), **militärische** (Verhinderung einer britisch-sowjetischen Allianz) und **rassisch-ideologische** (Lebensraumprogramm, Vernichtung der „jüdisch-bolschewistischen" Führungsschicht der UdSSR, Unterwerfung der slawischen Bevölkerung).

Der **Ostfeldzug** unterschied sich grundlegend von dem „normalen" Krieg im Westen. Er war ein **rassisch-ideologischer Vernichtungskrieg** und wurde von beiden Seiten mit äußerster Brutalität geführt.

Die **Schlacht um Stalingrad** endete mit der Kapitulation und Gefangennahme der 6. Armee (2.2.1943). Diese Niederlage, die aus logistischen Gründen notwendige Kapitulation der deutschen Truppen in Nordafrika (Mai 1943) sowie die ungeheure Wirtschaftskraft und das riesige Waffenpotential der USA bedeuteten die **entscheidende Wende des Zweiten Weltkrieges**.

Mit der Kapitulation in Nordafrika und der Niederlage bei Stalingrad begann der **permanente Rückzug** der deutschen Truppen. Trotz der Ausrufung des totalen Krieges durch Goebbels (18.2.1943) und der Mobilisierung letzter Kraftreserven war die **Niederlage nur eine Frage der Zeit**.

Der **alliierte Bombenkrieg** legte die deutschen Großstädte in Schutt und Asche und zermürbte die Zivilbevölkerung.

Die **Landung der Alliierten in der Normandie** (6.6.1944) und die Eroberung Deutschlands durch die Alliierten bewirkten die **bedingungslose Kapitulation (8.5.1945)** und damit das **Kriegsende in Europa**.

Die **amerikanischen Atombombenabwürfe** auf **Hiroshima** und **Nagasaki** (6. und 9.8.1945) erzwangen die Kapitulation Japans und damit das **Ende des Zweiten Weltkrieges**.

# AUF EINEN BLICK

### Der NS-Terror in Deutschland 1933–1945

Er betraf politische Gegner sowie religiöse, ethnische und gesellschaftliche Randgruppen: Juden, Zeugen Jehovas, Sinti und Roma, Homosexuelle, körperlich und geistig Behinderte („Euthanasie“), „Arbeitsscheue“, aber auch missliebige Schriftsteller, Künstler, Wissenschaftler und Pazifisten. Die Verfolgten wurden als „Volksschädlinge“, als „artfremd“ oder „rassisch minderwertig“ angesehen und oft ohne rechtliche Grundlage inhaftiert, deportiert und in die seit 1933 auf der Grundlage der Reichstagsbrandverordnung errichteten Konzentrationslager eingewiesen. Dort wurden sie unmenschlich behandelt oder ermordet.

Täter und Opfer im Getto von Lodz
Links: der Leiter der deutschen Gettoverwaltung

## NS-Terror in Deutschland

## Die Judenverfolgung

### Die Verfolgung der Juden 1933–1945

Sie verlief in **vier Phasen**:

**1. Phase 1933-1935:** Hetze und Terror. Vereinzelte Aktionen (Boykottaufrufe, Drohungen, Diskriminierungen, Ausgrenzungen) gegen jüdische Geschäfte und Privatpersonen, jüdische Beamte, Künstler und Literaten.

**2. Phase 1935-1945:** Die Nürnberger Gesetze bildeten die pseudorechtliche Grundlage der zielgerichteten Entrechtungs- und Verfolgungskampagne gegenüber den Juden. Das „Reichsbürgergesetz“ bestimmte, dass Juden (aus rassischen Gründen) keine Reichsbürger sein und deshalb auch nicht die vollen politischen Rechte besitzen konnten. Das „Gesetz zum Schutz des deutschen Blutes und der deutschen Ehre“ verbot Ehen und Geschlechtsverkehr zwischen deutschen Staatsangehörigen und Juden.

**3. Phase 1938-1942:** Systematische Einengung des Lebensraums der Juden durch Berufs-, Besitz-, Aufenthalts und Nutzungsverbote sowie durch diskriminierende Maßnahmen (Judenstern, alle Juden müssen die Vornamen Israel oder Sara tragen). In der „Reichskristallnacht“ (9./10.11.1939) wurden im ganzen Land Synagogen und jüdische Geschäfte zerstört, Juden misshandelt und ermordet.

**4. Phase: 1942-1945:** Die „Endlösung“ (NS-Begriff) der Judenfrage berieten und organisierten hochrangige NS-Funktionäre auf der Wannseekonferenz vom 20.1.1942. Beschlüsse:

1. Erfassung der Juden in Deutschland und den besetzten Gebieten.
2. Abtransport in die Vernichtungslager (Polen, Weißrussland).
3. Ermordung durch „entsprechende Behandlung“ (Erschießen, Vergasen und unmenschliche Lebens- und Arbeitsverhältnisse).

Zwischen 5,6 und 6,3 Mio. Juden wurden im „Holocaust“ ermordet, die Hälfte von ihnen in den Massenvernichtungslagern.

# 9 Der Unrechtscharakter des Dritten Reiches

### Die Konzentrationslager

Sie waren Sonderlager für politische Gegner, Mitglieder gesellschaftlicher Randgruppen, „Unangepasste"; waren **Zwangsarbeiterlager** und **Massenvernichtungslager** in Osteuropa. Terror, Diskriminierung und unmenschliche Behandlung betrafen auch Jugendliche und Frauen, für die es spezielle Konzentrationslager gab. Die Insassen waren der Willkür der Gestapo, der SS und des Lagerpersonals schutzlos ausgeliefert. Ihr Alltag war geprägt von Misshandlungen, grausamen Folterungen, härtesten, oft willkürlichen Strafen, extremen Arbeitsbedingungen, schlechter Ernährung und völlig unzureichender medizinischer Versorgung. In ca. 1000 Arbeits- und in sieben Vernichtungslagern wurden Millionen Menschen brutal ermordet.

Konzentrationslager Auschwitz

## Die Funktion der KZ

## Terror gegenüber unterworfenen Völkern

### Die Behandlung der unterworfenen Völker

Das **Vorgehen** gegen die unterworfenen Völker richtete sich **nach** ihrer **„rassischen Wertigkeit"**. Germanische Volksgruppen (z.B. Holländer, Flamen) sollten „blutlich veredelt" und ins Deutsche Reich integriert werden. Die Behandlung der als minderwertig angesehen slawischen Völker Osteuropas war von unmenschlicher Härte und Grausamkeit bestimmt. Ca. 1 Mio. der Oberschicht angehörige Polen und Russen wurden aus rassenideologischen Gründen ermordet.
Um Lebensraum im Osten Europas zu gewinnen, plante die NS-Führung bei einem gewonnenen Krieg die Verdrängung, Umsiedlung, Versklavung und/oder Vernichtung der osteuropäischen (slawischen) Völker. Unmittelbar nach Kriegsbeginn konkretisierte Hitler seine Lebensraum- und Rassenpolitik im Osten Europas, indem er als „notwendige Maßnahmen" Versklavung, Umsiedlung und Vernichtung nannte. Das übergeordnete Ziel bestehe darin, Osteuropa zu beherrschen, zu verwalten und auszubeuten.

KURZINFO

# 9 Der Unrechtscharakter des Dritten Reiches

- Der nationalsozialistische Terror gegenüber Andersdenkenden, Oppositionellen und ethnischen, religiösen und gesellschaftlichen Minderheiten (Sinti, Roma, Zeugen Jehovas, Homosexuelle, „Artfremde", „Arbeitsscheue" etc. und vor allem gegen die Juden) begann unmittelbar nach der Machtüberlassung.
- Die Judenverfolgung begann mit Hetze und Terror gegen jüdische Geschäfte und Kaufhäuser, gegen Beamte, Künstler und Literaten.
- Die „Nürnberger Gesetze" von 1935 bildeten die pseudorechtliche Grundlage der zielgerichteten Judenverfolgung.
- Seit 1938 wurde der Lebensraum der Juden durch Berufs-, Besitz-, Aufenthalts- und Nutzungsrechte sowie durch diskriminierende Maßnahmen stark eingeschränkt.
- 1942 begann die systematische Massenvernichtung der Juden durch Erschießen, Vergasen oder unmenschliche Arbeits- und Lebensbedingungen in den Massenvernichtungslagern in Polen und Weißrussland.
- Zwischen 5,6 und 6,3 Mio. Juden wurden insgesamt von den Nationalsozialisten ermordet (Holocaust, Genozid).
- Die Behandlung der unterworfenen Völker war abhängig von ihrer „rassischen Wertigkeit".

## Der nationalsozialistische Terror in Deutschland

Der NS-Terror in Deutschland wurde in erster Linie von **Gestapo, SA und SS** ausgeübt.

Er betraf **politische Gegner** sowie religiöse, ethnische und gesellschaftliche **Randgruppen** (Juden, Sinti und Roma, Homosexuelle, psychisch Kranke, „Arbeitsscheue", aber auch Schriftsteller, Künstler, Wissenschaftler und Pazifisten).

Sie wurden in **Konzentrationslagern** unmenschlich behandelt oder ermordet.

**Der NS-Terror** in Deutschland, den in erster Linie Gestapo, SA und SS ausübten, betraf nicht nur **politische Gegner**, sondern generell **religiöse, ethnische und gesellschaftliche Minderheiten** (Juden, Zeugen Jehovas, Sinti und Roma, Homosexuelle, psychisch Kranke, „Gemeinschaftsunfähige", „Arbeitsscheue" etc.). Sie wurden als „artfremd", als „Schmarotzer", „Parasiten" oder „Volksschädlinge" angesehen und deshalb inhaftiert, deportiert, unmenschlich behandelt oder ermordet. Der Inhaftierung dienten so genannte **Konzentrationslager**, die seit 1933 auf der Rechtsgrundlage der Reichstagsbrandverordnung eingerichtet wurden. Sie waren **Sonderlager für** politische **Gegner**, Zwangsarbeitslager **und Stätten der Massenvernichtung** (im Osten Europas). Terror und Diskriminierung betrafen auch jugendliche „Außenseiter" und Frauen, für die es spezielle Konzentrationslager gab. Missliebige Personen konnten allein durch Verwaltungsanweisungen, ohne rechtliche Grundlage, in ein Konzentrationslager eingewiesen werden. Dort waren Häftlinge bedingungslos der Gewalt der SS (→ S. 48, 75) und der Gestapo (→ S. 75) ausgeliefert. Prügelstrafen, Erschlagen, Erhängen, Ertränken und grausamste Folterungen gehörten zu den alltäglichen Methoden der „Behandlung". Die Lebensverhältnisse (Hygiene, Kleidung, Verpflegung und ärztliche Versorgung) waren völlig unzureichend. Daraus resultierte zusammen mit unmenschlichen Arbeitsbedingungen und medizinischen Menschenversuchen eine **außerordentlich hohe Sterblichkeitsrate**.

Die Nationalsozialisten gingen auch gegen „undeutsche" Schriftsteller, Künstler oder Wissenschaftler rigoros vor. Diese flohen vor dem NS-Terror, wurden zwangsweise ausgebürgert oder inhaftiert. „Undeutsche", „volksfremde" und „jüdische" Bücher wurden z. B. am 10. 5. 1933 in vielen deutschen Universitätsstädten in rassistischen Hetzreden gebrandmarkt und öffentlich verbrannt.

Internierungs- bzw. **Haftgründe** waren: Opposition und Widerstand, rassische Gründe (Juden, Sinti, Roma), „Rassenschande",„sittliche" und/oder „sexuelle Verwahrlosung", Homosexualität, religiöse Gründe (Zeugen Jehovas), Sippenhaft (z. B. bei missliebigen politischen Aktivitäten naher Verwandter), gesundheitliche Gründe (Behinderte, psychisch Kranke), „Renitenz" (Aufsässigkeit), „Unerziehbarkeit", „Kriminalität", „Arbeitsverweigerung", „Arbeitsbummelei" oder Sabotage, Verweigerung des HJ- oder BDM-Dienstes, Ausschluss aus der HJ bzw. der SA, Zugehörigkeit zu verbotenen Jugendorganisationen („Swing-Jugend", konfessionelle Jugendgruppen, „Edelweiß-Piraten" (→ S. 151, 158), „Wandervögel" etc.).

Die Zahl der in Deutschland **zwischen 1933 und 1945 Inhaftierten, Verurteilten und Getöteten** wird im Allgemeinen mit **ca. 2,2 Mio.** Menschen angegeben, die Zahl der **aus politischen Gründen Hingerichteten** mit etwa **32 000** Menschen. Auch der erbarmungslose Einsatz von Häftlingen und ca. 9 Mio. aus den besetzten Gebieten oft regelrecht verschleppten **„Fremdarbeitern"** (NS-Amtsdeutsch: „fremdvölkische Arbeitskräfte") zur Steigerung der Rüstungs- und der landwirtschaftlichen Produktion ließ die Sterblichkeitsquote aufgrund der schlechten Lebens- und Arbeitsbedingungen in Deutschland in diesem Zeitraum steil ansteigen. Im Oktober 1939 wurde aufgrund eines Führererlasses mit der **„Euthanasie"**, d. h. der planmäßigen Tötung „lebensunwerten Lebens" begonnen. Der hierfür geschaffene „Reichsausschuss zur wissenschaftlichen Erforschung erb- und anlagebedingter schwerer Leiden" betraf zunächst **„lebensunwerte" Kinder**, dann auch **Erwachsene**. Diese so genannten „Ballastexistenzen" oder „unnützen Esser" (Geisteskranke, unheilbare Pflegefälle, Missgebildete) wurden durch Medikamente, Spritzen, Gas oder Entzug von Nahrung getötet. Auf Proteste, insbesondere von kirchlicher Seite, ließ Hitler 1941 die Euthanasie teilweise einstellen. Die Ermordung von Kindern und KZ-Häftlingen wurde jedoch bis zum Kriegsende fortgesetzt. **Mindestens 100 000** Menschen wurden im Rahmen des Euthanasieprogramms **ermordet**.

Menschen wurden aus **vielerlei Gründen** in Konzentrationslager eingewiesen: wegen Opposition und Widerstand, aus rassischen Gründen (Juden, Roma, Sinti), wegen „sexueller Verwahrlosung" (z. B. Homosexualität), „Arbeitsverweigerung" oder wegen der Zugehörigkeit zu einer verbotenen Jugendorganisation.

In der bayerischen Strafanstalt Stadelheim (bei München) wurden zwischen 1860 und 1933 33 Todesurteile vollstreckt, zwischen 1933 und 1945 ca. 1200.

Zwischen 1933 und 1945 wurden in Deutschland aus ideologischen oder gesellschaftlichen Gründen ca. 32 000 Menschen, aus politischen Gründen, mindestens 100 000 im Rahmen des Euthanasieprogramms (Tötung „lebensunwerten Lebens") ermordet.

# Die Verfolgung der Juden

## Historische Voraussetzungen in Deutschland

**Antisemitismus** gab es in Deutschland seit dem Mittelalter. Nach dem Ersten Weltkrieg wurden die Juden für alles Negative verantwortlich gemacht (**Sündenbockfunktion**). Hitler fasste die antisemitischen Einstellungen zusammen und schuf einen extremen Antisemitismus.

Schon mittelalterliche und frühneuzeitliche Chroniken bestätigen die Existenz des **Antijudaismus** in fast allen europäischen Ländern, auch in Deutschland. Im 19. Jahrhundert entstand auf der Basis einer pseudowissenschaftlichen Rassenlehre in fast allen europäischen Ländern der **Antisemitismus**, dessen Ziel die physische Vernichtung der Juden war. In Deutschland entstand aufgrund der innen- und außenpolitischen Entwicklung nach dem Ersten Weltkrieg ein stark ausgeprägter Antisemitismus, der vor allem in den Rechtskreisen neben dem „Kampf" gegen den Versailler Vertrag und das demokratische „System" zu den Grundlagen politischen Denkens gehörte. In typischer Vereinfachung wurde **„der Jude" als Urheber allen Übels**, als Feind der ganzen Nation, als Inkarnation des Bösen schlechthin abgestempelt.
Entscheidend war, dass der noch reichlich diffuse Antisemitismus (→ S. 61) durch Hitler zu einer primitiven, jedoch sehr wirksamen Ideologie zusammengefasst und **von der NSDAP intensiv vertreten** wurde. Die Verfolgung der Juden, die sich als „logische Konsequenz" dieses Antisemitismus ergab, lässt sich in vier Phasen mit steigender Intensität einteilen.

## Erste Phase: Hetze und Terror (1933 – 1935)

Die Verfolgung der Juden verlief in vier Phasen mit steigender Intensität:

**1. Phase (1933 – 1935) Hetze und Terror:** Vereinzelte Aktionen gegen jüdische Kaufhäuser, Geschäfte und Privatpersonen (Boykottaufrufe, Drohungen, Diskriminierungen) sowie Ausgrenzung jüdischer Beamter, Künstler, Literaten. Diese Maßnahmen fanden im Volke wenig Resonanz.

Zunächst sind **Maßnahmen und Aktionen** gegen Juden noch vereinzelt und nicht in großem Umfang organisiert. Sie richten sich **gegen jüdische Kaufhäuser**, **Geschäfte**, **Privatpersonen** sowie **Beamte** und umfassen **Boykottmaßnahmen, Drohungen oder Entlassungen**. Im Rahmen der „kulturellen Säuberung" wenden sich die SA und einzelne NSDAP-Anhänger bereits wenige Wochen nach der Machtüberlassung **gegen** jüdische **Schriftsteller**, **Literaten**, **Musiker** und **Künstler**. Davon betroffen waren auch arische Personen, deren Werke als „undeutsch" oder „vom jüdischen Geist angekränkelt" angesehen wurden. Ein erster Höhepunkt derartiger Aktionen war die von Goebbels organisierte **Bücherverbrennung** in fast allen Universitätsstädten (10.5.1933). Die NS-Propaganda richtete sich „wider den undeutschen Geist", „gegen Dekadenz und moralischen Verfall". Gegeißelt wurden „Gesinnungslumperei und politischer Verrat" sowie ein „volksfremder Journalismus".
Das **Berufsbeamtengesetz**, das alle Staatsbeamten zwang, ihre arische Abstammung nachzuweisen, bedeutete eine erste **Diffamierung und Deklassierung jüdischer Staatsbürger auf breiter Ebene**. Hierbei spielte es keine Rolle, dass zahlreiche jüdische Familien seit Generationen deutsch waren, sich als solche fühlten und in vielen Fällen großartige Leistungen für ihr Vaterland vollbracht hatten. Von Monat zu Monat wurde der Druck auf die Kommunen und Länderverwaltungen stärker, ihre Verwaltungen „judenrein" zu machen. Als Folge

dieser Aktivitäten setzte noch im Jahre **1933** eine **starke Emigration** wohlhabender **jüdischer Familien**, **Künstler** und **Wissenschaftler** ein. Trotz aller Verfolgung blieben viele Juden in Deutschland, da sie meinten, es werde schon nicht so hart kommen und die Verfolgung werde sich, wie schon so oft in der Geschichte ihres Volkes, nach einer gewissen Zeit wieder legen. Auch ist festzuhalten, dass die extreme **antisemitische Propaganda bei linientreuen Nationalsozialisten** auf **große Akzeptanz** stieß, **im Volke** jedoch, vor allem auf dem Lande, nur **geringe Zustimmung** fand.

## Zweite Phase: Die Nürnberger Gesetze (1935–1945)

### Inhalt

Im Jahre 1935 plante die NS-Staatsführung umfassende Maßnahmen, um den Juden die Existenzgrundlage systematisch zu entziehen. Da auch ein totalitärer Staat seine Maßnahmen gern juristisch legitimiert, schuf sie mit den so genannten **Nürnberger Gesetzen** die pseudorechtliche Grundlage der Judenverfolgung. Das **„Reichsbürgergesetz"** vom 15. 9. 1935 stellte u. a. fest:

- **Reichsbürger** kann nur der **Staatsangehörige deutschen oder artverwandten Blutes** sein, der durch sein Verhalten beweist, dass er gewillt und geeignet ist, in Treue dem deutschen Volk und Reich zu dienen.
- Der **Reichsbürger** ist der alleinige Träger der **vollen politischen Rechte**.

**2. Phase (1935–1945) Die Anwendung der Nürnberger Gesetze:**

Das **„Reichsbürgergesetz"** bestimmte, dass nur Staatsangehörige deutschen oder „artverwandten Blutes" Reichsbürger sein können und damit die vollen politischen Rechte besitzen.

Das am selben Tage erlassene **„Gesetz zum Schutz des deutschen Blutes und der deutschen Ehre"** sollte die „Voraussetzungen für den Fortbestand des deutschen Volkes" schaffen und „die deutsche Nation für alle Zukunft sichern". Es legte fest:

- Eheschließungen zwischen Juden und „Staatsangehörigen deutschen oder artverwandten Blutes" sind verboten.
- Derartige Ehen werden aufgelöst.
- Außerehelicher Geschlechtsverkehr zwischen Juden und Staatsangehörigen deutschen oder artverwandten Blutes ist verboten.
- Juden ist das Hissen und Zeigen der Reichsflagge verboten.

Das **„Gesetz zum Schutz des deutschen Blutes"** verbot rückwirkend Eheschließungen und Geschlechtsverkehr zwischen Juden und Reichsbürgern („Rassenschande"). Bestehende Ehen mussten aufgelöst werden.

### Bewertung

Die beiden **Nürnberger Gesetze** bildeten die **pseudojuristische Grundlage einer Entrechtungs- und Verfolgungskampagne**. Der Unrechtscharakter dieser „Gesetze" wird auch daran deutlich, dass sie rückwirkend Tatbestände verfolgten und bestraften, die bisher als solche noch gar nicht existiert hatten. Damit wurde einer der elementarsten Grundsätze heutiger Rechtsprechung, nämlich das Rückwirkungsverbot („nulla poena sine lege" = keine Strafe ohne Gesetz) verletzt.

Die beiden Gesetze bildeten die pseudorechtliche Grundlage der **zielgerichteten Entrechtungs- und Verfolgungskampagne** gegenüber den Juden.

## Dritte Phase: Die systematische Einengung des Lebensraumes der Juden (1938–1942)

**3. Phase (1938–1942): Die systematische Einengung des Lebens- und Freiheitsraums:**
Sie ist gekennzeichnet durch **Berufs-, Besitz-, Aufenthalts- und Nutzungsverbote** sowie durch diskriminierende Maßnahmen. So mussten z. B. alle Juden den **Vornamen Israel oder Sara** und in der Öffentlichkeit einen **„Judenstern"** an der Kleidung tragen.

Seit 1938 ging die NS-Führung daran, den **Freiheits- und Lebensraum der Juden systematisch und drastisch zu beschränken**. Eine Fülle von Maßnahmen betraf sowohl die wirtschaftliche Existenz als auch die Privatsphäre der Juden. Hierzu gehörten:

- **Berufsverbot** für Ärzte, Rechtsanwälte, Geschäftsführer, Kaufleute, Handwerker.
- **Besitzverbot**: Juden durften weder Geschäfte noch Wertmetalle (Gold, Platin, Silber), Edelsteine, Perlen, Rundfunkgeräte, Schreibmaschinen, Fahrräder, Autos, Motorräder, Kameras, Pelze, elektrische und optische Geräte besitzen.
- **Diskriminierende Maßnahmen**: Alle deutschen Juden mit einem nichtjüdischen Vornamen mussten zusätzlich den Vornamen Israel bzw. Sara annehmen. Sie durften **weder Theater, Kino, Konzerte, Vorträge noch Ausstellungen kultureller Art** besuchen. Sie mussten um 20 Uhr zu Hause sein, durften sich nicht in Sperrgebieten aufhalten, keine Fernsprecher und Fahrkartenautomaten benutzen, keine Wälder und Grünanlagen betreten und keine Zeitungen oder Zeitschriften beziehen. Jeder Jude musste einen „Judenstern" an seiner Kleidung tragen. Sie erhielten keine Fisch- und Fleischwaren, keine Weizenerzeugnisse, keine Vollmilch und keine Süßwaren.

Der Judenstern

**9./10.11.1938:** „Reichskristallnacht" (korrekt: **Reichspogromnacht**). Synagogen und jüdische Geschäfte wurden zerstört, Juden misshandelt und ermordet. Goebbels beendete die „spontane Aktion", da die Mehrheit der Bevölkerung ablehnend reagierte.

Einen ersten Höhepunkt des brutalen Vorgehens gegen Juden brachte die von Goebbels inszenierte **„Reichskristallnacht"** (korrekt: Reichspogromnacht). Auslösendes Moment war die Ermordung des deutschen Legationsrates vom Rath in Paris durch den polnischen Juden Herszel Grynspan, der auf diese Weise die ungerechte Behandlung seiner Eltern rächen wollte. Dies war für Goebbels der geeignete Anlass. Wie die Presse verkündete, kam es in der Nacht vom **9. auf den 10. November 1938** im ganzen Reich zu „spontanen" Ausschreitungen, die als „berechtigter und gerechter Volkszorn" bezeichnet wurden. **Synagogen gingen in Flammen auf, jüdische Geschäfte wurden zerstört und geplündert, hunderte von Juden ermordet, tausende z. T. schwer verletzt, ca. 20000 in Konzentrationslager eingeliefert.** Als die Juden nicht nur keine Entschädigung dafür erhielten, sondern für die Ermordung vom Raths auch noch eine „Sühneleistung" für „die feindliche Haltung des Judentums gegenüber dem deutschen Volk" zahlen mussten, wurde vielen bis dahin optimistisch Denkenden im In- und Ausland klar, in welche Richtung die „Behandlung" der Juden laufen würde. Die „spontane Aktion" wurde von Goebbels bereits nach einem Tag beendet, da die **Mehrheit der Bevölkerung betroffen und ablehnend** reagierte.

In der Folgezeit wurden Juden verstärkt in **Konzentrationslager** eingewiesen und dort

In der Folgezeit nahm die Einweisung von Juden in Konzentrationslager immer stärker zu. Dort wurden sie ebenso wie die politischen Gegner härtesten Arbeits- und Lebensbedingungen unterworfen und starben häufig an Erschöpfung, extremer Ausbeutung oder bestialischen Misshandlungen. Hierbei erlangten die seit 1936 der SS unterstehenden Konzentrationslager Dachau, Sachsenhausen, Bergen-Belsen, Buchenwald, Flossenbürg, Ravensbrück und Mauthausen traurige Berühmtheit.

**unmenschlich und brutal behandelt** und **ermordet.**

## Vierte Phase: Die „Endlösung" (NS-Begriff) der Judenfrage (1942–1945)

Am **20. Januar 1942** berieten in Berlin hohe SS-Führer und politische Beamte unter Leitung von Reinhard Heydrich (Leiter des Reichssicherheitshauptamtes) über die **systematische Massenvernichtung der Juden**, die euphemistisch als „Endlösung" bezeichnet wurde. Die sogenannte **Wannseekonferenz** war nötig geworden, weil Massenerschießungen sich als „zu umständlich" und „wenig effizient" erwiesen hatten, sich nicht verheimlichen ließen und weil die SS befürchtete, dass in der Nähe der Vernichtungslager stationierte Wehrmachtsteile seelisch belastet werden könnten. Mit folgenden **Maßnahmen** sollte die „Endlösung" der Judenfrage erreicht werden:

- Durchkämmung Europas von Westen nach Osten, Erfassung aller Juden und Abtransport in Vernichtungslager im Osten Europas
- Errichtung von riesigen Lagern, deren Vernichtungskapazität der Gesamtzahl der „zu behandelnden Juden" entsprechen sollte
- Der Arbeitseinsatz der Juden „in entsprechender Weise" sollte bereits zur „natürlichen Verminderung der arbeitsfähigen Juden" führen.
- eine „entsprechende Behandlung" für den „endlich verbleibenden Restbestand"

Diese „Behandlung", wie die Ermordung der Juden zynisch umschrieben wurde, fand in den **Vernichtungslagern in Polen** (Sobibor, Belzec, Chelmno, Maidanek, Treblinka, Auschwitz) **und Weißrussland** (Maly Trostinez, Bronnaja Gora) statt. Dort wurden ca. **2,7 Mio. Juden** aus ganz Europa durch „natürliche Verminderung" (extremste Arbeits- und Lebensbedingungen) bzw. **durch Massenerschießungen**, **Vergasung** mit Autoabgasen oder in Gaskammern durch Zyklon-B-Gas **ermordet**.

**4. Phase (1942–1945) Die „Endlösung" der Judenfrage:**
Auf der **Wannseekonferenz** (20.1.1942) wurden die Modalitäten der „Endlösung" (NS-Begriff) festgelegt:
- Erfassung der Juden in Deutschland und den besetzten Gebieten,
- Abtransport in Vernichtungslager in Polen und Weißrussland,
- Ermordung durch Erschießen, Vergasen und unmenschliche Arbeitsverhältnisse.

## Das Ausmaß der Judenverfolgung

Die **Zahl der jüdischen Opfer** des NS-Terrors kann aufgrund der SS-Praktiken und der wenig präzisen Transport- und Vernichtungsstatistiken nicht exakt beziffert werden. Sie bewegt sich **zwischen 5,6 und 6,3 Mio**. Menschen. Neben dieser Zahl schockiert vor allem der mit geradezu unheimlicher Systematik und bürokratischer Sachlichkeit durchgeführte **Völkermord** (lat. **Genozid**, griech. **Holocaust**), wobei sich nahezu alle Beteiligten im Nachhinein auf „Befehl und Gehorsam" beriefen. Die Hälfte der ermordeten Juden kam in den polnischen und weißrussischen Vernichtungslagern während des Zweiten Weltkrieges um.

Die Zahl der ermordeten Juden bewegt sich zwischen 5,6 und 6,3 Mio. Aufgrund dieser ungeheuren Zahl und der gnadenlosen Systematik der Vernichtung spricht man auch von **„Holocaust"** (griech.: völlig verbrannt) bzw. **„Genozid"** (griech.-lat.: Völkermord).

## Die Behandlung der unterworfenen Völker

Die von Willkür und blutigem Terror bestimmte „Behandlung“ der unterworfenen Völker durch die SS richtete sich nach ihrer „rassischen Wertigkeit“. Germanische Völker (Holländer, Flamen etc.) sollten „blutlich veredelt“ und ins Deutsche Reich integriert werden; die „minderwertigen“ slawischen Völker Osteuropas sollten verdrängt, umgesiedelt, versklavt und / oder vernichtet werden.

Nach der Phase der Blitzkriege begann die NS-Führung 1942 mit der „Neuordnung Europas“, deren Ergebnis ein „Großgermanisches Reich deutscher Nation“ sein sollte. Dieses Konzept beinhaltete nach der Vorstellung Hitlers die Besiedelung der Krim, Galiziens, des Baltikums, der Wolgakolonie und des Gebiets um Baku mit Deutschen und die Einbeziehung dieser Gebiete ins Reich. Die mit der Neuordnung verbundene Behandlung der unterworfenen Völker hing von ihrer Einschätzung entsprechend der **NS-Rassenpolitik** ab. Die als **germanisch** angesehenen Holländer, Flamen, Balten und Skandinavier sollten **„veredelt“**, d.h. germanisiert und ihre Gebiete als Gaue dem Reich angegliedert werden. Die **slawischen Völker Mittel- und Osteuropas**, die als minderwertig galten, sollten „je nach Bedarfslage“ **verdrängt**, **umgesiedelt** oder **physisch vernichtet** werden. Dieses Programm bedeutete in der Praxis konkret die Ermordung von mindestens 1 Mio. Polen und Russen der Oberschicht durch so genannte Einsatzgruppen der SS. Diese waren in Wirklichkeit reine Tötungskommandos. Die **Behandlung der unterworfenen Völker** durch die SS war **von Willkür und blutigem Terror bestimmt**. Vor allem Strafaktionen gegen die Zivilbevölkerung wegen „Nichtbeachtung von Befehlen“ oder „Unterstützung von Partisanentätigkeit“ wurden oft als reine Vergeltungsmaßnahmen verübt. Dies bedeutete z.B., dass eine willkürlich festgesetzte Anzahl von Zivilisten erschossen oder in Konzentrationslager abtransportiert und Dörfer dem Erdboden gleichgemacht wurden. Derartige „Vergeltungsmaßnahmen“ wurden u.a. in Oradour (Frankreich), Lidice (Tschechien), Kiew (Ukraine) und Marzabotto (Italien) durchgeführt.

Hitlers bzw. Himmlers Pläne sahen vor, den slawischen „Sklavenvölkern“ nur eine geringe Schulbildung zu erlauben; ihre Gebiete sollten besetzt, verwaltet und ausgebeutet werden.

Nach den Vorstellungen Hitlers und Himmlers sollte die **„minderwertige“ Bevölkerung im Osten Europas** systematisch **versklavt** und auf einem sehr **niedrigen Bildungsniveau** gehalten werden. Hierfür waren geplant:

- lediglich Besuch einer vierklassigen Volksschule;
- Unterrichtsziele: einfaches Rechnen bis 500, die Fähigkeit, den eigenen Namen schreiben und Befehle und Erlasse lesen zu können; Gehorsam gegenüber den Deutschen sollte ein unantastbares Gebot sein und durch die Forderung ergänzt werden, im Sinne der deutschen Besatzungsmacht ehrlich, brav und fleißig zu sein.

Einen Monat nach Kriegsausbruch gab Hitler im Oktober 1939 Anweisungen zur Durchführung der Besatzungspolitik. Sie machten seine Lebensraum- und Rassenpolitik und die für ihre Durchführung vorgesehenen Maßnahmen deutlich. Nachdem der Führer als **„notwendige Maßnahmen“ Erschießen, Aussiedeln** etc. angesprochen hatte, legte er das grundsätzliche Ziel dar. Es komme darauf an, den „riesenhaften Kuchen handgerecht zu zerlegen, damit wir ihn erstens **beherrschen**, zweitens **verwalten** und drittens **ausbeuten** können“.

## Der NS-Unrechtsstaat: Opfer und Maßnahmen

| Terror in Deutschland | Die Judenverfolgung | Die unterworfenen Völker |
| --- | --- | --- |
| • Politische Gegner, ethnische, religiöse, rassische Minderheiten<br>• „Volksschädlinge"<br>• „Ballastexistenzen"<br>• Fremdarbeiter<br>• Fremd- und Zwangsarbeiter | • Hetze und Terror<br>• Nürnberger Gesetze<br>• Systematische Einengung des Lebensraums<br>• „Endlösung" in den Konzentrationslagern in Osteuropa | • Behandlung nach „rassischer Wertigkeit"<br>• Liquidierung der russischen und polnischen Oberschicht<br>• Versklavung der Völker im Osten Europas |
| ↓ | ↓ | ↓ |
| KZ, Misshandlungen, Ermordung, extreme Lebensbedingungen | „Endlösung" durch Massenvernichtung (Holocaust) | Germanisierung, Versklavung oder Vernichtung |

PORTRÄT

## HEINRICH HIMMLER (1900 – 1945)

- Diplom-Landwirt
- 7.10.1900 geb. als Sohn eines Münchner Gymnasiallehrers
- 1919 – 1922 Studium der Landwirtschaft in München
- 1923 Eintritt in die NDSAP, Beteiligung am Hitler-Putsch
- 1925 Geschäftsführer der NSDAP im Gau Niederbayern; Organisationstalent, Fleiß, bedingungslose nationalsozialistische Ausrichtung, unbedingte Führertreue und eine skandalfreie Lebensführung empfehlen ihn in den Augen Hitlers für höhere Aufgaben
- 1927 stellvertretender Reichsführer SS
- 1929 Reichsführer SS (bis 1945), die zunächst noch der SA unterstellt ist
- entscheidende Rolle im „Röhm-Putsch“ und Belohnung durch die Selbstständigkeit der SS
- 1934 stellvertretender Chef der Gestapo in Preußen
- 1936 Himmler wird die gesamte Polizei (Kriminalpolizei, Gestapo) unterstellt; die Verschmelzung von SS und Polizei macht den „Reichsführer SS und Chef der Deutschen Polizei“ (→ S. 73) zum mächtigsten Mann hinter Hitler; danach systematischer Ausbau seiner Macht, die er nicht um ihrer selbst willen ausübt, sondern weil er als überzeugter und skrupelloser Nationalsozialist glaubt, eine Mission erfüllen zu müssen
- ist Hitlers „williger Vollstrecker“ und verantwortlich für die Verbrechen der SS (Konzentrationslager, Massenvernichtung der Juden, Kriegsverbrechen, Ermordung psychisch Kranker etc.)
- 1945 werden seine geheimen Waffenstillstandsverhandlungen bekannt; Hitler enthebt ihn aller Ämter und stößt ihn aus der Partei aus
- 23.5.1945 Himmler begeht in Lüneburg Selbstmord

# Der Unrechtscharakter des Dritten Reiches

Unmittelbar nach der Machtüberlassung verschärfte die NSDAP ihr Vorgehen gegen **Andersdenkende**, **politische Oppositionelle**, **ethnische**, **religiöse** und **gesellschaftliche Minderheiten** (Sinti, Roma, Zeugen Jehovas, Homosexuelle und vor allem Juden). Sie wurden als „artfremd", „Schädlinge", „Gemeinschaftsunfähige" diskriminiert.

Der **NS-Terror** richtete sich vor allem **gegen die Juden**. Zunächst wurden sie durch vereinzelte Maßnahmen und Aktionen (Boykotte, Diskriminierungen, Ausgrenzung) bedroht und diffamiert.

Die **Nürnberger Gesetze von 1935** („Reichsbürgergesetz" und „Gesetz zum Schutz des deutschen Blutes") bildeten die **pseudorechtliche Grundlage** der gezielten **Ausgrenzung und Verfolgung der jüdischen Mitbürger**.

Seit 1938 wurde der **Lebensraum** der Juden durch Berufs-, Besitz-, Aufenthalts- und Nutzungsverbote sowie diskriminierende Maßnahmen (Judenstern, zwangsverordnete jüdische Vornamen) **permanent eingeengt**.

**Seit Anfang 1942** betrieben die Nationalsozialisten systematisch die **Massenvernichtung** (NS-Jargon „Endlösung") der europäischen Juden. 5,6 bis 6,3 Mio. Juden wurden insgesamt ermordet, die Hälfte von ihnen wurde in Massenvernichtungslagern in Polen und Weißrussland erschossen, vergast oder durch unmenschliche Lebens- und Arbeitsbedingungen getötet.

Das Vorgehen gegen die unterworfenen Völker richtete sich nach ihrer **„rassischen Wertigkeit"**. Germanische Volksgruppen (z. B. Holländer, Flamen) sollten „blutlich veredelt" und ins Deutsche Reich integriert werden. Die „Behandlung" der als „minderwertig" angesehenen slawischen Völker Mittel- und Osteuropas war von unmenschlicher Härte und Grausamkeit der SS bestimmt. Ca. 1 Mio. der Oberschicht angehörigen Polen und Russen wurden aus rassenideologischen Erwägungen ermordet. Die unterworfenen Völker sollten nach dem Krieg dem **Großgermanischen Reich als Sklavenvölker dienen**. Deshalb sahen Himmlers Planungen die Besetzung, Verwaltung und Ausbeutung ihrer Gebiete und für die Bewohner selbst nur eine geringe Schulausbildung vor.

### Der Widerstand linker Gruppen war breit gefächert:

- Zahlreiche kleine kommunistische Widerstandsgruppen verbreiteten Publikationen und Flugblätter.
- Die Parteiführung der SPD betrieb Widerstand aus dem Exil.
- Der gewerkschaftliche Widerstand erreichte trotz enger Verbindung mit der SPD keine Geschlossenheit.
- „Neu Beginnen“: Junge Sozialisten betrieben Widerstand aus dem Ausland mit der gleichnamigen Zeitschrift.
- Die „Rote Kapelle“ (Code-Name von der Gestapo): Die größte Widerstandsgruppe und Spionageorganisation hatte engen Kontakt zur Moskauer Zentrale. Sie bestand aus Künstlern, Literaten, Journalisten und Linksintellektuellen. Einige Mitglieder saßen in einflussreichen staatlichen Stellen. Die führenden Köpfe waren A. Harnack und H. Schulze-Boysen. Im August 1942 wurde die „Rote Kapelle“ von der Gestapo zerschlagen.

### Bürgerliche Widerstandsgruppen

waren politisch sehr unterschiedlich geprägt. Sie entwickelten keinen koordinierten Widerstand und hatten keine konkreten Umsturzpläne. Sie beschäftigten sich in kleinen Kreisen mit ethischen, moralischen und staatsrechtlichen Aspekten des Dritten Reichs und hatten das Ziel, nach dessen Ende die Rechtsstaatlichkeit wieder herzustellen.
Die größten bürgerlichen Widerstandsgruppen waren die „Mittwochsgesellschaft“ (Wissenschaftler), der „Freiburger Kreis“ (Staatsrechtler, Juristen), der „Solf-Kreis“ (oppositionelle Beamte des Auswärtigen Amtes) und der „Kreisauer Kreis“ um James von Moltke (Konservative, Großgrundbesitzer, Sozialisten und Gewerkschafter , Protestanten und Katholiken). Carl Friedrich Goerdeler koordinierte mit bürgerlich Konservativen ohne Erfolg den bürgerlichen und militärischen Widerstand.

## Linke und bürgerliche Gruppen

## die Kirchen

### Der kirchliche Widerstand

Die **katholische Kirche** verpflichtete sich durch das Konkordat von 1933 zur Neutralität gegenüber dem NS-Regime. Protest oder vereinzelter Widerstand kam von der Basis oder von einigen Kirchenfürsten. Hochrangige Geistliche veranlassten Papst Pius XI. zur Enzyklika „Mit brennender Sorge“ (1937). Darin kritisierte er zwar den „Götzenkult“ um Rasse, Volk und Staat, ging jedoch mit keinem Wort auf die Konzentrationslager und die Verfolgung der Juden ein. Auch sein Nachfolger, Pius XII. änderte die offizielle Haltung der katholischen Kirche nicht
Die **evangelische Kirche** spaltete sich nach Hitlers Amtsantritt. Die „Deutschen Christen“ (auch: „SA Jesu Christi“) unterstützten das NS-Regime, die Pastoren Martin Niemöller und Dietrich Bonhoeffer gründeten 1933 den „Pfarrernotbund“ und 1934 die „Bekennende Kirche“, die sich deutlich und mutig vom Nationalsozialismus distanzierte.

Dietrich Bonhoeffer

# 10 Der Widerstand im Dritten Reich

### Opposition und Widerstand Jugendlicher

Der Widerstand Jugendlicher richtete sich gegen die Vereinnahmung durch die NSDAP und äußerte sich in provokativem Verhalten (Kleidung, Musik) oder durch kleinere Sabotagen. Sie gaben sich Namen, die ihren Freiheitsdrang verdeutlichten („Navajos", „Mobs", „Piraten"). Die bekannteste jugendliche Widerstandsgruppe war die an der Münchner Universität agierende studentische Gruppe „Weiße Rose" um die Geschwister Hans und Sophie Scholl, die in München mit Flugblättern Hitler als den „Boten des Antichrist" bekämpften.

Die weiße Rose

**Jugendliche** | **Militär** | **Einzelne**

### Militärischer Widerstand

Er entstand erst nach der Kriegswende 1943. Die führenden Widerstandskämpfer waren Generaloberst Beck, Henning von Treskow und Claus von Stauffenberg. Dieser verübte am 20.7.1944 im ostpreußischen Führerhauptquartier „Wolfsschanze" ein Attentat auf Hitler, das jedoch fehlschlug.

Führerhauptquartier nach dem Bombenattentat

### Widerstand Einzelner

Insgesamt gab es 39 (dokumentierte) Versuche kleinerer Gruppen oder Einzelner. Der Tischler Georg Elser z. B. versuchte Hitler durch eine Zeitzünderbombe im Münchner Bürgerbräukeller zu töten, der Offizier Fabian von Schlabrendorff durch eine als Kognakflasche getarnte Bombe; Oberst von Gersdorffs Versuch, Hitler bei der Besichtigung von Beutewaffen in die Luft zu sprengen, scheiterte, weil Hitler den geplanten Attentatsort vorzeitig verließ.

# 10 Der Widerstand im Dritten Reich

KURZINFO

- Für die verschiedenen Formen des Widerstands im Dritten Reich (Wandparolen, Verteilung von Flugblättern, Befehlsverweigerung, Bildung oppositioneller Gruppen, Sabotage, Attentatsversuche) gab es politische, gesellschaftliche, ideologische oder persönliche Gründe und Motive.
- Es gab zahlreiche Widerstandsgruppen oder Widerstandskämpfer, ein koordinierter Widerstand existierte jedoch nicht.
- Widerstand unterschiedlicher Ausprägung wurde betrieben von linken Gruppen, von bürgerlichen Widerstandsgruppen, von Kirchenmitgliedern, Jugendlichen, Angehörigen des Militärs und Einzelnen.
- Die Bewertung des Widerstands ist aufgrund der zahlreichen Widerstandsgruppen und der breit gefächerten Mittel und Methoden schwierig.
- Die Bedeutung des Widerstands liegt in dem Nachweis, dass nicht alle Deutschen Nationalsozialisten waren bzw. das Regime mittrugen und in der Stärkung geistig-liberaler Traditionen, auf die nach 1945 aufgebaut werden konnte.

## Die Problematik der Darstellung

Die **Darstellung und Bewertung des Widerstands** ist aus folgenden Gründen problematisch:
- der Widerstand war sehr komplex,
- seine Behandlung hängt ab von der ideologischen Standortgebundenheit,
- meist werden nur die emotionalisierenden Aspekte behandelt.

Der **Widerstand** wird in der deutschen Fachliteratur ausführlich und detailliert behandelt. Hierfür gibt es verschiedene Gründe:

- Es soll der Nachweis erbracht werden, **dass nicht alle Deutschen Nationalsozialisten waren** und das deutsche Volk insgesamt und pauschal nicht mit den Nationalsozialisten gleichgesetzt werden kann.
- Die Beschäftigung mit dem Widerstand, seinen rechtlichen und moralischen Grundlagen soll das **Rechtsempfinden schärfen** und das generelle Widerstandsrecht gegenüber willkürlicher, die Menschenrechte unterdrückender Machtausübung betonen.

Die **Problematik der Darstellung** ergibt sich im Wesentlichen aus folgenden Faktoren:

- Der **Widerstand** im Dritten Reich war insgesamt **sehr komplex** in seinen Erscheinungsformen und bezüglich seiner Motive.
- Die **östliche und westliche Geschichtsschreibung**, in erster Linie natürlich die der beiden deutschen Staaten, konnte sich aufgrund ihrer ideologischen Standortgebundenheit auf **keinen gemeinsamen Nenner** einigen. Während die Geschichtsschreibung der DDR den kommunistischen Widerstand als Legitimationsbasis für sich in Anspruch nahm, beschäftigte sich die bundesrepublikanische Historiografie vor allem mit dem bürgerlichen und militärischen Widerstand, da dessen Motive mit dem demokratischen Selbstverständnis der Bundesrepublik übereinstimmen.

- Meist werden nur der **militärische und der studentische Widerstand** stellvertretend für die anderen Formen des Widerstands behandelt, da sie sich **einprägsamer und emotionalisierender** beschreiben lassen, als der programmatische, im Endeffekt aber oft wenig aktive Widerstand Einzelner oder bestimmter Gruppen.

## Ursachen des Widerstands

Aus der Fülle der ethnisch-nationalen, gesellschaftlichen, politischen, wertkonservativen, religiösen oder ethischen Motive, die zum Widerstand führten, müssen vor allem die folgenden erwähnt werden:

- die **Beseitigung der Demokratie** bzw. der ihr zugrunde liegenden Prinzipien;
- die **Verfolgung von Andersdenkenden und von Minderheiten**, besonders der Juden;
- die generelle **Missachtung menschlicher Freiheit und Würde**;
- die **Anzettelung** und **Ausweitung des Krieges**;
- die aussichtslose militärische Lage bzw. die **Chance eines erträglichen Friedens**;
- die **Dokumentation gegenüber dem Ausland**, dass es Deutsche gab, die sich nicht mit dem Dritten Reich bzw. seinem Führer identifizieren lassen wollten.

**Ursachen des Widerstands:**
- Beseitigung der Demokratie
- Verfolgung von Andersdenkenden und Minderheiten
- Missachtung menschlicher Freiheit und Würde
- Anzettelung und Ausweitung des Krieges
- die Chance eines erträglichen Friedens
- Dokumentation, dass nicht alle Deutschen Nationalsozialisten waren

## Formen des Widerstands

Ein Teil der Deutschen lehnte den Nationalsozialismus ab oder bekämpfte ihn sogar. Sie gingen ein hohes Risiko ein und mussten oft große innere Hemmungen überwinden (Vereidigung von Soldaten und Beamten auf Hitler, christliches Obrigkeitsdenken, „Verrat“ an den Frontsoldaten etc.). Widerstand gab es in den verschiedensten Formen:

- Verweigerung des obligatorischen Hitler-Grußes;
- Umgehen staatlicher Anordnungen;
- Befehlsverweigerung;
- heimliche Hilfe für „Fremdarbeiter“, Juden und politisch Verfolgte;
- Flugblätter, Wandparolen;
- geistiger Widerstand, d.h. das Ziel, politische, juristische, gesellschaftliche Modelle für die Zeit nach Hitler zu entwickeln;
- Sabotage;
- Attentatsversuche.

**Formen des Widerstands:**
- Flugblätter, Wandparolen
- geistiger Widerstand (Diskussion bzw. Entwurf gesellschaftspolitischer Modelle für die Zeit nach Hitler)
- Befehlsverweigerung
- Sabotage
- Attentatsversuche

# Widerstandsgruppen

## Widerstand linker Gruppen

**Linke Widerstandsgruppen:**
- Zahlreiche kleine kommunistische Widerstandsgruppen verbreiteten illegale Publikationen und Flugblätter.
- Widerstandsgruppen der SPD erörterten gesellschaftspolitische Strukturen einer Neuordnung nach dem Nationalsozialismus. Die Parteiführung betrieb Widerstand aus dem Exil.

Unter dem Eindruck der Verfolgung der **KPD** nach dem Reichstagsbrand organisierten sich **zahlreiche kleine kommunistische Widerstandsgruppen**, die im Untergrund arbeiteten und meist **illegale Publikationen** wie Zeitungen und Flugblätter verbreiteten. Aufgrund ihrer oft öffentlichen Proteste gelang es der Gestapo rasch, diese Gruppen zu zerschlagen. Die KPD setzte danach ihren **Widerstand vom Exil** aus fort (UdSSR, Frankreich, Mexiko).

Wie die KPD unterschätzte auch die **SPD** zunächst den Nationalsozialismus und sah Parallelen zur Zeit der Sozialistengesetze (1878–1890). Der SPD nahestehende Teile der Arbeiterschaft, die in Opposition zum Nationalsozialismus gingen, zogen sich zunächst in **kleine Diskussionsgruppen** zurück und erörterten die **gesellschaftspolitischen Strukturen einer Neuordnung** Deutschlands nach dem Nationalsozialismus. Die **Parteiführung** betrieb **Widerstand aus dem Exil**. Allerdings verhinderten die Fehleinschätzung des Nationalsozialismus sowie innerparteiliche Kontroversen einen einheitlichen, effizienten Widerstand der SPD.

Neben den beiden großen Arbeiterparteien leisteten **kleinere Verbände**, z. B. die „Sozialistische Arbeiterpartei Deutschlands" (SAP), der „Internationale Sozialistische Kampfbund" (ISK), die „Kommunistische Partei Deutschlands/Opposition" (KPO) von Anfang an Widerstand.

Der **gewerkschaftliche Widerstand** unter Führung von W. Leuschner, J. Kaiser und M. Habermann erreichte keine Geschlossenheit.

**Gewerkschaftlicher Widerstand** begann sich nach anfänglicher Zurückhaltung unter der Führung von Wilhelm Leuschner, Jakob Kaiser und Max Habermann zu organisieren, erreichte jedoch **keine Geschlossenheit** und trotz der engen Verbindung zur SPD auch kein gemeinsames Vorgehen.

Die **aktivsten kleinen Widerstandsgruppen**:
- „Roter Stoßtrupp": Meist junge Arbeiter, Angestellte, Studenten. Sie verbreiteten illegales Schriftmaterial.
- „Neu Beginnen": Junge Sozialisten betrieben Widerstand aus dem Ausland mit der Zeitschrift „Neu Beginnen".

Zu den **aktivsten kleinen Widerstandsgruppen** gehörten die folgenden:
- **„Roter Stoßtrupp"**: Eine Gruppe meist junger **Arbeiter** und **Angestellter** und einige **Studenten**, die in Berlin gegen das Regime gerichtetes Material sammelten, vervielfältigten und im Reich verbreiteten.
- **„Neu Beginnen"**: Junge **Sozialisten**, die sich schon vor der Machtüberlassung im Kampf gegen den Nationalsozialismus engagiert und ein gemeinsames Vorgehen der Arbeiterschaft gefordert hatten. Danach bekämpften sie das NS-Regime von Prag, Frankreich, England und den USA aus mit ihrer **Zeitschrift „Neu Beginnen"**.

Die **„Rote Kapelle"** war die **größte Widerstands- und Spionageorganisation** während des Zweiten Weltkrieges. Unter diesem Code-Namen fasste die Gestapo mehrere unterschiedliche linke Widerstandsgruppen zusammen. Sie bestand aus **Künstlern**, **Journalisten**, **Schriftstellern** und **Linksintellektuellen**, die zum Teil in einflussreichen staatlichen Positionen saßen. Ihre führenden Köpfe waren Harro **Schulze-Boysen** und Arvid **Harnack**. Die Mitglieder der „Roten Kapelle" verteilten illegale **Flugblätter**, klebten anti-nationalsozialistische **Anschläge**, verhalfen Systemgegnern zur Flucht und organisierten Sabotageakte. Andere Mitglieder versorgten die UdSSR mit Spionagematerial (besonders zur Rüstung) und warnten auch unter Angabe des exakten Angriffstermins vor dem Überfall auf die UdSSR. Aufgrund ihrer Funktätigkeit wurde die Gruppe im August **1942 enttarnt**, mehr als 100 Mitglieder verhaftet, gefoltert und meist hingerichtet. Die „Rote Kapelle" wurde von der Gestapo pauschal als kommunistische Spionageorganisation hingestellt. Unter ihren Mitgliedern gab es jedoch viele, die weniger aus politisch-ideologischen Gründen Widerstand betrieben, sondern denen es in erster Linie um die Befreiung von der Hitler-Diktatur ging.

Die **„Rote Kapelle"** (Code-Name von der Gestapo) war die größte Widerstands- und Spionageorganisation. Sie bestand aus Künstlern, Journalisten, Literaten und Linksintellektuellen. Einige Mitglieder saßen in einflussreichen staatlichen Stellen. Die führenden Köpfe waren A. Harnack und H. Schulze-Boysen. Die Rote Kapelle wurde im August 1942 enttarnt und zerschlagen.

## Bürgerliche Widerstandsgruppen

Sie entstanden aufgrund der zunächst positiven Einstellung zum Nationalsozialismus erst Mitte der Dreißigerjahre, waren **politisch stark differenziert** und entwickelten **keinen koordinierten Widerstand**. Gemeinsam ist ihnen eine vorwiegend preußisch orientierte Wertetradition und die **Wiederherstellung der Rechtsstaatlichkeit nach dem Ende des NS-Regimes**. Folgende Gruppen erreichten eine gewisse Bedeutung:

- Die **„Mittwochsgesellschaft"**: Sie wurde von einem kleinen Kreis von **Wissenschaftlern** verschiedener Fachrichtungen gebildet und beschäftigte sich ihrer Zusammensetzung entsprechend mit den ethischen, moralischen und staatsrechtlichen Aspekten des Dritten Reiches und der Zeit danach. **Konkrete Umsturzpläne existierten nicht.**
- Der **„Freiburger Kreis"**: Er bestand aus **Staatsrechtlern** und **Juristen**, die Mitglieder der 1942 aufgelösten „Akademie für Deutsches Recht" unter der Leitung von Gerhard Ritter waren. Ihre Diskussionsschwerpunkte entsprachen denen der „Mittwochsgesellschaft".
- Der **„Solf Kreis"**: Er entstand um die Witwe des früheren Botschafters Wilhelm Solf und setzte sich überwiegend aus **oppositionellen Beamten** des Auswärtigen Amtes zusammen.
- Der **„Kreisauer Kreis"**: In ihm fanden sich **Konservative** und **Sozialisten**, **Großgrundbesitzer** und **Gewerkschafter**, **Protestanten** und **Katholiken** um den schlesischen Grafen James **von Moltke** zusammen, nach dessen Gut der Kreis benannt ist. Obwohl der Kreis **keine konkreten Umsturzpläne** entwickelte – er befasste sich vor allem mit einem künftigen demokratischen Staatsaufbau – kommt ihm aufgrund seiner Zusammensetzung und seiner **zahlreichen Kontakte zu anderen Widerstandsgruppen** die größte Bedeutung zu. Deshalb wurde er auch im Zuge der Verfolgung des militärischen Widerstandes **von der Gestapo aufgelöst**. Todesurteile gegen Mitglieder wurden mit der Begründung verhängt, sie hätten sich mit Fragen

**Bürgerliche Widerstandsgruppen**:
- politisch stark differenziert
- entwickelten keinen koordinierten Widerstand
- Ziel: Wiederherstellung der Rechtsstaatlichkeit nach dem Ende der NS-Herrschaft

Die **Mittwochsgesellschaft** (Wissenschaftler) und der **Freiburger Kreis** (Staatsrechtler und Juristen) beschäftigten sich mit ethischen, moralischen und staatsrechtlichen Aspekten des Dritten Reiches. Konkrete Umsturzpläne hatten sie nicht.

Der **Solf-Kreis** setzte sich aus oppositionellen Beamten des Auswärtigen Amtes zusammen.

Der **Kreisauer Kreis** um James von Moltke hatte zahlreiche Kontakte zu anderen Widerstandsgruppen. Nach dem 20.7.1944 wurde er von der Gestapo zerschlagen.

beschäftigt, „die zur ausschließlichen Zuständigkeit des Führers gehören".

**Carl Friedrich Goerdeler** scharte bürgerlich-konservative Oppositionelle um sich. Er koordinierte den bürgerlichen und militärischen Widerstand. Im Februar 1945 wurde er hingerichtet.

- Die Gruppe um Carl Friedrich **Goerdeler**: Der ehemalige Leipziger Oberbürgermeister verkörperte den bürgerlich-konservativen Politiker, der sich zunächst von den Nationalsozialisten hatte beeindrucken lassen. Die NS-Rassenpolitik und der militärisch übersteigerte Nationalismus machten ihn aufgrund seiner konservativ-christlichen Einstellung zum Widerstandskämpfer. Seine **Bedeutung** ergibt sich vor allem **aus der Koordination des bürgerlichen und des militärischen Widerstandes**.

## Kirchlicher Widerstand

### Die katholische Kirche

Die **Katholische Kirche** arrangierte sich rasch mit dem NS-Regime durch das Konkordat von 1933. Sie verpflichtete sich gegen Zusicherung bestimmter Forderungen zur Neutralität gegenüber dem NS-Regime.

Die Haltung der Kirche gegenüber dem NS-Staat war uneinheitlich. Protest oder gar vereinzelter Widerstand kam von der Basis oder von einzelnen Kirchenfürsten. Der Papst hielt sich an das Konkordat.

Die Opposition Geistlicher hatte das Ziel, die kirchliche Autonomie zu erhalten und kirchlich-christliche Werte zu verteidigen.

Hohe Geistliche veranlassten 1937 Papst Pius XI. zu der **Enzyklika „Mit brennender Sorge"**. Darin kritisierte er den nationalsozialistischen „Götzenkult" um Rasse, Volk und Staat. Auf die Konzentrationslager und die Verfolgung der Juden ging Pius XI. nicht ein.

Obwohl die katholische Kirche bereits vor 1933 die NS-Ideologie verurteilt und als unvereinbar mit der katholischen christlichen Lehre bezeichnet hatte, **arrangierte sie sich rasch mit dem NS-Regime**. Das **Konkordat** (→ S. 105) vom **20. Juli 1933** bedeutete in der Praxis, dass sich die katholische Kirche auf die Seelsorge zurückzog und gegen Zusicherung bestimmter Forderungen bereit war, eine neutrale Haltung gegenüber dem Regime einzunehmen. Trotz der noch 1933 einsetzenden Verfolgung katholischer Geistlicher war die **Haltung der katholischen Kirche nicht einheitlich**, da der Nationalsozialismus aus verschiedenen Gründen Sympathien genoss und auch viele Bischöfe zunächst bereit waren, die „nationale" Regierung zu unterstützen. Als jedoch rasch deutlich wurde, dass das Konkordat, das von vielen Priestern und Laien scharf kritisiert wurde, keinen Schutz gewährleistete, verstärkte sich die Opposition von Geistlichen, deren vorrangige **Ziele** die **Behauptung der kirchlichen Autonomie** und die **Verteidigung kirchlich-christlicher Werte** waren. Ihre Haltung verdeutlichten sie in offiziellen theologischen Stellungnahmen (z.B. gegen Alfred Rosenbergs „Der Mythus des 20. Jahrhunderts"), in mutigen Predigten und in Hirtenbriefen.

Ihren Höhepunkt erreichte die kirchliche Opposition mit der von **Kardinal Faulhaber** und anderen hohen Geistlichen initiierten **Enzyklika** „Mit brennender Sorge", die Papst Pius XI. am 14.3.**1937 verkündete**. Sie ist das einzige päpstliche Rundschreiben in deutscher Sprache, das sich mit der Lage der katholischen Kirche in Deutschland beschäftigt, und beinhaltet eine energische **Kritik am nationalsozialistischen „Neuheidentum"** und seinem **„Götzenkult" um Rasse, Volk und Staat**. Auf die Konzentrationslager und die Verfolgung der Juden ging Papst Pius XI. (1922–1939) allerdings mit keinem Wort ein. Diese Enzyklika wird jedoch durch eine weitere vom 19.3.1937 abgeschwächt, in der der gemeinsame anti-bolschewistische Kampf der Kirche und des Nationalsozialismus im Mittelpunkt steht. **Auch sein Nachfolger, Pius XII.** (1939–1958), **protestierte nicht**, obwohl er über den **Holocaust** genau informiert war, da er der Meinung war, dass eine Einmischung die Situation nur noch verschlimmert hätte. Allerdings gewährte er zahlreichen Juden in Italien Kirchenasyl und bewahrte tausende Juden durch diplomatisches Engagement vor Ermordung und Deportation. Angesichts der **Zurückhaltung beider Päpste** ist der **mutige Kampf vieler Geistlicher** umso bemerkenswerter. So erstattete der **Bischof von Münster, Graf von Galen**, im Zusammenhang mit der Euthanasie offiziell Anzeige wegen Mordes. Während ihn sein hohes Amt schützte, büßten viele Pfarrer ihren Widerstand mit der Inhaftierung oder dem Tode.

Auch **Papst Pius XII.** setzte trotz Kenntnis der Konzentrationslager und des Holocaust die neutrale Haltung der katholischen Kirche fort und äußerte sich nicht. Opposition gegen das NS-Regime kam nur von einzelnen Geistlichen.

### Die evangelische Kirche

Sie tat sich aufgrund ihrer **Tradition als Landeskirche** und der damit verbundenen Auffassung von „christlicher Obrigkeit“ mit dem Widerstand schwerer. Zunächst wurde sie von den **„Deutschen Christen“** beherrscht, die sich bezeichnenderweise **„SA Jesu Christi“** nannten und als „Kameraden in der Front des christlichen und nationalen Sozialismus“ betrachteten.
In Opposition gegen diese Haltung gründete Pastor Martin **Niemöller**, unterstützt von Karl **Barth** und Dietrich **Bonhoeffer**, noch im Jahre 1933 den **„Pfarrernotbund“**. Im Mai des folgenden Jahres distanzierte sich die **„Bekennende Kirche“** (Pfarrer und Gläubige), die sich aus dem „Pfarrernotbund“ entwickelte, auf ihrer Barmer Synode deutlich von Hitler und dem Nationalsozialismus und forderte dadurch die Verfolgung durch die Gestapo heraus. Aktiven Widerstand wollte die **evangelische Kirche**, die sich von der Loyalität gegenüber der nationalsozialistischen Obrigkeit nie lösen konnte, nicht leisten, beanspruchte jedoch ein **„Wächteramt“ gegenüber** dem **totalitären Staat**. Deshalb protestierte die Bekennende Kirche 1936 in einer Denkschrift gegen die NS-Rassenlehre, gegen Führerkult, Antisemitismus und das Vorgehen der Gestapo und löste dadurch eine verschärfte Verfolgung durch die Gestapo aus.

Die **evangelische Kirche** spaltete sich nach Hitlers Amtsantritt. Die „Deutschen Christen“ (auch: „SA Jesu Christi“) unterstützten das Regime, die Opposition formierte sich um die Pastoren Martin Niemöller, Karl Barth und Dietrich Bonhoeffer. Sie gründeten 1933 den „Pfarrernotbund“ und 1934 die „Bekennende Kirche“, die sich deutlich vom Nationalsozialismus distanzierte.

### Die Bewertung des kirchlichen Widerstandes

Zahlreiche Äußerungen, oft auch von offiziellen Stellen, machen deutlich, dass der **kirchliche Widerstand** insgesamt vor allem in den ersten Jahren **nicht einheitlich** war. Deshalb hängt auch seine Beurteilung weitgehend vom jeweiligen Standort des Beurteilenden ab. Festzuhalten ist, dass die **Einstellung der Kirchen zum Dritten Reich** durchaus **zweiseitig** ist: Auf der einen Seite steht das mutige und engagierte Vorgehen Einzelner gegen das Regime. Auf der anderen Seite muss festgehalten werden, dass sich die Kirchen als Institutionen sicherlich geschlossener und mit mehr Nachdruck für unterdrückte und verfolgte Minderheiten hätten einsetzen können. Der **kirchliche Widerstand**, insbesondere der gegen die Judenverfolgung und gegen die Euthanasie, **erreichte keine Breitenwirkung**. So lässt sich der Vorwurf nicht vermeiden, den Konrad Adenauer den Kirchen machte: „Ich glaube, dass, wenn die Bischöfe alle miteinander an einem bestimmten Tage öffentlich von der Kanzel aus dagegen [gegen das Unrecht] Stellung genommen hätten, sie vieles hätten verhüten können. Das ist nicht geschehen und dafür gibt es keine Entschuldigung."[23]

## Opposition und Widerstand der Jugend

Der **Widerstand Jugendlicher** richtete sich gegen die Vereinnahmung durch die NSDAP und äußerte sich in provokativem Verhalten (Kleidung, Musik), durch den Rückzug in Jugendgruppen oder durch kleinere Sabotagen. Ihre Mitglieder kamen aus allen Schichten.

Trotz aller Indoktrination konnte die NSDAP den **Widerstand Jugendlicher** nicht verhindern. Allerdings blieb er aufgrund ihrer Möglichkeiten **gering**. Er richtete sich in erster Linie gegen die totale Vereinnahmung durch den Nationalsozialismus und die Uniformität der HJ und äußerte sich meist in **provokativ unangepasstem Verhalten** (lange Haare, auffällige Kleidung, Bevorzugung amerikanischer Jazz- und Swingmusik), in **Schlägereien** mit der HJ, gewaltsamen Protesten und kleineren Sabotageakten oder im **Rückzug in organisierte Gruppen**, die dem Nationalsozialismus ablehnend gegenüberstanden (kirchliche Jugend, Arbeiter-, Jugendcliquen). Sie gaben sich Namen, die ihre ersehnten Freiräume verdeutlichten **(„Navajos", „Mobs"** oder **„Piraten").** Es bildeten sich auch regionale Zusammenschlüsse von „jugendlichen Cliquen", deren Mitglieder aus allen Schichten kamen und die allein die Ablehnung des Nationalsozialismus einte. Einen derartigen Zusammenschluss bildeten im Rheinland Jugendliche, die sich nach ihrem Erkennungszeichen **„Edelweißpiraten"** nannten. Obwohl ihr Widerstand eher Jugendprotest und Generationskonflikte ausdrückte, ließ die Gestapo am 10.11.1944 **dreizehn von ihnen zur Abschreckung öffentlich aufhängen.**

Die bekannteste jugendliche Widerstandsgruppe war die **„Weiße Rose"** um die Geschwister Hans und Sophie Scholl. Sie entstand an der Münchner Universität und verurteilte den NS-Terror und die Unfreiheit des NS-Staates in Flugblättern. Sie wurde im Februar 1943 von der Gestapo zerschlagen, ihr Kern hingerichtet.

Vor allem die zunehmende geistige Bevormundung und die Verfolgung von Minderheiten führten unter der **studentischen Jugend** zu Widerstand. In München entstand die Widerstandsgruppe **„Weiße Rose"**. Führende Mitglieder waren die Geschwister **Hans** und **Sophie Scholl**, Willi **Graf**, Alexander **Schmorell** und Christoph **Probst**. In Flugblättern wandte sich die Gruppe gegen Hitler als „den Boten des Antichrists", gegen den NS-Imperialismus und Militarismus und forderte die Wiederherstellung rechtsstaatlicher Prinzipien. Die Geschwister Scholl wurden am 18. Februar 1943 festgenommen, als sie in der Münchner Universität Flugblätter verteilten. Der **Kern** der Gruppe wurde **zum Tode verurteilt und hingerichtet**.

**HANS UND SOPHIE SCHOLL (1918/1921 – 1943)**

- entstammen einem badischen, liberal-evangelischen Elternhaus
- Hans studiert Medizin, Sophie Biologie und Philosophie, beide besuchen die Universität in München
- 1937 wird Hans wegen seines Engagements in einem verbotenen freiheitlichen Jugendbund verhaftet
- Kriegseindrücke und der nationalsozialistische Terror gegenüber Andersdenkenden machen ihn zum Gegner des NS-Regimes und zum Widerstandskämpfer
- 1942 gründet er an der Universität München die studentische Widerstandsgruppe die „Weiße Rose"
- Sophie schließt sich der „Weißen Rose" an
- beide werden bei einer Flugblattaktion verhaftet und vier Tage später (22.2.1943) hingerichtet

PORTRÄT

## Militärischer Widerstand

**In den ersten Jahren** des Dritten Reiches gab es aus mehreren Gründen **keinerlei militärischen Widerstand**. Zunächst hatten die Militärs wie auch die höhere Beamtenschaft gehofft, ihre traditionellen innen-, außen- und militärpolitischen Ziele zusammen mit den Nationalsozialisten erreichen zu können. Ferner spielten die Bevorzugung der Reichswehr gegenüber der SA, die Vereidigung der Soldaten auf Hitler, die Aufwertung des Militärischen generell, die innen- und außenpolitischen „Erfolge" der „nationalen Bewegung" und letztendlich auch die großen militärischen Erfolge der ersten Kriegsjahre eine wesentliche Rolle. Erst Hitlers „unabänderlicher Beschluss", die Tschechoslowakei bei nächstbester Gelegenheit zu überfallen, führte **1938** zu **ersten massiven Protesten** durch den Chef des Generalstabs, **Generaloberst Beck**. Dieser verurteilte Hitlers Verantwortungslosigkeit, mit der dieser auf einen Krieg mit den Westmächten zusteuerte. Um Hitlers Kriegspläne zu verhindern, versuchte er vergebens den Generalstab geschlossen zum Rücktritt zu bewegen. Ende 1938 nahm er seinen Abschied. In der Folgezeit wurde er neben Goerdeler zur

**Militärischer Widerstand** entstand wegen der Vereidigung auf Hitler und dessen Anfangserfolgen erst nach der Kriegswende 1943.
Die führenden Widerstandskämpfer waren neben Generaloberst Beck die Offiziere Henning von Tresckow und Claus Schenk von Stauffenberg. Sie wollten dem Ausland zeigen, dass nicht alle Deutschen Nationalsozialisten waren. Außerdem hofften sie, auf diese Weise einen milden Frieden zu erreichen.

**zentralen Figur des militärischen Widerstandes.** Kontakte mit führenden britischen Politikern brachten keine zählbaren Ergebnisse und der Erfolg der Münchner Konferenz entzog dem militärischen Widerstand die Basis.
Die Situation änderte sich mit Ausbruch des Zweiten Weltkriegs. Carl Friedrich Goerdeler gelang es, den militärischen Widerstand mit Teilen des bürgerlichen zu verknüpfen. Der **militärische Widerstand** brachte jedoch **in den ersten Kriegsjahren** aufgrund von Unentschlossenheit, Gewissenskonflikten und der großen militärischen Anfangserfolge Hitlers **keine sichtbaren Erfolge.**

**Stauffenberg** versuchte Hitler am 20.7.1944 im ostpreußischen Führerhauptquartier Wolfsschanze mit einer Bombe zu töten. Das Attentat schlug fehl, der militärische Widerstand wurde zerschlagen.

**Seit April 1943** wurde zielgerichteter Widerstand von Generalmajor Henning **von Tresckow** und der Integrationsfigur Claus **Schenk von Stauffenberg** geplant. Letzterer unternahm am **20. Juli 1944** während einer Lagebesprechung im ostpreußischen **Führerhauptquartier „Wolfsschanze"** den Versuch, Hitler durch eine **Zeitbombe** zu töten. Obwohl sie große Verwüstung anrichtete, erlitt **Hitler nur leichte Verletzungen**. Die Widerstandskämpfer wurden verhaftet und hingerichtet. Die „Vorsehung", die Hitler in solchen Fällen gerne bemühte, schien den Diktator gegen Attentate gefeit zu haben. Damit war gescheitert, was von Tresckow einen Monat zuvor als wichtigstes Ziel des Attentats genannt hatte. Es komme nicht mehr auf den praktischen Zweck an, sondern darauf, dass die deutsche Widerstandsbewegung „vor der Welt und vor der Geschichte" den entscheidenden Wurf gewagt habe. Alles andere sei daneben gleichgültig.

## Widerstand Einzelner

Insgesamt gab es **39 dokumentierte Versuche Einzelner** (z. B. Elser, von Schlabrendorff, von Gersdorff) oder kleinerer Gruppen, Hitler zu töten. Alle scheiterten aus unterschiedlichen Gründen.

Nicht wenige Deutsche setzten ihr Leben aufs Spiel, weil sie Handlungen begingen, die mit hohen Zuchthausstrafen oder gar mit der Todesstrafe geahndet wurden. Sie halfen verfolgten Mitbürgern, versteckten Juden, warnten vor staatlichen Übergriffen oder kritisierten den Nationalsozialismus bzw. führende Vertreter. Daneben gab es eine **Fülle von vereinzelten** ausnahmslos erfolglosen **Widerstandshandlungen**, die von einzelnen Personen aus allen politischen und gesellschaftlichen Schichten verübt wurden. Von den **39 dokumentierten Attentatsversuchen auf Hitler** scheiterten einige nur knapp:

- Am Jahrestag des Hitler-Putsches, am 9.11.1939, versuchte der Tischler Georg **Elser** Hitler durch eine Zeitzünderbombe im Münchner Bürgerbräukeller zu töten. Als sie detonierte, hatte Hitler das „Treffen alter Kämpfer" schon wieder verlassen.
- Eine als Kognakflasche getarnte Bombe, die der Offizier Fabian **von Schlabrendorff**, der Vetter von Tresckow, am 13.3.1943 in Hitlers Flugzeug schmuggeln ließ, detonierte nicht.
- Oberst **von Gersdorffs** Vorhaben, sich mit Hitler bei der Besichtigung von Beutewaffen in Berlin am 21.3.1943 in die Luft zu sprengen, scheiterte, weil Hitler die Ausstellung vorzeitig verließ.

**CLAUS SCHENK GRAF VON STAUFFENBERG (1907–1944)**

- entstammt einem schwäbischen Uradelsgeschlecht mit konservativ-katholischer Grundeinstellung
- Berufsoffizier, begrüßt zunächst den Nationalsozialismus, wird jedoch unter dem Eindruck der Judenverfolgung sowie der Eroberungs- und Vernichtungspolitik Hitlers zu einem entschiedenen Gegner
- entschließt sich 1942 Hitler zu beseitigen und dadurch den Krieg zu beenden
- wird im April 1943 in Nordafrika schwer verwundet, arbeitet nach seiner Genesung als Oberst in der Organisationsabteilung des Generalstabs
- am 20.7.1944 deponiert er in Hitlers Hauptquartier „Wolfsschanze" (Ostpreußen) eine Bombe, fliegt nach Berlin und löst einen Staatsstreich aus; da Hitler überlebt, wird Stauffenberg noch am selben Tage hingerichtet

PORTRÄT

## Die Bewertung des Widerstandes

Obwohl zahlreiche Widerstandsgruppen entstanden und sich ein breit gefächertes Verhaltensspektrum von der Verweigerung bis zum aktiven Widerstand in praktisch allen Teilen der Bevölkerung entwickelte, entstand keine Widerstandsbewegung, **kein einheitlicher, wirksamer Widerstand** während des Dritten Reiches. Deshalb ist es treffender, von Widerstandskreisen bzw. Widerstandszellen zu sprechen. Eine Reihe von Faktoren erschwerte den Widerstand aller Kreise, reduzierte die Chance des Gelingens von vornherein und war verantwortlich dafür, dass **mit Ausnahme der Gruppe um Stauffenberg** der Widerstand keine Chance hatte, Hitler bzw. das nationalsozialistische System insgesamt zu beseitigen. Die **Gründe** sind im Einzelnen:

- Die **Außerkraftsetzung der Grundrechte** erschwerte den systematischen Aufbau und die Koordination des Widerstandes innerhalb und unter den Widerstandsgruppen.

Obwohl zahlreiche Widerstandsgruppen entstanden, gab es aus folgenden Gründen **keinen einheitlichen, wirksamen Widerstand:**
- permanente Überwachung und Bespitzelung durch den NS-Polizeiapparat
- Außerkraftsetzung der Grundrechte
- Ausschaltung des Parlaments, der Parteien und der Presse
- Zerrissenheit der Arbeiterschaft
- Vereidigung der Reichswehr auf Hitler sowie dessen innen- und außenpolitische Erfolge

- massive Beeinflussung durch die NS-Propaganda
- Obrigkeitshörigkeit der Mehrheit der Deutschen.

- Der **nationalsozialistische Polizeistaat** ermöglichte die nahezu totale Überwachung und Bespitzelung.
- Die **Ausschaltung des Parlaments**, der Parteien und potenziellen Widerstandsgruppen verhinderte die Bildung von Kernzellen des Widerstandes.
- die **Zerrissenheit der Arbeiterschaft**, die in ihren Organisationen keine Basis für einen gemeinsamen Widerstand fand
- die **Gleichschaltung der Presse**
- der **Gewissenskonflikt der Wehrmacht**, der sich aus dem soldatischen Eid auf Hitler ergab
- die großen innen- und außenpolitischen **Anfangserfolge Hitlers**
- z.T. **sehr unterschiedlichen politischen Ordnungsvorstellungen** für ein Deutschland nach Hitler
- Von der überwiegenden Mehrheit der traditionell **obrigkeitshörigen und indoktrinierten Bevölkerung** konnte weder Verständnis noch Unterstützung erwartet werden.
- Die Alliierten entzogen dem Widerstand durch die angestrebte und propagierte **„bedingungslose Kapitulation"** und durch die **Terrorisierung der Zivilbevölkerung (Bombenkrieg)** den Boden und erleichterten es den Nationalsozialisten, den Widerstand als „Verrat an den deutschen Frontsoldaten" zu brandmarken.

Außerdem entzogen seit 1943 die von den Alliierten angestrebte bedingungslose Kapitulation und die Terrorisierung der Zivilbevölkerung durch den Bombenkrieg dem Widerstand den Boden.

Die **Bedeutung des Widerstandes** gegen den Nationalsozialismus liegt deshalb in erster Linie in der **Dokumentation, dass nicht alle Deutschen Nationalsozialisten waren** bzw. das Regime mittrugen, und in der **Stärkung geistig-liberaler Traditionen**, auf die nach 1945 aufgebaut werden konnte. Deshalb trifft die Einschätzung Richard Löwenthals zu: „Die Menschen, die aus den Gefängnissen und Lagern kamen, wie Kurt Schumacher und Fritz Erler, oder die aus der politischen Emigration heimkehrten, wie Ernst Reuter und Willy Brandt, leisteten einen entscheidenden Beitrag zum demokratischen Wiederaufbau – und das gleiche gilt auch für jene, die ohne den aktiven politischen Kampf in schweigender Verweigerung ihre Integrität bewahrt haben, wie Konrad Adenauer, und für die Schriftsteller der ‚inneren Emigration', die nun ihre Schubladen öffnen konnten. Sie alle haben wesentlich zur Glaubwürdigkeit des neuen demokratischen Deutschland gegenüber den Siegermächten und der Außenwelt im Allgemeinen beigetragen."[24]

Obwohl der Widerstand letztendlich erfolglos war, hatte er in zweifacher Hinsicht Bedeutung:
1. Er zeigte, dass nicht alle Deutschen Nationalsozialisten waren.
2. Auf die geistig-liberalen Traditionen, die er stärkte, konnte nach 1945 aufgebaut werden.

# Der Widerstand im Dritten Reich

Der **Widerstand im Dritten Reich war sehr komplex** und wurde **nach 1945** aufgrund der ideologischen Standortgebundenheit der beiden deutschen Staaten **unterschiedlich dargestellt** und bewertet.

Er hatte **zahlreiche** politische, gesellschaftliche, wertkonservative, religiöse oder ethische **Motive und verschiedene Formen** (geistiger Widerstand, Flugblätter und Wandparolen, Befehlsverweigerung, Sabotage und Attentate).

Der **Widerstand der linken Parteien und Gruppen** war sehr zersplittert und **erreichte keine Geschlossenheit**. Ihn betrieben **KPD, SPD, Gewerkschaften** und **verschiedene kleine Organisationen** aus dem Untergrund oder dem Ausland. Die „**Rote Kapelle**" war die **größte** Spionage- und **Widerstandsgruppe**. Sie versorgte u.a. die UdSSR mit Spionagematerial.

**Bürgerliche Widerstandsgruppen** (Mittwochsgesellschaft, Freiburger Kreis, Solf-Kreis, Kreisauer Kreis und die Gruppe um Carl Friedrich Goerdeler) bestanden überwiegend aus Wissenschaftlern, Juristen, Staatsrechtlern und Historikern. Sie **beschäftigten sich mit ethischen und staatsrechtlichen Aspekten** des Dritten Reiches und der Zeit danach.

Der **kirchliche Widerstand** hatte zwei Seiten. Die **katholische Kirche** arrangierte sich früh mit dem NS-Regime. Ihr ging es um die Sicherung kirchlicher Belange. Rom kritisierte nur vereinzelt und dezent. Aktiver Widerstand ging öfters von hohen Würdenträgern und Geistlichen aus. Auch die **evangelische Kirche** war gespalten. Die „Deutschen Christen" unterstützten das NS-Regime; Niemöller, Barth und Bonhoeffer gründeten dagegen die „Bekennende Kirche", die sich deutlich vom Nationalsozialismus distanzierte.

**Widerstand der Jugend war überwiegend Protest** und wurde durch provokatives Verhalten geäußert. Die „**Weiße Rose**" um die Geschwister Scholl war die einzige Widerstandsgruppe der Jugend, die aktiv gegen das NS-Regime vorging.

**Militärischer Widerstand** entstand erst im Jahre 1943. Zentrale Figuren waren Generaloberst **Beck**, Henning von **Tresckow** und Claus **Schenk von Stauffenberg**, dessen **Attentat auf Hitler** am 20.7.1944 misslang.

**39 Attentatsversuche** Einzelner oder kleiner Gruppen scheiterten aus den unterschiedlichsten Gründen.

Es gab **keinen einheitlichen, koordinierten Widerstand** und deshalb aufgrund der NS-Diktatur und des NS-Polizeistaats auch keine konkreten Ergebnisse. Seine zweifache Bedeutung liegt daher in der Dokumentation, dass nicht alle Deutschen Nationalsozialisten waren und in der **Erhaltung geistig-liberaler Traditionen, auf die nach 1945 aufgebaut werden konnte**.

# AUF EINEN BLICK

**Vergangenheitsbewältigung**

Karikatur aus dem Jahr 1975

### Erklärungs- und Definitionsmodelle

Bis heute gibt es keine eindeutige, allgemein anerkannte Definition des Nationalsozialismus. Marxistische Historiker sehen ihn als radikale Form der bürgerlich-kapitalistischen Gesellschaft. Andere Historiker bevorzugen den Begriff „Faschismus", da er die gesellschaftspolitischen und ideologischen Grundlagen des Nationalsozialismus am besten verdeutliche. Kritiker dieser Definition verwenden stattdessen den Begriff „Totalitarismus", da der Nationalsozialismus aufgrund seiner Radikalität (Konzentrationslager, Massenvernichtung) nicht mit anderen faschistischen Bewegungen gleichgesetzt werden könne.
Kritiker der Totalitarismusthese wiederum wenden ein, dass dieser Begriff so unterschiedliche Systeme wie Stalinismus und Nationalsozialismus umfasse und deshalb keine Trennschärfe habe.

## Erklärungs- und Definitionsmodelle | Wer war schuld am Dritten Reich?

### Die Aufarbeitung des Dritten Reiches

Im Zentrum der Aufarbeitung stand die **Schuldfrage**: Waren alle Deutschen schuld (Kollektivschuld), nur eine Gruppe von NS-Verbrechern oder gar nur Hitler?
Während die DDR eine Mitschuld unter Hinweis auf den kommunistischen Widerstand kategorisch ablehnte, verlief die Aufarbeitung in der **Bundesrepublik** in **drei Phasen**:
**1. Phase** (unmittelbare Nachkriegsjahre): Der Nationalsozialismus wurde als ein „Betriebsunfall" gesehen, als eine Verkettung unglücklicher Umstände, weshalb die Deutschen von jeglicher Schuld freigesprochen wurden.
**2. Phase** (50er- und 60er-Jahre): Historiker betonten die starken Kontinuitätslinien zwischen dem Kaiserreich und dem Dritten Reich und weisen nach, dass viele Deutsche das NS-Regime freiwillig und bereitwillig unterstützt haben.
**3. Phase** (80er-Jahre): Das diffuse Schuldbewusstsein änderte sich seit Ende der 70er-Jahre aufgrund von Fernsehdokumentationen und Filmen („Holocaust", „Schindlers Liste") und Veröffentlichungen Betroffener. Der Nationalsozialismus wurde als eine Form des Totalitarismus angesehen. Dieser basiere auf der menschlichen Bereitschaft, autoritäre Herrschaften zu akzeptieren und sich auch extremer Herrschaftsausübung nicht zu verschließen. Auffallend war und ist eine **Werteselektion vieler Zeitgenossen** des Dritten Reiches. Hitler habe zwar (vielleicht) den Krieg entfesselt und sei für den Holocaust verantwortlich, aber er habe auch eine funktionierende Ordnungsdiktatur mit Vorzeigecharakter und positiven Charakteristika (Beseitigung der Arbeitslosigkeit, die „Straßen des Führers", Zucht und Ordnung etc.) geschaffen. In diesem Zusammenhang wurde aufgrund subjektiver Erlebnisse und Einstellungen betont, dass ja nicht alles schlecht gewesen sei.

# 11 Die historische Dimension des Nationalsozialismus

# Diese Schandtaten: Eure Schuld!

In zwölf Jahren haben die Nazi-Verbrecher Millionen Europäer gefoltert, verschleppt und ermordet. Männer, Frauen und Kinder wurden von Hitlers vertierten Henkersknechten gehetzt und zu Tode gequält, nur weil sie Juden, Tschechen, Russen, Polen oder Franzosen waren.

**Ihr habt ruhig zugesehen und es stillschweigend geduldet.**

Im Kampf erhärtete Soldaten der Alliierten haben ihren Ekel und ihre Empörung angesichts der vergasten, verkohlten und ausgemergelten Leichen der Opfer in den K.Z. nicht verbergen können.

**In Buchenwald** wurden nach deutschen Lagerberichten 50000 Menschen verbrannt, erschossen, aufgehängt.

**In Dachau** fanden amerikanische Soldaten allein 50 Güterwagen mit verwesenden Leichen. Seit Beginn dieses Jahres erlagen dort 10000 Menschen ihren Foltern.

**In Belsen** fanden britische Truppen Folterkammern, Verbrennungsöfen, Galgen und Auspeitschungspfähle. 30000 Menschen sind dort umgekommen.

**In Gardelegen, Nordhausen, Ohrdruf, Erla, Mauthausen, Vaihingen** fielen unzählige Zwangsverschleppte und politische Gefangene einem Inferno, wie es die Weltgeschichte noch nie gesehen hat, zum Opfer!

Ihr habt untätig zugesehen. Warum habt Ihr mit keinem Wort des Protestes, mit keinem Schrei der Empörung das deutsche Gewissen wachgerüttelt?

**Das ist Eure große Schuld - Ihr seid mitverantwortlich für diese grausamen Verbrechen!**

Ausschnitt aus amerikanischer Propagandazeitung 1945

## Der Historikerstreit

### Der „Historikerstreit" der Achtzigerjahre

Er beschäftigte sich mit der Frage, ob der Holocaust „einzigartig" sei oder ob er mit ähnlichen Massenverbrechen verglichen werden dürfe. Es entwickelten sich **drei Lager**:

1. Die Revisionisten forderten den Vergleich, bestritten die Einzigartigkeit des Holocaust oder relativierten damit die Schuldfrage.
2. Die Kritiker der Revisionisten lehnten jeden Vergleich unter Verweis auf die „fabrikmäßige" Ermordung der Juden in den Vernichtungslagern ab; außerdem relativiere und mindere ein Vergleich die Schuld der Deutschen.
3. Die neutrale Position erlaubte den Vergleich, da er nicht automatisch Gleichsetzung bedeute.

Heute: Derartige Debatten sind notwendig und erlaubt, sofern sie nicht der Relativierung des Holocaust dienen.

## Neonazistische Parteien

### Der Neonazismus

Es gab/gibt neben mehreren rechtsextremistischen Bewegungen vier rechtsextreme Parteien mit nationalsozialistischem Gedankengut: Die Sozialistische Reichspartei (SRP, 1952 verboten), die Nationaldemokratische Partei Deutschlands (NPD), die Deutsche Volksunion (DVU) und die Republikaner (REP). Diese Parteien haben keine Bedeutung erlangt.

**Gemeinsame Charakteristika** rechtsextremer Parteien und Gruppierungen: Diffamierung des Rechtsstaates, Verbreitung von NS-Gedankengut; Fremdenfeindlichkeit; Antisemitismus und Antiliberalismus.

# 11 Die historische Dimension des Nationalsozialismus

KURZINFO

- Es gibt zwar unterschiedliche Versuche, den Nationalsozialismus zu erklären, es gibt jedoch keine eindeutige Definition.
- Die Auseinandersetzung mit den Gräueltaten des Dritten Reiches führte in der unmittelbaren Nachkriegszeit zu der Schuldfrage. Waren alle Deutschen schuld (Kollektivschuld) oder nur eine Gruppe von Verbrechern oder gar nur Hitler?
- Die Aufarbeitung des Dritten Reiches geschah in der Bundesrepublik in drei Phasen.
- In der ersten (unmittelbare Nachkriegsjahre) herrschte die Ansicht, der Nationalsozialismus sei ein „Betriebsunfall" gewesen, eine Ausnahmesituation; in der zweiten (Fünfziger- und Sechzigerjahre) wurde die Kontinuität der deutschen Geschichte vom Kaiserreich bis zum Dritten Reich betont; in der dritten Phase (Achtzigerjahre) wurde der Nationalsozialismus als totalitäre Herrschaftsform gesehen und mit dem Stalinismus auf eine Stufe gestellt.
- Im Zusammenhang damit entstand der Historikerstreit. Dabei ging es um die Frage, ob der Holocaust „einzigartig" gewesen war oder ob ein Vergleich mit ähnlichen oder gleichen Massenverbrechen erlaubt sei.
- Der Neonazismus ist eine Form des politischen Rechtsextremismus.

## Erklärungs- und Definitionsmodelle

Trotz intensiver Beschäftigung mit dem Nationalsozialismus seit 1945 gibt es **keine eindeutige Definition**.

**Erklärungsversuche**:
- Marxistische Historiker sehen den Nationalsozialismus als **radikale Form der bürgerlich-kapitalistischen Herrschaft**.
- Andere Wissenschaftler bevorzugen den Begriff **„Faschismus"**, denn der verdeutliche am besten die gesellschaftspolitischen und ideologischen Grundlagen des Nationalsozialismus.

Seit Kriegsende gab es sehr unterschiedliche Versuche, den Nationalsozialismus zu erklären, die jedoch keine eindeutige Definition hervorgebracht haben:

- **Marxistische Historiker** sehen den Nationalsozialismus als eine extrem **radikale Form der bürgerlich-kapitalistischen Herrschaft**, indem sie auf die enge Verbindung von faschistischen Bewegungen und Kapital- bzw. Industriegruppen verweisen, die aus politisch-militärischen Gründen (Rüstung, Krieg) von den Machtinhabern bevorzugt werden.
- Andere Wissenschaftler bevorzugen **den Begriff „Faschismus"** (→ S. 15 f.), da er am besten geeignet sei, **die gesellschaftspolitischen und ideologischen Grundlagen des Nationalsozialismus** zu verdeutlichen. Gemeinsam sei faschistischen Bewegungen, dass sie von Mittelschichten getragen würden, die in politischen und vor allem wirtschaftlichen Krisensituationen Zuflucht und Rettung bei rechtsradikalen, antikapitalistischen und antisozialistischen Protestbewegungen suchten. Auch Teile der Oberschicht unterstützten faschistische Bewegungen, da sie sich von ihnen Schutz und Stabilisierung der bestehenden Machtverhältnisse versprachen.

- Eine weitere Gruppe von Wissenschaftlern lehnt diese Charakterisierung ab. Der Nationalsozialismus sei zwar eine **extreme Variante des Faschismus**, könne jedoch aufgrund seiner **Radikalität** (Konzentrationslager, Vernichtungslager, systematischer Völkermord etc.) nicht mit anderen faschistischen Bewegungen in einen Topf geworfen werden. Sie fordern deshalb, den Nationalsozialismus durch **den Begriff Totalitarismus** und dessen charakteristische Merkmale zu verdeutlichen. Zu diesen gehören die für jedermann verbindliche Ideologie mit revolutionärem Anspruch, die Legalisierung des von oben gesteuerten Terrors, die Glorifizierung der Gewalt im Dienste einer visionären nationalen Zukunft, die Monopolisierung der Macht, die totale Erfassung und Ausrichtung der Gesellschaft mit dem Ziel, den „neuen Menschen" zu schaffen, die Unterdrückung und Ausschaltung jeglicher Opposition sowie die Gleichsetzung der unkontrollierten Machtausübung mit dem (angeblichen) Willen der „Volksgemeinschaft". **Kritiker des Totalitarismusbegriffs** wenden dagegen ein, dass er so unterschiedliche Systeme wie den Stalinismus und den Nationalsozialismus umfasse, zu sehr die Herrschaftsform und die Herrschaftsausübung in den Mittelpunkt stelle und andere, wesentliche Aspekte (z. B. die politisch-sozialen Grundlagen) nicht gebührend berücksichtige.

- Kritiker dieser Definition bevorzugen den Begriff **„Totalitarismus"**. Sie verweisen darauf, dass der Nationalsozialismus aufgrund seiner Radikalität nicht mit anderen faschistischen Bewegungen in einen Topf geworfen werden kann.

## Vergangenheit, die nicht vergehen will

Die unausweichliche Auseinandersetzung mit den Gräueltaten des Dritten Reiches aufgrund der Öffnung der Konzentrationslager und aufgrund der Nürnberger Kriegsverbrecherprozesse ( Nov. 1945 – Okt. 1946) sowie die Behandlung des Nationalsozialismus in den Medien und der Literatur führte nach 1945 zu einer **bis heute andauernden** intensiven öffentlichen, publizistischen, rechtlichen und moralischen **Beschäftigung mit dem Nationalsozialismus** als der dunkelsten Epoche der deutschen Geschichte. Da diese Diskussionen sich immer wieder an NS-Prozessen, neuen Erkenntnissen oder umstrittenen Äußerungen entzündeten, entstand der Begriff von der **„Vergangenheit, die nicht vergehen will"**.

Die unmittelbare Nachkriegszeit war geprägt von der Diskussion um die **„Kollektivschuld"** der Deutschen. Dieser Begriff bedeutet den gegen eine Gruppe oder Gesamtheit erhobenen Schuldvorwurf unmoralischer oder verbrecherischer Handlungen Einzelner oder einer repräsentativen Gruppe, die die Verbrechen durch Mitwirkung, Billigung oder Duldung ermöglicht oder nicht verhindert hat. Konkret lautete die Frage, die viele stellten: „Waren wir das, also das deutsche Volk, oder nur unsere Eltern und Großeltern (die inzwischen tot oder an der Schwelle des Todes sind), das deutsche Bürgertum (oder eher Kleinbürgertum), der ‚Faschismus', nur ein paar Verbrecher unter uns (in einer im

Die Auseinandersetzung mit den Gräueltaten des Dritten Reiches löste die **Frage nach der Schuld** aus. Waren alle Deutschen schuld, weil sie den Nationalsozialismus unterstützt oder nicht verhindert haben (Kollektivschuld)? Oder trifft die Schuldzuweisung eine Gruppe von NS-Verbrechern oder gar nur Hitler?

Ganzen ‚anständig' gebliebenen Nation), oder war es gar nur Hitler?"[23] Im Sinne der Kollektivschuld bekannte sich z. B. die **evangelische Kirche** am 19. Oktober 1945 zu einer **„Solidarität der Schuld" mit dem deutschen Volk** („Stuttgarter Schuldbekenntnis").

Die Gegner der Kollektivschuld lehnten diese von Anfang an ab, da es **kein Kollektivgewissen als Voraussetzung für eine Kollektivschuld** gebe (Martin Niemöller), weil sie die Auseinandersetzung mit der Vergangenheit behindere und weil sie nicht zwischen Tätern, Gegnern des Dritten Reiches und dessen Opfern unterscheide. Heute gilt die Ansicht, dass es keine Kollektivschuld gibt, aber auch keine kollektive Unschuld. Es gibt vielmehr die **kollektive Verantwortung**, dass sich derartige Verbrechen gegen die Menschlichkeit nicht mehr wiederholen.

## Die „Aufarbeitung" des Dritten Reiches

**Die „Aufarbeitung" des Dritten Reiches** verlief in der Bundesrepublik in drei Phasen, die durch folgende Ansichten geprägt wurden:

**1. Phase** (unmittelbare Nachkriegsjahre): Der **Nationalsozialismus war ein „Betriebsunfall"**, eine Verkettung unglücklicher Faktoren. Als Folge dieser Einschätzung werden die Deutschen von jeglicher Schuld freigesprochen.

Die **DDR** lehnte eine Mitschuld unter Hinweis auf den **kommunistischen Widerstand** ab.

Die **„Aufarbeitung"** der jüngsten Vergangenheit verlief in der Bundesrepublik **in drei Phasen**. In den unmittelbaren Nachkriegsjahren erzwangen die Besatzungsmächte aus moralischen und politischen Gründen im Rahmen der Entnazifizierung die Auseinandersetzung der Besiegten mit dem Nationalsozialismus. Die Mehrheit der Deutschen war aufgrund ihrer extremen wirtschaftlichen, gesellschaftlichen und sozialen Lebensumstände wenig interessiert an einer kritischen Beschäftigung mit dem Dritten Reich. Diese **erste Phase** wurde von folgendem Erklärungsversuch der westdeutschen Geschichtswissenschaft bestimmt: Der **Nationalsozialismus** sei ein **„Betriebsunfall"** gewesen, eine **absolute Ausnahmesituation**, die Folge der **Verkettung unglücklicher Faktoren**. Damit wurde die Kontinuität der deutschen Geschichte bestritten und damit wurden die „ganz normalen **Deutschen" von jeglicher Schuld freigesprochen**. Die Deutschen seien eben in einer äußerst problematischen politischen, wirtschaftlichen und gesellschaftlichen Situation Opfer eines skrupellosen, demagogischen Verbrechers geworden.

Die Aufarbeitung der Vergangenheit in der **DDR** ging einen anderen Weg: Eine historische Kontinuität und damit auch eine Mitschuld lehnte die DDR unter Hinweis auf den kommunistischen Widerstand ab. Zudem befand sie sich aus ideologischer Sicht bereits in der Phase des Aufbaus des Sozialismus, hatte also die kapitalistische Gesellschaftsform und den Faschismus als dessen extremste Erscheinung überwunden. Die Auseinandersetzung mit der nationalsozialistischen Vergangenheit geschah, staatlich verordnet und gelenkt, unter dem Deckmantel des politischen Kampfmittels **„Antifaschismus"**. Seine Funktion war es, die Identifizierung mit dem verordneten Sozialismus zu erzwingen.

Die **zweite Phase**, die Fünfziger- und Sechzigerjahre, führte zu einer veränderten Betrachtungsweise in der Bundesrepublik. Die These vom „Betriebsunfall" hielt genaueren Untersuchungen nicht stand. Sie belegen die eindeutige **Kontinuität der deutschen Geschichte vom Kaiserreich bis zum Dritten Reich** (➔ S. 29–32; Militarismus, obrigkeitsstaatliches Denken, imperialistische und aggressive Außenpolitik, Antisemitismus, extremer Nationalismus) und eine **breite Unterstützung des Nationalsozialismus.** Die Verzahnung der NSDAP mit allen Bereichen des Staates und der Wirtschaft wurde ebenso verdeutlicht wie die Möglichkeit des Einzelnen, sich der aktiven Mitwirkung bei entsprechender Zivilcourage zu entziehen. Damit konnte die „Opferrolle" des deutschen Volkes nicht mehr aufrechterhalten werden und die Erkenntnis setzte sich durch, dass ein nicht unerheblicher Teil des deutschen Volkes teils unter Druck oder aus jugendlicher Begeisterung, teils aber auch freiwillig und bereitwillig die NS-Herrschaft unterstützt hatte.

**2. Phase** (Fünfziger- und Sechzigerjahre): Betonung der **Kontinuitätslinien vom Kaiserreich zum Dritten Reich** und der breiten Unterstützung des Nationalsozialismus durch die Deutschen. Fazit: **Viele Deutsche haben freiwillig und bereitwillig die NS-Herrschaft unterstützt.**

Eine wesentliche **Veränderung im Denken** der Bevölkerung bewirkten der **Eichmann-Prozess** in Jerusalem (1961) und die **drei großen Auschwitz-Prozesse** gegen Lageraufseher und Angehörige der Lagerverwaltung zwischen 1963 und 1968 sowie die Darstellung in den Medien. Adolf Eichmann hatte als Leiter des Judenreferats im Reichssicherheitshauptamt von 1941 bis 1945 die Deportation der Juden in die Vernichtungslager organisiert. 1960 wurde er vom israelischen Geheimdienst aus Argentinien entführt, 1961 in Israel zum Tode verurteilt und hingerichtet. Die Reaktion der Bevölkerung auf die in den Prozessen behandelten Gräuel und Verbrechen war unterschiedlich: Die einen forderten einen Schlussstrich unter die NS-Vergangenheit, die anderen verlangten rückhaltlose Aufklärung und umfassende Vergangenheitsbewältigung. Da außerdem 1965 die **Verjährung der NS-Verbrechen** nach geltendem Recht drohte, forderten viele die Aufhebung der Verjährung, während andere vor der „Zurechtbiegung" der Gesetze aus moralischen Überlegungen warnten. 1969 hob schließlich der Bundestag nach langen und heftigen Debatten die Verjährung für Völkermord und zehn Jahre später auch für Mord auf.

Der **Eichmann-Prozess** (1961) und die **Auschwitzprozesse** (1963, 1966) bewirkten eine **kontroverse Einstellung** der Bevölkerung zu den Gräueltaten des Dritten Reiches.

In der **dritten Phase**, den Achtzigerjahren, wurde der **Nationalsozialismus** als eine **Erscheinungsform des Totalitarismus** angesehen und mit dem Stalinismus auf eine Stufe gestellt. Historiker und Gesellschaftswissenschaftler schlussfolgerten aus dem Vergleich totalitärer Herrschaftssysteme, dass es eine allgemeine menschliche Bereitschaft gebe, autoritäre Herrschaften zu akzeptieren und sich auch extremer Herrschaftsausübung nicht zu verschließen. Da diese These von anderen, die die Einzigartigkeit der nationalsozialistischen Verbrechen betonten, heftig bekämpft wurde, entstand **in den Achtzigerjahren** der so genannte **Historikerstreit** (➔ S. 171 f.) in der Fachwissenschaft und der Publizistik.

**3. Phase** (Achtzigerjahre): Nationalsozialismus ist eine **Erscheinungsform des Totalitarismus**. Problem: Der Vergleich extremer Verbrechen totalitärer Regime kann zur **Relativierung der NS-Verbrechen** führen.

Das diffuse Schuldbewusstsein änderte sich **seit Ende der Siebzigerjahre** aufgrund von Fernsehdokumentationen („Holocaust"), Filmen („Schindlers Liste") und Veröffentlichungen Betroffener (z. B. Victor Klemperers Tagebücher) bzw. von Historikern (z. B. Daniel Goldhagen: „Hitlers willige Vollstrecker").

Auffallend ist die Werteselektion aufgrund des individuellen und **subjektiven Erlebniswerts** vieler älterer Betroffener: Manche von ihnen denken, dass Hitler zwar den Krieg entfesselt habe und für den Holocaust verantwortlich sei, dass er aber ebenso eine funktionierende Ordnungsdiktatur mit Vorzeigecharakter und positiven Leistungen geschaffen habe.

Auffallend ist, dass viele Deutsche die unterschiedlich starke Mitschuld am Dritten Reich aus verschiedenen Gründen verdrängten. Mit neuem Wohlstand und Selbstbewusstsein seit Mitte der Fünfzigerjahre verkapselte sich das bald nur noch **diffuse Schuldbewusstsein**, zumal wenn Verbrechen der Siegermächte „verrechnet" wurden. Auch eindeutige neue Forschungsergebnisse wurden eher pflichtgemäß hingenommen. Diese Einstellung änderte sich erst, als mit der Ausstrahlung der **Fernsehserie „Holocaust"** (1979) die **Judenverfolgung zu einem medialen Großereignis** wurde. In der Folgezeit wurde die öffentliche Diskussion und Aufarbeitung des Dritten Reiches immer wieder von Filmen (z. B. „Schindlers Liste", 1994), Veröffentlichungen Betroffener (z. B. Victor Klemperers Tagebücher) oder umstrittenen Forschungsergebnissen (z. B. Daniel Goldhagens „Hitlers willige Vollstrecker", 1996) angefacht. Die umfassendere Beschäftigung mit dem Nationalsozialismus änderte jedoch nichts an der Feststellung, die der Historiker **Sebastian Haffner** bereits **1978** bezüglich der Judenverfolgung getroffen hatte: **„Man kann suchen, solange man will, man findet in der Geschichte nichts Vergleichbares."**
Deutlich ist auch eine **auffallende Werteselektion** da, wo der individuelle und subjektiv wahrgenommene Erlebniswert (HJ, BdM, Kraft durch Freude, Gemeinschaftserlebnis etc.) hochrangig war und bleiben sollte (ältere Generation, Betroffene, nationalistisch Denkende, rechtsextremistische Gruppierungen). Viele ältere Deutsche – und zunehmend auch junge – verurteilten Hitler zwar wegen der Entfesselung des Krieges, des Todes von Millionen von Menschen und speziell wegen des Holocausts, schätzten ihn jedoch als **Chef einer prosperierenden Ordnungsdiktatur mit gültigem Vorzeigecharakter.**[24] Der Grund dafür besteht bei den Älteren, den Zeitgenossen darin, dass die **subjektive Wahrnehmung Hitlers** und des Dritten Reiches aufgrund von Erfolgen, propagandistischer Massenlenkung und persönlicher Identifizierung oft im Gegensatz zu dem stand, was die Forschung aufzeigte. Auch deshalb wollten sie sich nicht als Opfer von Betrug und Selbstbetrug bekennen. „Zu schwer wiegt die Einsicht", stellten die Historiker Bracher, Funke und Jacobsen fest, „dass die angebliche Lebensachse ‚Ein Volk – ein Reich – ein Führer' von Hitler zerbrochen wurde, dass man in seiner Hand nur Mittel zu jenem Zweck war, der erst 1941 voll durchschlug in der Entfesselung eines Welt- und Rassenkrieges ohne politische Strategie, ohne Ziel-Mittel-Relation, ohne Verantwortung für die Wohlfahrt des Volkes."[25]

## Der Historikerstreit

In den Sechziger- und Siebzigerjahren relativierten einige angelsächsische Historiker die Schuld Hitlers, sprachen von dem (durch die Alliierten) „erzwungenen Krieg" bzw. stellten die Behauptung auf, Hitler habe von der Endlösung nichts gewusst. Damit lösten sie in der Geschichtswissenschaft der Bundesrepublik eine heftige Diskussion um die **„Einzigartigkeit" der** nationalsozialistischen **Judenvernichtung** aus.

Der **Historikerstreit** der Achtzigerjahre entzündete sich an der Frage, ob der **Holocaust „einzigartig"** sei oder ob er mit ähnlichen Massenverbrechen verglichen werden dürfe.

Einige Historiker, die so genannten **„Revisionisten"** (Ernst Nolte, Andreas Hillgruber, Michael Stürmer) forderten die **Einordnung des Dritten Reiches in größere Zusammenhänge** und einen detaillierten **Vergleich mit ähnlichen oder gleichen Massenverbrechen**, z. B. mit denen der Russischen Revolution bzw. der stalinistischen UdSSR oder des kambodschanischen kommunistischen Pol Pot-Regimes (Ermordung von ca. 2 Mio. Kambodschanern zwischen 1976 und 1978). Sie verwiesen darauf, dass Stalins Herrschaft mehr Menschen das Leben gekostet hat als die Hitlers, dass die Zahl der Opfer des Kommunismus weltweit deutlich höher ist als die des Faschismus und Nationalsozialismus. Die ausschließliche Betrachtung des Dritten Reiches lehnten sie ab und bestritten die Einzigartigkeit der nationalsozialistischen Judenvernichtung bzw. relativierten sie.

Bei diesem Gelehrtenstreit gab es drei Lager:
1. Die **„Revisionisten"** (z. B. Nolte, Hillgruber, Stürmer) forderten den Vergleich der Verbrechen des Dritten Reiches mit ähnlichen oder gleichen. Sie bestritten die Einzigartigkeit des Holocaust oder relativierten sie.

Dagegen betonten die **Kritiker der „Revisionisten"**, in erster Linie der Sozialphilosoph Jürgen Habermas und der Herausgeber des Magazins SPIEGEL, Rudolf Augstein, aber auch zahlreiche Historiker, die **Einzigartigkeit des Holocaust** und lehnten jeglichen Vergleich strikt ab. Er laufe nämlich auf eine „Verrechnung" hinaus und lasse damit einen der Vergleichsgegenstände als „weniger schlimm" erscheinen. Auschwitz (als Synonym für die „fabrikmäßige Vernichtung der Juden in Gaskammern"), sei so einzigartig, dass eine Relativierung durch einen Vergleich nicht zulässig sei, weil dies auf eine Verharmlosung des nationalsozialistischen Regimes und seiner Verbrechen hinauslaufe und die historische Verantwortung der Deutschen in ungerechtfertigter Weise verringere. Besonders heftig lehnten sie **Noltes kausale Verknüpfung von Russischer Oktoberrevolution und Nationalsozialismus** ab. Nolte hatte den Erfolg der Nationalsozialisten mit der im deutschen Bürgertum tief verwurzelten Furcht vor dem Bolschewismus und der sowjetischen Revolutionierung Europas erklärt und behauptet, dass Auschwitz (als Synonym für den Holocaust) die „aus Angst geborene Reaktion auf die Vernichtungsvorgänge der Russischen Revolution" gewesen sei. Seine Kritiker warfen ihm vor, dass er mit dieser Theorie Deutschland bzw. die Deutschen von der Verantwortung für die Gräueltaten der Nationalsozialisten entlaste.

2. Die **„Kritiker der Revisionisten"** (z. B. Habermas, Augstein) lehnten jeden Vergleich strikt ab, da er zur Relativierung führe und die historische Verantwortung der Deutschen verringere.

Eine **neutrale Position** vertrat der Historiker **Immanuel Geiss**. Er forderte, dass eine Analyse, ein Vergleich möglich sein müsse, zumal er nicht identisch mit Gleichsetzung sei. Identifizierung mit der nationalen Geschichte und das

3. Die **neutrale Position** erlaubt den Vergleich, da er nicht automatisch Gleichsetzung bedeute.

Die **heutige Ansicht**: Derartige Debatten sind erlaubt und notwendig, wenn sie nicht der Aufrechnung und Relativierung des Holocaust dienen.

Lernen aus ihr gehe nicht ohne die Einordnung des an sich Unfassbaren, gehe nicht ohne historische Vergleiche und ohne eine gewisse Relativierung.
Heute sind unter den Historikern und Publizisten die Ansichten zur Einzigartigkeit und Unvergleichbarkeit des Holocaust nicht mehr derart extrem, aber immer noch unterschiedlich. Unabhängig davon herrscht jedoch weitgehende Einigkeit in zweierlei Hinsicht. Erstens: Derartige Debatten sind nicht nur erlaubt, sondern notwendig, da sich nationale Identität nur aus der Erforschung und Kenntnis der geschichtlichen und kulturellen Wurzeln ergibt. Zweitens: Diese Debatten dürfen ausschließlich der Darstellung der historischen Wirklichkeit und keinesfalls der Aufrechnung und Relativierung des Holocausts dienen.

## Neonazismus

Neonazismus ist eine Form des **politischen Rechtsextremismus**.

Es gab/gibt **vier rechtsextreme Parteien**: Die Sozialistische Reichspartei (1952 verboten), die Nationaldemokratische Partei Deutschlands (NPD), die Republikaner (REP) und die Deutsche Volksunion (DVU). Sie sind in der Parteienlandschaft der Bundesrepublik weitgehend isoliert.

Der **Neonazismus**, der eine **Form des politischen Rechtsextremismus** ist, übernimmt die Grundlagen der nationalsozialistischen Ideologie (→ S. 60–65) und strebt deshalb einen totalitären, nationalistischen und rassistischen Führerstaat mit einer Einheitspartei an. Träger des Neonazismus sind **rechtsextremistische Parteien, Gruppierungen und „Kameradschaften"**. Seit Kriegsende gab es drei Wellen des Neonazismus in Deutschland. Die erste bestimmte die Sozialistische Reichspartei (SRP) bis zu ihrem Verbot 1952, die zweite die Nationaldemokratische Partei Deutschlands (NPD) in der zweiten Hälfte der Sechzigerjahre, die dritte Die Republikaner (REP) und die Deutsche Volksunion (DVU) in den Achtzigerjahren. Diese Parteien versanken jedoch bald wieder in der politischen Bedeutungslosigkeit.
Anfang 2017 gibt es in der Bundesrepublik nach Angaben des Verfassungsschutzes ca. 22000 Rechtsextreme, darunter ca.5700 Neonazis. Rechtsextreme Forderungen und Parolen finden ihren Ausdruck weniger in den Parteiprogrammen, sondern vielmehr in den **Reden, Parolen und Verhaltensweisen einzelner Parteifunktionäre**. Die Parteiführungen vermeiden es aus juristischen Gründen, dem Staat Angriffsflächen zu bieten, und stellen ihre Parteien potenziellen Wählern als rechtsdemokratisch, national und ordnungsliebend dar. Das **provokante Auftreten** dieser Parteien, Gruppierungen und ihre nazistischen Parolen erzeugten oft turbulente und **gewalttätige Gegenreaktionen**. Erinnerungen an die letzten Jahre der Weimarer Republik wurden wach und mündeten in den 1960er Jahren im In- und Ausland in die viel gestellte Frage: „Ist Bonn Weimar?".
**Neonazistische Parteien** haben aber bezüglich ihrer politischen Intensität und Bedeutung deutlich nachgelassen, da sie im Gegensatz zur Weimarer Republik gesellschaftlich und intellektuell **weitgehend isoliert** blieben und keine gemeinsamen Strategien entwickelten.
Neben den rechtsextremen Parteien gibt es zahlreiche voneinander unabhängige **rechtsextremistische Gruppen und Organisationen**, denen nach Angaben

des Bundesamts für Verfassungsschutz ca. 45 000 Personen angehören. Der gewaltbereite Kern der Rechtsextremisten umfasste ca. 11 000 Personen, von denen im Jahre 2015 in etwa ebenso viele Straftaten (meist Körperverletzungen) mit rechtsextremistischer Motivation verübt wurden.
Diese rechtsextremen Parteien und die Gruppierungen gewaltbereiter Rechtsextremisten, z.B. Anhänger der Pegida-Bewegung (Patriotische Europäer gegen die Islamisierung des Abendlandes) haben als **gemeinsame Charakteristika** die Diffamierung des demokratischen Rechtsstaates, die Verbreitung nationalsozialistischen Gedankengutes in mehr oder weniger verschleierter Form, Fremdenfeindlichkeit, Antisemitismus, Antiliberalismus und die Unterordnung des Individuums unter die „Gemeinschaft“. In den letzten Jahren benutzen sie verstärkt das Internet zur Verbreitung ihrer Propaganda.

Neben den rechtsextremen Parteien gibt es ca. 150 voneinander unabhängige **rechtsextremistische Gruppen** und Organisationen.

Die größte Gruppe bilden die **Skinheads** mit ihrer typischen Subkultur.
Gemeinsame Charakteristika rechtsextremistischer Parteien und Organisationen sind:
- Diffamierung des Rechtsstaates,
- Verbreitung nationalsozialistischen Gedankenguts,
- Fremdenfeindlichkeit, Antisemitismus,
- Antiliberalismus und Unterordnung des Individuums unter die „Gemeinschaft“.

## Die historische Dimension des Nationalsozialismus

Der Nationalsozialismus lässt sich aufgrund seines spezifischen Charakters nur schwer in ein gesellschaftliches Schema einordnen. Deshalb gibt es in der Fachliteratur **unterschiedliche Erklärungs- und Definitionsmodelle**.

Der Nationalsozialismus wird gesehen als **radikale Form der bürgerlich-kapitalistischen Herrschaft** (marxistische Historiker), als **extreme Variante des Faschismus** oder als **totalitäre Herrschaftsform.**

Die Auseinandersetzung mit dem Nationalsozialismus und den von den Nationalsozialisten begangenen Verbrechen zieht sich bis in die heutige Zeit hin. Diese **Aufarbeitung** der jüngsten Vergangenheit verlief **in drei Phasen.**

In den **unmittelbaren Nachkriegsjahren** wurde in der Bundesrepublik zunächst die Schuldfrage (Gibt es eine **Kollektivschuld** der Deutschen oder eine ausschließliche Schuld der Nationalsozialisten?) heftig diskutiert und es dominierte zunächst die **Ansicht, das Dritte Reich sei ein unglücklicher „Betriebsunfall"** gewesen. Für die DDR existierte aus ideologischen Gründen (kommunistischer Widerstand im Dritten Reich, staatlich propagierter „antifaschistischer Kampf") eine Schuldfrage grundsätzlich nicht, weshalb eine Aufarbeitung nicht für notwendig angesehen wurde.

In den **Fünfziger- und Sechzigerjahren** verdeutlichten Historiker starke Kontinuitätslinien zwischen dem Kaiserreich und dem Dritten Reich und wiesen nach, dass ein **nicht unerheblicher Teil der Deutschen das NS-Regime getragen** und aktiv unterstützt hatte.

In den **Achtzigerjahren** beschäftigte sich der so genannte **„Historikerstreit"** mit der Frage, ob die NS-Verbrechen, insbesondere die fabrikmäßige Ermordung der Juden, einzigartig in der Geschichte seien oder ob sie mit ähnlichen Verbrechen kommunistischer Regime verglichen und damit relativiert werden könnten.

**Heute** besteht Konsens, dass derartige Debatten der Darstellung der historischen Wahrheit, jedoch **nicht der Aufrechnung und Relativierung des Holocausts** dienen dürfen.

Der **Neonazismus**, der eine **spezifische Form des Rechtsextremismus** ist, wurde bzw. wird von rechtsextremen Parteien **(NPD, DVU, Republikaner, großen Teilen der AfD)** und von zahlreichen rechtsextremistischen Gruppen und Organisationen unterschiedlich direkt vertreten. Sie lösen aufgrund ihres nationalsozialistischen Gedankengutes und aufgrund gewalttätiger Aktionen zwar immer wieder gesellschaftliche und politische Konflikte aus, sind jedoch, da sie untereinander nicht vernetzt sind, momentan keine Bedrohung für Staat und Gesellschaft.

## Begriffsverzeichnis (erklärt alle im Text mit blauer Farbe markierten Begriffe)

# A

**AGITATION** (lat. agitare = anspornen, antreiben): Verbreitung radikaler Ideen bzw. die systematische aggressive Werbung für diese (→Propaganda).

**ANNEXION** (frz. annexion = Eingliederung): Erwerb eines fremden Staates durch rechtswidrige und/oder gewaltsame Aktionen (Drohung, Anwendung von Gewalt) und dessen Eingliederung in den eigenen Staat (vgl. den „Anschluss" Österreichs 1938).

**ANTIFASCHISMUS** a) Die Gegnerschaft verschiedener politischer Richtungen gegenüber dem →Faschismus bzw. dem →Nationalsozialismus; b) grundsätzliche Gegnerschaft gegenüber totalitären Massenbewegungen; c) im kommunistischen Sprachgebrauch: einheitlicher Kampf der Arbeiterklasse gegen den westlichen →Imperialismus.

**ANTIJUDAISMUS** Ablehnung und Diskriminierung des Judentums aus ethnischen, religiösen und kulturellen Gründen im Mittelalter und der frühen Neuzeit. Obwohl die jüdische Minderheiten durch städtische, fürstliche oder gar kaiserliche Schutzprivilegien weitgehend unbehelligt lebten, wurden sie in Krisenzeiten (Seuchen, Epidemien, Missernten etc. ) in die Rolle des Sündenbocks gedrängt, dem man alle Schuld zuschob. Deshalb wurden sie immer wieder verfolgt, misshandelt und oft getötet. →Antisemitismus

**ANTISEMITISMUS** Im 19, Jahrhundert entwickelten europäische Rassentheoretiker eine Werteskala der verschiedenen Rassen, auf der das „minderwertige" Judentum ganz unten stand. In der zweiten Hälfte des 19. Jahrhunderts entstand der Antisemitismus. Die Juden galten nun nicht nur als minderwertige, sondern auch als gefährliche Rasse, die die Reinheit der höherwertigen permanent bedro he. Deshalb forderten die extremen Rassentheoretiker nicht nur die Verdrängung der Juden aus gesellschaftlichen, politischen und wirtschaftlichen Führungspositionen, sondern die Vernichtung der jüdischen Rasse insgesamt. Die extremste Form des Antisemitismus war die Verfolgung der Juden im Dritten Reich.

**APPEASEMENT** (engl. appease = durch Nachgiebigkeit oder Zugeständnisse beschwichtigen): Bezeichnung für die britische Politik gegenüber Hitler zwischen 1935 und Frühjahr 1939.

**ARIER / ARISCH** (Sanskrit: arya = der Edle): a) Ethnisch: Angehöriger des indoiranischen Zweiges der indogermanischen Sprachfamilie; b) in Deutschland 1933–1945 Einengung und Verschärfung durch eine ausgeprägte antijüdische Bedeutung.

**AUTONOMIE** (griech. autos = selbst, nomos = Gesetz): Im Völkerrecht Bezeichnung für eine vertraglich festgelegte Selbstverwaltung eines Gebietes oder einer Bevölkerungsgruppe innerhalb eines Staates.

**AUTORITÄR** (lat. auctoritas = Ansehen): Ein autoritärer Staat (System, Regime) ist ein straff zentralistisch organisierter Staat, dessen Regierung unter formaler Beibehaltung parlamentarischer Institutionen und Verfahrensweisen weitgehend selbstständig und ohne echte Mitwirkung des Parlaments bzw. des Volkes die unkontrollierte Macht ausübt (parlamentarisch verbrämte Diktatur). Autoritarismus: Herrschaftssystem eines autoritären Staates (→totalitär).

## B

**BEKENNENDE KIRCHE** Seit 1934 →Bewegung innerhalb der evangelischen Kirche Deutschlands, die in Opposition trat zur nationalsozialistisch bestimmten Haltung der evangelischen Kirche und insbesondere der Deutschen Christen.

**BEWEGUNG** Politisch-ideologisch geprägte Verbindung von Menschen mit dem Ziel, ihre Ansichten zu verbreiten.

**BOLSCHEWISMUS** (russ. bolschinstwo = Mehrheit): a) Struktur, Organisationsform, Programmatik und Strategie der KPdSU. Ideologisch-politische Grundlage ist der von Lenin entwickelte Marxismus-Leninismus, in dessen Mittelpunkt die Theorie und Taktik der Eroberung der Macht durch eine Elite von Berufsrevolutionären stand. Das Endziel, die klassenlose Gesellschaft des →Kommunismus, sollte durch die „Diktatur des Proletariats" erreicht werden. b) Von Lenin begründetes Herrschaftssystem der UdSSR. Charakteristika: Rolle und Bedeutung der KP als alleiniger Trägerin der Macht, „Sozialismus in einem Land" als Rechtfertigung der diktatorischen Ordnung der UdSSR, die unumstrittene Führung des Weltkommunismus durch die KPdSU (→Stalinismus).

**BOURGEOISIE** (frz. = Bürgertum): a) Zur Zeit der Französischen Revolution Bezeichnung für die höhere, besitzende Bildungsschicht; b) heute, vor allem durch die Lehre des →Marxismus bzw. →Sozialismus, meist negativ verwendete Bezeichnung für die besitzende, herrschende Klasse.

## C

**CHAUVINISMUS** (frz.): Fanatische, maßlos übersteigerte Überbewertung der eigenen Nation, die einhergeht mit der Abwertung anderer Nationen (→Nationalismus).

# D

**DEMOKRATIE** (gr. demokrateia: Volks-): a) Herrschaftsform, in der alle Macht vom Volk ausgeht. b) Gesellschaftliche Lebensform, die auf Freiheit und Gleichheit gegründet ist. Grundelemente sind Volkssouveränität, Freiheit, Gleichheit und Rechtsstaatlichkeit (→ Diktatur).

**DEUTSCHE ARBEITSFRONT (DAF)** 1933 nach der Zerschlagung der Gewerkschaften gegründete Wirtschaftsorganisation der NSDAP für Arbeitgeber und Arbeitnehmer.

**DIKTATUR** (lat. dictatura = Amt und Amtszeit des in Krisenzeiten alleinigen Machtinhabers Roms): Herrschaftsform, in der eine Gruppe oder ein Einzelner die Herrschaft, die durch Revolution oder gewaltsame Aneignung der Macht erlangt wurde, unbeschränkt ausübt (→ Demokratie).

**DIKTATUR DES PROLETARIATS** Auf Karl Marx zurückgehender Begriff, der die politische Herrschaft der Arbeiterklasse zur Durchsetzung ihrer Klasseninteressen bezeichnet. Er ging davon aus, dass das „als herrschende Klasse organisierte Proletariat" seine Herrschaft und seine historische Aufgabe nur durch eine revolutionäre Diktatur über und gegen die „Ausbeuterklasse" verwirklichen könne. Der → Marxismus-Leninismus sah die Diktatur des Proletariats als „historisch notwendige Übergangsphase" zwischen Kapitalismus und Kommunismus. In dieser Phase müsse das Proletariat die Staatsgewalt diktatorisch ausüben, um seine Ziele (z. B. die klassenlose Gesellschaft) zu erreichen. In der DDR und den anderen sozialistischen Ostblockstaaten war die Diskrepanz zwischen Theorie (Herrschaft der Arbeiterklasse) und der gesellschaftspolitischen Praxis (Diktatur der marxistisch-leninistischen Partei bzw. ihrer Führungsspitze) offensichtlich. Diese Diskrepanz zwischen Theorie und Praxis war eine wesentliche Ursache der Revolution in der DDR (1989/90).

**DRITTES REICH** Nationalsozialistischer Begriff, der nach dem Heiligen Römischen Deutscher Nation (962–1806) und dem Hohenzollernreich (1871–1918) die Herrschaft Hitlers als drittes Reich ansah. Diese Bezeichnung implizierte eine Ewigkeitshoffnung („Tausendjähriges Reich") und die Hoffnung auf den Erretter des deutschen Volkes, als der Hitler von der nationalsozialistischen Propaganda verkündet wurde. 1937 verbot das Propagandaministerium diesen Begriff, da er zu sehr eine historische Entwicklung und weniger die „geschlossene staatlich Einheit" darstelle und schrieb stattdessen „Das Reich" vor.

**EINSATZGRUPPEN** Offiziell: Einsatzgruppen der Sicherheitspolizei und des →SD. Mobile Sondereinheiten der →SS, die von Mitgliedern der →Gestapo, der Kripo und des SD geführt wurden. Die 1941 ca. 3000 Mann starke Organisation hatte die Aufgabe, hinter der vorrückenden Front vier Gruppen von Menschen aufzuspüren und zu „liquidieren“: Die kommunistische Führungsschicht, Angehörige asiatischer Völker, Roma und Sinti sowie Juden. Die Einsatzgruppen waren verantwortlich für die Ermordung von ca. 2,3 Mio. Menschen.

**„ENDLÖSUNG“** Auf der Wannseekonferenz (20. 1. 1942) festgelegter zynisch-euphemistischer Begriff für die Massenvernichtung aller im deutschen Machtbereich lebenden Juden.

**ENZYKLIKA** (lat. encyclica epistola = allgemeines Rundschreiben): Das in lateinischer Sprache abgefasste Rundschreiben des Papstes an alle Bischöfe und damit an alle Christen mit kirchlichen, theologischen, seelsorgerischen, politischen, wirtschaftlichen und sozialen Inhalten. Eigenschaften: Hohe Autorität, politische Bedeutung.

**ERMÄCHTIGUNGSGESETZ** Das „Gesetz zur Behebung der Not von Volk und Reich“ vom 24. 3. 1933 gab der Exekutive auch legislative Gewalt. Hitler konnte auf dieser Grundlage Gesetze erlassen, die auch von der Verfassung abweichen durften (Art. 2). Es ermöglichte den Nationalsozialisten (zusammen mit der →Reichstagsbrandverordnung) die Umgehung bzw. Aushöhlung der Verfassung. Es beseitigte praktisch die Gewaltenteilung und wurde zur wesentlichen Grundlage des NS-Unrechtsstaates.

**„EUTHANASIE“** (griech. eu = gut, thanatos = Tod): Euphemistischer NS-Begriff für die 1939 von Hitler veranlasste Tötung allen „lebensunwerten Lebens“ zur „Verhütung erbkranken Nachwuchses“.

**EXEKUTIVE** (lat. executio = Ausführung, Vollzug): Die „vollziehende Gewalt“ wird von der Regierung und der Verwaltung gebildet und ausgeübt. In einem Regierungssystem, das auf Gewaltenteilung und Rechtsstaatlichkeit basiert, hat die Exekutive die Aufgabe, die von der →Legislative (gesetzgebende Gewalt) getroffenen politischen Grundsatzentscheidungen umzusetzen. Dies tut die Regierung im Rahmen der Verfassung und auf der Grundlage von Gesetzen und die Verwaltung, indem sie die Anweisungen der Regierung in die politische Wirklichkeit umsetzt.

# F

**FASCHISMUS**

(lat. fasces = Rutenbündel mit Richtschwert; it. fascio = Kampfbund):
a) Von Mussolini begründetes →totalitäres Herrschaftssystem in Italien (1919–1943)
b) Sammelbegriff für alle totalitären nationalistischen und antidemokratischen Rechtsdiktaturen.

**FREMDARBEITER**

Bezeichnung für Menschen aus den vom Dritten Reich besetzten Gebieten, die während des Zweiten Weltkrieges zwangsweise in der deutschen Kriegswirtschaft unter schlechten Arbeits- und Lebensbedingungen arbeiten mussten.

**FÜHRER, FÜHRERKULT, FÜHRERSTAAT**

→Autoritärer oder →totalitärer Staat mit hierarchischer und militaristischer Machtstruktur, an dessen Spitze der Führer steht. Er ist der alleinige und unumstrittene Leiter im politischen und militärischen Bereich. Im →Dritten Reich war „Führer" der Titel Hitlers, der dessen ausschließliche Autorität, seine absolute Macht und seine charismatische Vorherbestimmtheit ausdrücken sollte. Ein wesentliches Charakteristikum des Führerstaates ist der Führerkult. Er bezeichnet die pseudoreligiöse Verherrlichung und Glorifizierung eines Diktators, der außerhalb jeglicher Kritik und Kontrolle steht und als Programmatiker und Politiker die alleinige Macht und die höchste Autorität genießt.

# G

**GENOZID**

(griech.-lat. = Völkermord): Begriff des Völkerstrafrechts, der die Vernichtung von Völkern oder Volksgruppen aus ethnischen, rassistischen oder religiösen Gründen bezeichnet (→ Holocaust).

**GESTAPO (GEHEIME STAATS POLIZEI)**

1933 von Göring als politische Polizei in den Ländern geschaffen. 1934 Vereinheitlichung ihrer Organisation auf Reichsebene. 1936 Zusammenfassung mit der Kriminalpolizei zur Sicherheitspolizei. Ihre Aufgabe war die Bekämpfung und Ausschaltung politischer Gegner des Nationalsozialismus. Dabei war sie weder an Recht noch an Gesetz gebunden.

**GETTO**

(etymologische Herkunft unklar): a) Bezirk eines behördlich erzwungenen, räumlich beschränkten, isolierten jüdischen Wohnviertels mit strengen Auflagen (z. B. nächtliche Ausgangssperre). b) Heutzutage verwendet für alle Bevölkerungsgruppen, die aufgrund einer erzwungenen räumlichen und/oder aufgrund gesellschaftlicher Beschränkungen ausgeschlossen werden vom geistigen, kulturellen und politischen Leben der Gesamtgesellschaft.

**GLEICHSCHALTUNG (NS-BEGRIFF)** Zwangsweise Vereinheitlichung aller politischen, wirtschaftlichen, gesellschaftlichen und kulturellen Bereiche des Lebens und deren organisatorische Angliederung an die Staatspartei eines →totalitären Einparteienstaates.

## H

**HEGEMONIE** (griech. hegemon = Führer): Politische, militärische und wirtschaftliche Vorherrschaft eines Staates in einem bestimmten Raum oder innerhalb eines Bündnisses.

**HOLOCAUST** (griech. holocaustos = völlig verbrannt): a) Bezeichnung für die Massenvernichtung von Menschen eines Volkes (→Genozid); b) Bezeichnung für die Verfolgung, Gettoisierung und Ermordung der europäischen Juden während der nationalsozialistischen Herrschaft in Deutschland und Europa (1933–1945).

## I

**IDEOLOGIE** (gr. = Ideenlehre): Gedankengebäude, das das Denken und die Wertevorstellungen eines Einzelnen oder einer gesellschaftlichen Gruppe zusammenfasst und Anspruch auf Allgemeingültigkeit stellt. Die Funktion der Ideologie ist es, die Interessen des Ideologen/einer Gruppe durchzusetzen und zu rechtfertigen.

**IMPERIALISMUS** (lat. imperium = Reich, Weltreich): a) Bestreben eines Staates, sein Staatsgebiet durch Eroberung oder →Annexion anderer Gebiete zu vergrößern (direkter Imperialismus) oder seinen politischen, militärischen, wirtschaftlichen und kulturellen Einfluss auf einen anderen, rechtlich selbstständig bleibenden Staat auszudehnen (indirekter Imperialismus); b) Außenpolitik europäischer Staaten und der USA zwischen Mitte des 19. Jh. und dem Ersten Weltkrieg. c) Epoche von ca. 1880 bis 1914.

**INDOKTRINATION** (lat. doctrina = Belehrung): Gezielte Meinungsbeeinflussung (Manipulation) von Menschen mit dem Ziel, eine bestimmte →Ideologie, politische Einstellung und Handlungsbereitschaft zu erreichen und die Herrschaft eines →autoritären oder →totalitären Staates zu sichern. Die Methodik der Indoktrination ist die permanente propagandistische und einseitige Präsentation von Informationen bei gleichzeitiger Ausschaltung anderer Meinungen bzw. Informationen.

## J

**JUDIKATIVE** (auch: Jurisdiktion; lat. judicatio = richterliche Untersuchung): In einem auf Gewaltenteilung aufgebauten Regierungssystem wird die Judikative (= Rechtsprechung) von Gerichten und innerhalb derer von unabhängigen Richtern (vgl. Grundgesetz, Art. 92) in einem gesetzlich geregelten Verfahren (Prozess) ausgeübt. Ziel der von Montesquieu im 18. Jahrhundert geforderten Judikative ist die Verhinderung des Machtmissbrauchs. Deshalb unterliegt die richterliche Gewalt bestimmten, unveränderbaren Normen:

1. Sie ist unabhängig und nur durch die Bindung an die Verfassung und die Gesetze eingeschränkt
2. Sondergerichte (vgl. den Volksgerichtshof im Dritten Reich) sind nicht erlaubt
3. Jeder hat das Recht, ein Gericht anzurufen
4. Rückwirkende Strafen sind verboten. Hierzu bestimmt Art. 103 (2) des Grundgesetzes: Eine Tat kann nur bestraft werden, wenn die Strafbarkeit gesetzlich bestimmt war, bevor die Tat begangen wurde (vgl. die Nürnberger Gesetze von 1935)
5. Niemand kann wegen derselben Tat mehrmals bestraft werden (Art. 103 (3));
6. Gerichtsverhandlungen sind (von Ausnahmefällen abgesehen) öffentlich und mündlich

## K

**KAPITALISMUS / KAPITALISTISCH** (mlat. capitale = Besitz): Wirtschafts- und Gesellschaftssystem, das durch die Anwendung und Verwertung von privatem Kapital bestimmt wird. Charakteristika: a) Privateigentum an den Produktionsmitteln;

b) Marktwirtschaft; c) wirtschaftlicher, politischer und gesellschaftlicher Gegensatz zwischen Arbeitgebern und Arbeitnehmern; d) wirtschaftliche, politische und gesellschaftliche Macht der Arbeitgeber; e) rationale Wirtschaftsplanung.

**KOMMUNISMUS** (lat. communis = gemeinsam): a) Alle Theorien und Lehren mit dem Ziel einer Wirtschafts- und Gesellschaftsordnung, in der das private Eigentum an Produktionsmitteln zugunsten eines gemeinschaftlichen Eigentums abgeschafft wird und in der es keine rechtlichen, politischen, wirtschaftlichen und sozialen Unterschiede mehr gibt. In dieser klassenlosen Gesellschaft leben alle Menschen frei, gleich und solidarisch zusammen. b) Endzustand dieser Entwicklung. c) Von Karl Marx entwickelte Lehre eines revolutionären → Sozialismus, dessen Ziel die klassenlose Gesellschaft ist.

**KOMMUNISTISCHE INTERNATIONALE: (KOMINTERN)** Die 1919 auf Veranlassung Lenins gegründete Vereinigung aller kommunistischen Parteien, die von Moskau aus geleitet wurde. Auflösung 1943.

**KONKORDAT** (lat. concordare = in Eintracht bringen): Öffentlich-rechtlicher Vertrag zwischen einem Staat und der durch den Papst vertretenen katholischen Kirche.

**KONSERVATIV** (lat. conservare = erhalten, bewahren): Politische Haltung (Gesinnung, Anschauung), die die bestehende politische, rechtliche, gesellschaftliche und wirtschaftliche Ordnung sowie deren zugrunde liegenden Normen erhalten und festigen will. Für den Konservatismus stellt die traditionelle Ordnung einen höheren Wert dar als neue, in die Zukunft weisende (= progressive) Ordnungsvorstellungen. Innerhalb der bestehenden Ordnung können durchaus gemäßigte, behutsame Veränderungen und Reformen die bestehende Ordnung weiterentwickeln; rasche, einschneidende Reformen oder gar die Revolution als radikales Mittel der Veränderung werden strikt abgelehnt und bekämpft. Der Konservatismus ist also traditionalistisch und antirevolutionär.

Geschichtlich ist der Konservatismus eine von Adel, hohem Klerus und dem Besitzbürgertum getragene Gegenbewegung zum Liberalismus und dessen Individualismus. Der historische Konservatismus fordert demgemäß die Unterordnung und Einordnung des Individuums unter bzw. in traditionelle Autoritäten (Staat, Kirche, Familie).

Der Konservatismus hat ein pessimistisches Menschen- und Weltbild. Er geht deshalb davon aus, dass die menschliche Gesellschaft ohne den Schutz starker Autoritäten in Anarchie (gesetz- und ordnungsloser Zustand) versinken würde.

Die „Heilige Allianz“ von 1815 (zwischen den Monarchen von Österreich, Preußen und Russland) ist das Paradebeispiel konservativer Politik.

**KONZENTRATIONSLAGER (KZ)** a) Lager zur zeitlich begrenzten Internierung von Zivilisten oder Soldaten.

b) Von den Nationalsozialisten in Deutschland seit 1933, in den besetzten Gebieten (vor allem in Polen) seit 1940 eingerichtete Massenlager. Inhaftierung von dem Regime missliebigen Menschen (ideologische, religiöse, politische, ethnische Gegner und Juden) ohne rechtliche Grundlage. Seit 1943 unterstanden die Konzentrationslager der SS. Harte Zwangsarbeit, erbärmliche Lebensbedingungen, Missbrauch durch medizinische Versuche, Folter, brutalste Strafen und Ermordung bestimmten den Alltag. In den 395 Männer-, 17 Frauen- und 2 Jugendkonzentrationslagern starben mehr als 7 Mio. Menschen, die meisten in den Vernichtungslagern in Polen und Weißrussland.

## L

**LEBENSRAUM** a) Begriff der Geopolitik, der diejenigen geografischen und wirtschaftlichen Faktoren zusammenfasst, die einem Volk die Lebensmöglichkeit und das Wachstum sichern. b) Von Hitler missbrauchter Begriff, der gleichzusetzen ist mit Imperialismus, Drohung, Krieg, Umsiedlung und Vernichtung von Millionen von Menschen (im Osten Europas).

**LEGION CONDOR** Freiwilligenverbände der deutschen Wehrmacht, die Franco im Spanischen Bürgerkrieg (1936–1939) unterstützten. Die Legion Condor hatte eine Gesamtstärke von ca. 6000 Mann, die laufend ausgetauscht wurden. Mit dem Einsatz der inoffiziellen Legion Condor verband das Dritte Reich zwei wesentliche Ziele:

1. Den Sieg des faschistischen Franco und damit die Verhinderung der Ausweitung des Kommunismus;
2. Den Test der deutschen Kriegsmaschinerie, besonders der Luftwaffe. Der zunächst geheim gehaltene Einsatz der Legion Condor wurde der Weltöffentlichkeit mit der Bombardierung von Guernica (Stadt im Norden Spaniens) bekannt.

**LEGISLATIVE** (frz. législatif = gesetzgebend): Diejenige der drei Staatsgewalten (L., Exekutive, Judikative), die die Aufgabe der Gesetzgebung hat (= gesetzgebende Gewalt). In einer Demokratie wird die Legislative von der Volksvertretung, dem Parlament ausgeübt. Da sie aus vom Volk frei gewählten Abgeordneten besteht, repräsentiert sie das Volk, den Souverän. Sie ist deshalb die ranghöchste staatliche Gewalt (vgl. Grundgesetz, Art. 20 (2): „Alle Staatsgewalt geht vom Volk aus.“).

**LIBERALISMUS** (lat. liber = frei). Aus der Aufklärung stammende Staats- und Gesellschaftsauffassung, deren wesentliche gesellschaftspolitische Forderungen die Freiheit des Individuums, der Rechtsstaat, die Gewaltenteilung und garantierte Grundrechte sind.

## M

**MAGINOT-LINIE** Nach dem französischen Politiker A. Maginot benannte Verteidigungslinie an der südöstlichen Grenze zu Italien bzw. an der nordöstlichen zu Deutschland. Die Befestigungsanlagen an der Nordost- und Nordgrenze Frankreichs („Artilleriewerke“, „Infanteriewerke“, schwere Einzelbunker, Panzersperren, Verkehrs-, Versorgungs- und Kommunikationsanlagen) zogen sich von Belfort (an der Schweizer Grenze) über Straßburg, Metz, Verdun bis Lille hin.

**MARXISMUS** Von Karl Marx und Friedrich Engels entwickelte Lehre des „wissenschaftlichen →Sozialismus“ mit folgenden Schwerpunkten: Entwicklungsgesetze der Gesellschaft, Befreiung des Proletariats per Revolution, Errichtung der klassenlosen, herrschaftsfreien sozialistischen Gesellschaft (→Kommunismus).

**MILITARISMUS** Aus dem 19. Jh. stammender negativer Begriff für die Überbetonung des Militärischen und dessen massive Beeinflussung von Gesellschaft und Politik.

## N

**NATIONALISMUS** Übersteigertes Selbstbewusstsein einer Nation bzw. eines Nationalstaates verbunden mit Machtstreben und Überheblichkeit gegenüber anderen Nationen (→Chauvinismus).

**NATIONALSOZIALISMUS** Lehre und →totalitäres Herrschaftssystem in Deutschland, das von Adolf Hitler geformt und bestimmt wurde.

**NEONAZISMUS** Begriff für alle nach 1945 neu oder wieder erstandenen politischen Ideen, Ideologien, Gruppen oder Organisationen, die dem Nationalsozialismus sehr nahe stehen oder sich zu ihm offen bekennen.

**NOTVERORDNUNG** Das in der Weimarer Reichsverfassung fixierte Recht des Reichspräsidenten, aufgrund seiner Diktaturbefugnisse (Art. 48,2) Verordnungen mit Gesetzeskraft ohne Einwilligung des Reichstages zu erlassen, „wenn im Deutschen Reich die öffentliche Sicherheit und Ordnung erheblich gestört oder gefährdet“ war. Notverordnungen konnten auch Grundrechte ganz oder teilweise außer Kraft setzen; vgl. →“Reichstagsbrandverordnung“.

**NSDAP (NATIONALSOZIALISTISCHE DEUTSCHE ARBEITERPARTEI)** 1919 als Deutsche Arbeiterpartei in München gegründet. Am 20.2.1920 in NSDAP umbenannt. Nach der Konzipierung des Partei-Programms (1920) übernimmt Hitler die Partei. Nach dem missglückten Hitler-Putsch und seiner Inhaftierung wird die von Hitler neu organisierte NSDAP in der Endphase Weimars die stärkste Partei und 1933 Staatspartei.

## P

**PARLAMENTARISMUS** (lat. parlamentum = Gespräch, Besprechung) a) Politische Bewegung, die seit dem 17. Jh. in England und seit Ende des 18. Jh. auf dem Kontinent die Ablösung der absoluten oder konstitutionellen Monarchie anstrebte. b) Regierungssystem der parlamentarischen →Demokratie in einer parlamentarischen Monarchie oder einer parlamentarischen Republik, in dem die Volksvertretung (= Parlament) die höchste Entscheidungsbefugnis hat.

**PLURALISMUS** (lat. pluralis = mehr-, vielzahlig): Begriff für eine Gesellschaft, die geprägt ist von einer Vielzahl verschiedener Gruppen, Organisationen oder Interessenvertretungen, die miteinander um politische und wirtschaftliche Macht konkurrieren und/oder gesellschaftlichen Einfluss anstreben.

**POGROM** (russ. = Verwüstung): Gewaltsame Aktionen einer systematisch aufgehetzten Menge gegen eine Minderheit, verübt aus nationalistischen, ethnischen oder religiösen Gründen. Pogrom wird meist verwendet zur Beschreibung des Vorgehens gegen jüdische Minderheiten (vgl. die →„Reichskristallnacht" von 1938).

**PROPAGANDA** (lat. propagare = verbreiten): Methodische und systematische Werbung für bestimmte Ideen und Ziele bzw. die dahinterstehenden Personen oder Organisationen. (→Agitation)

## R

**RÄTEREPUBLIK** Staatsform, deren Herrschaftssystem (wie in Deutschland zwischen dem 10. 11. 1918 und dem 19. 1. 1919) auf wie in manchen Gebieten Deutschlands Endes des 19. und zu Beginn des 20 Jahrhunderts) in Kasernen und Fabriken gewählten Soldaten und Arbeitern beruht. Die restliche Bevölkerung ist von der politischen Teilhabe ausgeschlossen.

**„REICHSKRISTALLNACHT"** Zynischer NS-Begriff für den von Goebbels nach der Ermordung des deutschen Botschafters in Paris, vom Rath, durch den polnischen Juden Herszel Grynspan ausgelösten „Volkszorn", der vom 9. auf den 10. 11. 1938 zur Zerstörung von Synagogen, jüdischen Geschäften, zur Misshandlung, Inhaftierung und Ermordung von Juden führte. Die Fachliteratur verwendet den sachlichen Begriff „Reichs →pogrom-Nacht".

**„REICHSTAGSBRANDVERORDNUNG"** Die am 28. 2. 1933 von Hindenburg erlassene „Verordnung des Reichspräsidenten zum Schutz von Volk und Staat" setzte „bis auf Weiteres" alle Grundrechte außer Kraft und ermöglichte den Nationalsozialisten die rigorose Verfolgung ihrer Gegner. Zusammen mit dem →Ermächtigungsgesetz bildete sie die Grundlage des pseudolegalen staatlichen Terrors im Dritten Reich.

**REVISIONISMUS** (lat. revidere = etwas wieder ansehen, überprüfen): a) Streben nach Änderung eines Zustandes; b) nach dem Ersten Weltkrieg Streben der besiegten Staaten, eine Änderung der Pariser Verträge zu erreichen.

# S

**SCHUTZHAFT**

a) Schutz einer gefährdeten Person, z. B. eines Kronzeugen, durch staatlichen, von der zu schützenden Person akzeptierten Schutzgewahrsam. b) Im Dritten Reich Pervertierung dieses Begriffes. Schutzhaft sollte die „Volksgemeinschaft" vor dem „Volksschädling" schützen. Sie bedeutete Inhaftierung und Einweisung in ein →Konzentrationslager auf der Basis der →„Reichstagsbrandverordnung" ohne gerichtliche Grundlage. Ziel der Schutzhaft war die Ausschaltung politischer Gegner.

**SCHUTZSTAFFEL (SS)**

Zunächst Stabs- und Leibwache Hitlers und eine Unterabteilung der →SA. Unter der Führung Heinrich Himmlers wird sie zur nationalsozialistischen Elitetruppe mit Ordenscharakter ausgebaut und erreicht nach dem Röhm-Putsch Selbstständigkeit. Sie beherrscht seit 1936 die Polizei und hat die alleinige Zuständigkeit für die Konzentrationslager. Aufgrund ihrer unbegrenzten Machtfülle wird sie zum entscheidenden Macht- und Terrorinstrument des →Dritten Reiches.

**SICHERHEITSDIENST (DES REICHSFÜHRERS SS; SD)**

Von Himmler 1931 gegründeter Nachrichtendienst unter Leitung von Heydrich (1943–1945 E. Kaltenbrunner). Aufgaben: Beschaffung von Informationen über Parteimitglieder, politische Kontrolle des Bevölkerung, Nachrichten- und Abwehrdienst der →NSDAP, militärische Spionageabwehr.

**SOZIALISMUS**

(lat. socius = Genosse): a) Aus dem 19. Jh. stammender Begriff für alle Theorien und Lehren, die die → kapitalistische Gesellschaftsordnung durch eine andere ersetzen wollen, in der die Menschen frei, gleichberechtigt, friedlich, solidarisch und ohne wirtschaftliche Not zusammenleben. b) Von Karl Marx konzipierte Übergangsgesellschaft vom → Kapitalismus zum → Kommunismus, die bestimmt ist von der Vergesellschaftung der Produktionsmittel und der Diktatur des Proletariats.

**STAATSPARTEI**

Bezeichnung für die einzige Partei in einer Diktatur (z. B. NSDAP, KPdSU) oder für die einzig politisch bedeutende (z. B. SED). Sie ist eine totalitäre Partei, hat das politische Monopol und deshalb eine totale Verfügungsgewalt über alle Staatsorgane, politischen Ämter und gesellschaftlichen Funktionen. Sie erhebt den Anspruch, ideologisch und politisch alle Bürger und alle gesellschaftlichen Gruppen zu repräsentieren.

**STAATSSTREICH**

(oft auch frz. Coup d'Etat): Gewaltsame Außerkraftsetzung der Verfassung und Übernahme der politischen Macht durch eine Person oder eine Gruppe, die schon vorher an der Ausübung der Macht beteiligt war/waren (Politiker, hohe Militärs). Entscheidend: Der Staatsstreich wird – wie der Putsch, aber im Gegensatz zur Revolution – von einer kleinen Minderheit von oben her geführt.

**STALINISMUS**

a) Die von Jossif Stalin (= der Stählerne, eigentlicher Name: Dschugaschwili) durchgeführte Anpassung der kommunistischen Doktrin an die weltpolitische Lage bei Beibehaltung der kommunistischen →Ideologie. Der Stalinismus bedeutete die Aufgabe der marxistisch-leninistischen Ansicht, dass die proletarische Revolution nur im internationalen Rahmen zu verwirklichen sei; stattdessen propagierte Stalin den vorrangigen „Aufbau des Sozialismus in einem Lande", d. h. in der UdSSR. Eine „Revolution von oben" sollte die sozialistische Gesellschaft der UdSSR weiterentwickeln zur kommunistischen. Um dies zu erreichen, führte Stalin ein →totalitäres Herrschaftssystem ein. Wesentliche Elemente des Stalinismus: Mit brutalen Mitteln erzwungene Industrialisierung, Vorrangigkeit der Schwerindustrie, Zwangskollektivierung der Landwirtschaft, zwangsweise Umsiedlung, bürokratisch-diktatorisches Funktionärssystem, KPdSU wird zum persönlichen Machtinstrument des „Woschd" (= Führers), Personenkult, rigorose Kontrolle aller Bereiche, ideologisch-politische „Säuberungswellen", Terror durch Geheimpolizei, massenhafte Ermordung wirklicher oder vermeintlicher politischer und gesellschaftlicher „Gegner", Schauprozesse, Straflager (GULAG). b) Seit dem XX. Parteitag der KPdSU (1956) negative Bezeichnung für das totalitäre Herrschaftssystem Stalins. Der Stalinismus kostete mindestens 18 Mio. Sowjetbürgern das Leben.

**STURMABTEILUNG (SA)**

Uniformierte und bewaffnete paramilitärische Kampftruppe der →NSDAP. Nach dem Hitler-Putsch verboten, 1925 wieder erlaubt und von Hitler neu organisiert. Im Januar 1931 übernimmt Ernst Röhm als Stabschef die ca. 200 000 Mann starke SA. Ihr massiver Einsatz als Propaganda- und Terrorinstrument der NSDAP führt im April 1932 zum Verbot. Im Juni 1932 wird sie von der Regierung von Papen wieder zugelassen. Nach dem Januar 1933 erhält sie die Funktion einer „Hilfspolizei". Da Röhm eine Verbesserung der materiellen Lage der meist arbeitslosen SA-Mitglieder anstrebt, schaltet Hitler durch den Röhm-Putsch Ende Juni 1934 die Führungsspitze der SA aus und entmachtet sie. Die SA verliert ihre bisherige Bedeutung an die →SS.

## T

**TOTALER KRIEG**

Krieg, der mit allen, auch extremsten Mitteln und unter Missachtung des Kriegsrechts geführt wird. Der totale Krieg umfasst alle Lebensbereiche, versetzt die gesamte Gesellschaft in einen Kriegszustand, mobilisiert alle wirtschaftlichen, militärischen und geistigen Kräfte und richtet sie völlig auf den Krieg aus. Er richtet sich auch bewusst gegen die Zivilbevölkerung und zivile Einrichtungen des Gegners. Ziel dieses Krieges ist nicht die Besiegung, sondern völlige Vernichtung des „Tod-/Erzfeindes" durch einen Vernichtungskrieg.

**TOTALITÄR** (lat. totaliter = gänzlich, völlig): Ein totalitärer Staat hat die Herrschaftsform einer →Diktatur, die alle gesellschaftlichen und politischen Bereiche erfasst, reglementiert, lenkt und kontrolliert; sie erlaubt keinen staatsfreien Lebensbereich und unterdrückt jegliche freie Willensäußerung. Charakteristika: a) Totalitäre Ideologie; b) völlige Politisierung und Uniformierung des gesellschaftlichen Lebens; c) Gleichschaltung aller gesellschaftlichen und politischen Kräfte, Gruppen und Organisationen; d) Einparteiensystem; e) Führerprinzip. Der Totalitarismus (= Herrschaftssystem eines totalitären Staates) war die Grundlage des →Faschismus, des →Nationalsozialismus und des →Bolschewismus.

## V

**VERFASSUNG** Rechtlich geregelte, schriftlich fixierte oder als Konvention anerkannte Grundordnung eines Gemeinwesens (Kommunen, Länder, Kirchen, Staat), die das politische und gesellschaftliche Handeln aller am Staatsleben Beteiligten regelt und das Gemeinwesen leistungs- und handlungsfähig macht. Die Verfassung ist dem sonstigen Recht übergeordnet und bildet dessen Rahmen.

**VOLKSDEUTSCHE** NS-Bezeichnung für alle außerhalb des Deutschen Reiches (in den Grenzen von 1937) und Österreichs lebenden Deutschen.

**VOLKSSTURM** Bezeichnung für das von Hitler am 18.10.1944 befohlene letzte militärische Aufgebot des nationalsozialistischen Deutschlands. Der Volkssturm umfasste alle männlichen Deutschen zwischen 16 und 60 Jahren, die nicht Soldaten waren.

## Zitatnachweis


1 Informationen zur politischen Bildung. H. 123/126/127: Der Nationalsozialismus. Bonn, 1986, S. 11.

2 Deuerlein, Ernst: Deutsche Kanzler. München, 1966, S. 41.

3 Goebbels, Joseph: Vom Kaiserhof zur Reichskanzlei. München, 1937, S. 250.

4 Bracher, Karl Dietrich: Demokratie und Machtergreifung. Der Weg zum 30. Januar 1933. In: Bracher, Karl Dietrich / Funke, Manfred / Jacobsen, Hans-Adolf [Hrsg]: Nationalsozialistische Diktatur 1933–1945. Eine Bilanz. Bonn, 1986, S. 17 f.

5 Schmid. Heinz Dieter: Fragen an die Geschichte, Bd. 4. Frankfurt, 1979, S. 44, Q. 6

6 Zit. nach: Informationen, S. 26.

7 Nolte, Ernst, zit. nach: Größl, Wolf Rüdiger / Herrmann, Harald: Stundenblätter. Das Dritte Reich – Beispiel eines faschistischen Staates. Stuttgart, 1981, S. 19.

8 Hitler, Adolf: Mein Kampf. München, 1934, S. 506.

9 Bracher, Karl Dietrich: Stufen totalitärer Gleichschaltung. In: Vierteljahrshefte für Zeitgeschichte, 4, 1956, S. 42.

10 Zit. nach: Loch, Werner / Hoffmann, Alfons: Stundenvorbereitung. Der Nationalsozialismus in Unterrichtsbildern. Limburg, 1977, S. 73.

11 Zit. nach: Zentner, Christian / Bedürftig, Friedemann: Das große Lexikon des Dritten Reiches. München, 1985, S. 198.

12 Zit. nach: Binder, Gerhart: Geschichte im Zeitalter der Weltkriege, Bd. 1. Stuttgart, o. J., S. 422.

13 Zit. nach: Glaser, Hermann: Das Dritte Reich. Anspruch und Wirklichkeit. Freiburg, 1961, S. 54.

14 Zit. nach: Lotz, Werner: Die neue Reichskanzlei. In: Kunst im Dritten Reich, Heft 9, S. 62.

15 Hildebrand, Klaus: Hitlers Ort in der Geschichte des preußisch-deutschen Nationalstaates, in: Historische Zeitschrift 217 (1973), S. 584-632.

16 Conze, Werner: Der Nationalsozialismus, Teil II. Stuttgart, 1982, Nr. 46, S. 40.

17 Zit. nach: Conze, Nr. 43, S. 37.

18 Zit. nach: Conze, Nr. 45, S. 39.

19 Zit. nach: Schönbrunn, Günter: Geschichte in Quellen. Weltkriege und Revolutionen 1914 – 1945. München, 31979, Nr. 429, S. 363.

20 Ballhausen, Hans-W. (u.a.): Geschichte und Geschehen, Bd. 10, Ausgabe N. Stuttgart, 1991, S. 132.

21 Zit. nach: Schmid, S. 85, Q. 76a.

22 Zit. nach: Allenby, Mark: Churchill in the War. London, 169, S. 88.

23 Zit. nach: Die Zeit, Nr. 17 vom 19.4.1985, S,60

24 Löwenthal, Richard: Widerstand im totalen Staat, in: Bracher / Funke / Jacobsen (Hrsg): Nationalsozialistische Diktatur 1933–1945. Eine Bilanz. Bonn, 1986, S. 631 f.

## Abbildungsnachweis

**9** Shutterstock (De Visu), New York; **13** Lay Martin, Freiburg; **14** Courtesy of Library of Congress (from where this image may be obtained at no cost); **19** Wikimedia Commons, Bundesarchiv, Bild 102-09844; **22** Shutterstock (Everett Historical), New York; **30** Shutterstock (Roman Nerud), New York; **36** akg-images (akg-images), Berlin; **45** Lay Martin, Freiburg; **51** Wikimedia Commons, Bundesarchiv, Bild 146-1969-054-16 / Hoffmann, Heinrich; **57** Shutterstock (Everett Historical), New York; **62** bpk - Bildagentur für Kunst, Kultur und Geschichte (Freistaat Bayern), Berlin; **68** bpk / Kunstbibliothek, SMB, Berlin; **77** Bergmoser & Höller Verlag AG (Zahlenbilder), Aachen; **78** Bergmoser & Höller Verlag AG (Zahlenbilder), Aachen; **83** Süddeutsche Zeitung GmbH (Scherl/Süddeutsche Zeitung Photo), München; **84** Wikimedia Commons, Bundesarchiv, Bild 102-17049 / Georg Pahl; **88** Lay Martin, Freiburg; **93** Wikimedia Commons, Bundesarchiv, Bild 102-13805; **98** Wikimedia Commons, Bundesarchiv, Bild 183-1990-0116-030; **117** bpk (David Low), Berlin; **119** akg-images, Berlin; **125.1** Shutterstock (Everett Historical), New York; **125.2** Shutterstock (Everett Historical), New York; **138** ullstein bild - LEONE, Berlin; **139** Shutterstock (posztos), New York; **144** Shutterstock (Naci Yavuz), New York; **148** Wikimedia Commons, Bundesarchiv, Bild 183-S72707; **150** Wikimedia Commons, Bundesarchiv, Bild 146-1987-074-16; **151.1** akg-images, George (Jürgen) Wittenstein / akg-images, Berlin; **151.3** picture alliance/akg-images, Frankfurt/M.; **159** (c) dpa - Bildarchiv, Frankfurt/M.; **161** dpa Picture-Alliance (akg-images), Frankfurt/M.; **164** Baaske Cartoons (Hanel), Müllheim; **165** Stiftung Haus der Geschichte der Bundesrepublik Deutschland, Bonn

Nicht in allen Fällen war es uns möglich, den Rechteinhaber der Abbildungen und Texte ausfindig zu machen.

# Stichwortverzeichnis